# 《国学经典藏书》丛书编委会

国学经典藏书

# 庄　子

何　洋　译注

吉林大学出版社
长　春

图书在版编目（CIP）数据

庄子 / 何洋译注 . —长春：吉林大学出版社，
2020.10
（国学经典藏书）
ISBN 978-7-5692-6988-8

Ⅰ . ①庄… Ⅱ . ①何… Ⅲ . ①道家②《庄子》－注释
③《庄子》－译文 Ⅳ . ① B223.5

中国版本图书馆 CIP 数据核字（2020）第 165875 号

国学经典藏书：庄子
GUOXUE JINGDIAN CANGSHU: ZHUANGZI

作　　者：何　洋 译注
策划编辑：魏丹丹
责任编辑：陶　冉
责任校对：魏丹丹
装帧设计：蒋宏工作室
开　　本：880mm × 1230mm　1/32
字　　数：248 千字
印　　张：12
版　　次：2020 年 10 月第 1 版
印　　次：2024 年 4 月第 3 次印刷

出版发行：吉林大学出版社
地　　址：长春市人民大街 4059 号（130021）
0431-89580028/29/21
http://www.jlup.com.cn
E-mail:jdcbs@jlu.edu.cn
印　　刷：河北松源印刷有限公司

ISBN 978-7-5692-6988-8　　定价：40.00 元

# 编者的话

经典是人类知识体系的根基,是人类的精神家园,是我们走向未来的起点。莎士比亚说过:"生活里没有书籍,就好像没有阳光;智慧里没有书籍,就好像鸟儿没有翅膀。"21世纪中国国民的阅读生活中最迫切的事情是什么?我们的回答是阅读经典!

中国有数千年一脉相传、光辉灿烂的文化,并长期处于世界文化发展的前列,尤其是在近代以前,曾长期引领亚洲乃至世界文化的发展方向。长期超稳定的社会发展形态和以小农生产为基础的、悠闲的宗法农业社会,塑造了中华民族注重实际、过分地偏重经验、重视历史的文化心理特征。从殷商时代的"古训是式"(《诗经·大雅·烝民》),到孔子的"述而不作,信而好古"(《论语·述而》),可以清楚地看出这种文化心理不断强化的轨迹。于是,历史就被赋予了神圣的光环,它既是人们获得知识的源泉,也是人们价值标准的出处。它不再是僵死的、过去的东西,而是生动活泼、富有生命力,并对现世仍有巨大指导作用的事实。因而就形成了这样一种固定的文化思维方式,也就是"以铜为鉴,可正衣冠;以古为鉴,可知兴替;以人为鉴,可明得失"(《新唐书·魏徵传》)。中国的文化人世代相承,均从历史中寻求真理,寻求"修身、齐家、治国、平天下"的崇高理想模式。

这种对于历史所怀有的深沉强烈的认同感，正是历史典籍赖以发展、繁荣的文化心理基础。历史上最初给历史典籍的研究和整理工作涂上政治、道德和伦理色彩的是春秋时期的孔子。当时的孔子因感“周室微而礼乐废、《诗》《书》缺”，于是乃删订了《诗》《书》《礼》《乐》《易》《春秋》等“六经”（见《史记·孔子世家》），寄托了自己在政治上“复礼”和道德上“归仁”的最高理想。孔子以后，历史典籍的编撰无不遵循着这一最高原则。所以《隋书·经籍志》总序中就说：“夫经籍也者，机神之妙旨，圣哲之能事。所以经天地，纬阴阳，正纲纪，弘道德，显仁足以利物，藏用足以独善……其王者之所以树风声，流显号，美教化，移风俗，何莫由乎斯道？……其教有适，其用无穷，实仁义之陶钧，诚道德之橐籥也。……夫仁义礼智，所以治国也；方技数术，所以治身也。诸子为经籍之鼓吹，文章乃政化之黼黻，皆为治国之具也。”（《隋书·经籍志一》）由此可见，历史典籍的编撰整理工作，已不仅仅是文化技术问题，更重要的是它还负有“正纲纪，弘道德”的政治和道德使命。于是，在两千多年的历史发展过程中，先人们为我们留下了汗牛充栋的文化典籍。这些宝贵的精神财富，不仅是我们中华民族的骄傲，也是全人类的骄傲，并已成为世界文化宝藏的重要组成部分。

中国的先哲们一向对古代典籍充满崇敬之情，他们认为，先王之道、历史经验、人伦道德以及治国安邦之术、读书治学之法等等，都蕴藏于典籍之中。文献典籍是先王之道、历史经验、人伦道德等赖以传递后世的重要手段。离开书籍，后人将无法从前朝吸取历史经验，无法传承先王之道。在日新月异的当代，如何对待这份优秀的文化遗产？毛泽东同志早就指出：“中国的长期封建社会中，创造了灿烂的古代文化。清理古代文化的发展过程，剔除其封建性的糟粕，吸取其民主性的精华，是发展民族新文化、提高民族自信心的必要条件。……中国现时的新文化也是从古代的旧文化发展而来，因此，我们必须尊重自己的历史，决不能割断历史。但是，这种尊重是给历史以一定的科学地位，是尊重历史的辩证法的发展，而不是颂古非今。”（毛泽东《新民主主义论》）古代典籍，不仅对中华民族的形成与发展历史地发挥了巨大的凝聚力作用，而且在当今中华民族伟大复兴中，依然会发挥无可替代的重要作用。

在科学技术迅猛发展的当代社会，人们的生活、观念正在发生着巨大而深刻的变革，面对蓬勃发展的现代科技和汹涌而至的各种思潮，人们依然能深切地感受到中国传统文化无所不在的巨大力量。人们渴望了解这种无形的力量源泉，于是绚丽多姿的中华典籍就成了人们首要的选择。它能够使我们在精神上成为坚强、忠诚和有理智的人，成为能够真正爱人类、尊重人类劳动、衷心地欣赏人类的伟大劳动所产生的美好果实的人。所以，在今天，我们要阅读经典；当数字化、网络化带来的“信息爆炸”占领人们的头脑、占用人们的时间时，我们要阅读经典；当中华民族迈向和平崛起和民族复兴的伟大征程时，我们更要阅读经典。因此，读经典，这个我们习以为常的平凡过程，实际上就成了人的心灵和上下古今一切民族的伟大智慧相结合的过程。但由于时代的变迁，这些经典对现代人来说已是谜一样的存在。为继承这份优秀的文化遗产，帮助人们更好地利用这些经典，在全国学术界诸多专家学者的支持下，我们策划了这套“国学经典藏书”丛书。

丛书以弘扬传统、推陈出新、汇聚英华为宗旨，以具有中等以上文化程度的广大读者为对象，从我国古代经、史、子、集四部典籍中精选 50 种，以全注全译或节选的形式结集出版。在书目的选择上，重点选取我国古代哲学、历史、地理、文学、科技、教育、生活等领域历经岁月洗礼、汇聚人类最重要的精神创造和知识积累的不朽之作。既注重选取历史上脍炙人口、深入人心的经典名著，又注重其适应现代社会的人文价值趋向。丛书不仅精校原文，而且从前言、题解，到注释、译文，均在吸收历代学者研究成果的基础上精心编撰。在注重学术性标准的基础上，尽量做到通俗易懂。我们相信，本丛书的出版，对提高人们的古代典籍认知水平，阅读和利用中华传统经典，传播中华优秀文化，提高人们的民族自信心和文化自豪感，进而为中华民族伟大复兴做贡献，均将起到应有的作用。高尔基说："书籍是人类进步的阶梯。""要热爱读书，它会使你的生活轻松，它会友爱地帮助你了解纷繁复杂的思想、感情和事件；它会教导你尊重别人和你自己；它以热爱世界、热爱人类的情感，来鼓舞智慧和心灵。""当书本给我讲到闻所未闻、见所未见的人物、感情、思想和态度时，似乎是每一本书都在我面前打开一扇窗户，并让我看到一个不可思议的新世界。""每一本书是一级小阶梯，我每爬一级，就……更接近美好生活的观念，更热爱这书"（《高尔基论青年》，中国青年出版社 1956 年版）。流传千年的文化经典，让我们受益匪浅，使我们懂得更多。正如德国著名作家歌德所说："读一本好书，就是和一位品德高尚的人谈话。"的确，读一本好书，就像是结交了一位良师益友。我们真诚希望，这套经典丛书能够真正进入您的生活，成为人人应读、必读和常读的名著。

陈　虎

庚子岁孟秋

# 前 言

## 一、庄子的生平

关于庄子生平的历史文献资料很少，与其同时代的先秦典籍中，《荀子·解蔽》中仅有“庄子蔽于天而不知人”这一句对庄子评价的话。《吕氏春秋》中则是多处引用了庄子的观点和思想，并没有对庄子本人进行完整的记载。我们现在能够看到的最早的较为详细的文献记录是司马迁的《史记·老子韩非列传》，明确提到了庄子名周，蒙地人，曾经做过蒙地漆园的小吏。

至于庄子是哪国的“蒙人”，《史记》索引引刘向《别录》中提到“庄子，宋之蒙人也”，班固在《汉书·艺文志》中也自注“庄子，名周，宋人”，《淮南子·修务训》高诱注中也明确提到了“庄子名周，宋蒙县人”。因此可以确定的是，庄子姓庄，名周，宋国蒙地人，现多数学者认为庄子的故乡在今河南商丘东北。

庄子具体的生卒年不详，根据《史记》中记载庄子与梁惠王、齐宣王为同一时代的人，并且与楚威王有过交集，因此可以确定庄子生活的时代为战国中期。后又有唐陆德明在《经典释文》中引司马彪云“庄子与魏惠王、齐宣王同时”，钱穆先生在《先秦诸子系年》所附《诸子生卒年世约数》中推测，庄子的生卒年应为公元前365—前290年，稍晚于孟子，但在荀子之前。

对于庄子生平事迹的考证，主要来自《庄子》中的记录。一是关于庄子的生活状况，《庄子·列御寇》中借曹商之口，描述了庄子住在简陋的巷子里，以编织草鞋为生，生活贫困，饿得面黄肌瘦，受人嘲讽。在《庄子·外物》中，不仅记载了庄子家贫，有时候甚至需要向人借粮食。二是关于庄子的交友，《庄子》中记载了许多庄子与惠子的往来与交谈。如《庄子·秋水》中二人关于“鱼之乐”的争辩，《庄子·至乐》中惠子前去吊唁庄子的妻子，以及《庄子·徐无鬼》中庄子经过惠子坟墓时所表示的感慨。三是关于庄子对出仕做官的看法，由于战国中后期战乱频繁，社会动荡不安，庄子不屑于传统礼法的束缚，鄙视那些趋权附势之徒。如《庄子·秋水》中记载了楚威王想要聘请庄子为宰相，庄子以庙堂的神龟为寓，表示自己宁愿“曳尾于涂中”也不愿意出来做官，此事在《史记》中也同样有所记载。

## 二、《庄子》的成书过程

关于《庄子》的成书过程，由于历史文献资料颇少，也很难确定。最早记载《庄子》一书情况的是司马迁的《史记·老子韩非列传》，其中提到庄子“其著书十余万言，大抵率寓言也”，虽然现存的《庄子》字数仅有65000字左右，与之相比，《论语》仅为16018字，说明《庄子》在当时已经是鸿篇巨著。此外，司马迁在《史记》中仅提到了庄子“作《渔父》《盗跖》《胠箧》，以诋訾孔子之徒，以明老子之术。《畏累虚》《亢桑子》之属，皆空语无事实”，既没有说明篇数，也没有分为内篇、外篇和杂篇。

司马迁之后，《汉书·艺文志》中记载“《庄子》五十二篇”，可见《庄子》流传到汉朝时有五十二篇。到了魏晋时期，更多人开始为《庄子》作注，并根据各自的理解和喜好对《庄子》进行删减。如唐代陆德明的《经典释文·序录》中记载司马彪注本为五十二篇，包括内篇七篇，外篇二十八篇，杂篇十四篇，解说三篇；崔馔注本为二十七篇，包括内篇七篇，外篇二十篇；向秀注本为二十六篇，也有作二十七或二十八篇；郭象注本为三十三篇，内篇七篇，外篇十五篇，杂篇十一篇。

在这些不同的注本中，以郭象的三十三篇本流传最为广泛，其他注本在唐以后均先后亡佚了。因为经过郭象删订后的《庄子》在篇章和字句上更为精炼，并且郭象吸收和借鉴了向秀和当时各家的注解，进行了独特的诠释。因此郭象的《庄子》注本，被历代所推崇，是流传至今唯一完整的《庄子》古注本。我们今天所看到的三十三篇本《庄子》，正是经过郭象整理的注释本。经过历代学者的考证，一般认为内篇七篇为庄子所作，外篇和杂篇应为庄子门人或后学所作。

## 三、《庄子》的思想内容

《庄子》不仅是一部汇集了道家思想的哲学著作，更是一部优秀的散文著作。《庄子》中不少篇章是记载人与人之间的对话，这和《孟子》的语录体极为相似，其中很多篇章是以寓言的方式叙述，并增强了文章的说理性和抒情性。司马迁评价庄子“善属书离辞，指事类情”，即善于运用曲笔和叙事寓情的手法，用语一点儿也不拘束，肆意汪洋，只顾顺着自己的心意说完为止。

### （一）《庄子》的哲学思想

《庄子》一书的作者虽然并非庄子一人，但是毕竟是庄子一派的文章，大体上反映了庄子的思想。庄子的思想则是以老子之说为依据的，却又不同于老子。庄子继承了老子“天道自然无为”的思想，同样认为“道”是世界的本原，但是又有所发展。如《庄子·大宗师》中提到“夫道有情有信，无为无形；可传而不可受，可得而不可见；自本自根，未有天地，自古以固存；神鬼神帝，生天生地；在太极之先而不为高，在六极之下而不为深，先天地生而不为久，长于上古而不为老”。庄子认为“道”是真实可信的，没有留下任何行迹，可以心传而不可以口授，可以心得而不可以看见，是万物最原始的根本，在天地产生之前便已经存在。此外，在《庄子·齐物论》中，庄子认为“天地与我并生，而万物与我为一”，即天地和我共同生存，万物和我浑然一体。

### （二）《庄子》的政治思想

《庄子》中多次提到了战争、君王、权臣等政治因素，都是对庄子所处时代的反映。庄子生活的战国中晚期，战争频发，社会动荡，不仅给百姓的生活带来了痛苦，对于百姓的精神世界也造成了扰乱。庄子在揭露和批评社会黑暗现实的同时，表达了废弃君臣之分、复归原始的思想。如《庄子·胠箧》“彼窃钩者诛，窃国者为诸侯。诸侯之门而仁义存焉，则是非窃仁义圣知邪”，庄子对这一社会现象表达了极大的愤慨。在《庄子·马蹄》中庄子详细地描述了“善治天下者”管理下的理想社会，“同与禽兽居，族与万物并，恶乎知君子小人哉！同乎无知，其德不离；同乎无欲,是谓素朴。素朴而民性得矣”,人们织布耕田,与万物共同生长,人们生活得纯真朴实。人的自然本性也因此得以保留下来。

### (三)《庄子》的处世思想

面对现实社会的困境,《庄子》中多处体现了庄子追求自由和超脱现实的处世思想。庄子认为要到达“道”的虚无境界,一是要摒弃人世间的功名利禄,二是要超越生死的界限。如《庄子·秋水》中提到“是故大人之行,不出乎害人,不多仁恩;动不为利,不贱门隶;货财弗争,不多辞让;事焉不借人,不多食乎力,不贱贪污;行殊乎俗,不多辟异;为在从众,不贱佞谄;世之爵禄不足以为劝,戮耻不足以为辱;知是非之不可为分,细大之不可为倪”,得道的人不会扬名,道德高尚的人不会索取,体道的人则超脱物外没有了自己。除了虚己、无为,在《庄子·养生主》中庄子以“庖丁解牛”等示例说明,还需要学会顺应现实和回避矛盾,可以与外界达成形式上的妥协,以做到不失去自己。

## 四、《庄子》的历史价值

《庄子》以其深刻的哲学思想和独特的语言艺术风格,开辟了散文艺术的新境界,将散文的发展推向了高峰,可以说《庄子》代表了先秦散文的最高成就。《庄子》文中虽然有对话,但是文章在体制上已经脱离了语录体,标志着先秦散文已经发展到成熟的阶段。《庄子》对于后世文学的影响也很大,如阮籍、嵇康、陶渊明、李白、苏轼等文学家,都深受《庄子》的哲学思想和艺术风格的影响。

### （一）以奇特的构思，确定了寓言的地位

《庄子》中大部分文章都在用寓言说理，并且在先秦诸子中，《庄子》的寓言最富有文学性。在《庄子·养生主》“庖丁解牛”这一寓言故事中，庄子描述了庖丁宰牛时动作的流畅，技术的高超，以此说明世上事物纷繁复杂，只要反复实践，掌握了事物的客观规律，就能运用自如。又如《庄子·齐物论》中“庄周梦蝶”这一寓言故事，庄子以奇特的构思和美妙的文笔，通过对是自己在梦中变成了蝴蝶，还是蝴蝶在梦中变成了自己的描述与探讨，认为人不可能确切地区分真实与虚幻。其中包含的浪漫情感和人生哲学，引起了后世众多文人的共鸣，如李商隐的《锦瑟》“庄生晓梦迷蝴蝶，望帝春心托杜鹃”。而且这些寓言故事也成为魏晋以后志怪小说发展的鼻祖，如“庄周梦蝶”被改编成《三勘蝴蝶梦》的戏剧，庄子“鼓盆而歌”的故事则被冯梦龙在《警世通言》中写成了《庄子休鼓盆成大道》。

### （二）以丰富的想象，开创了浪漫主义风格

《庄子》散文的魅力，很大程度上来自其丰富的想象力，其塑造了许多形象生动的神话人物、历史人物以及各种生物。在《庄子·逍遥游》中对姑射山神人有着以下描述：她的皮肤像冰雪一样润白，不吃五谷杂粮，只吸清风饮甘露，乘着云气驾着飞龙，遨游于四海之外。这个高度理想化的神人，正是庄子超脱世俗和绝对精神自由的外化形象。又如《庄子·逍遥游》中塑造的大鹏的形象，其背有几千里，双翅就像天边的云一样，飞到九万里的高空，乘着六月的大风而去。庄子通过想象与虚构打破

了物与物之间、现实与虚幻之间的界限，形成了《庄子》奇特荒诞的艺术风格，使之成为中国古典浪漫主义文学的奠基之作。

### （三）以新奇的语言，展现了汪洋恣肆的文风

《庄子》的语言艺术成就，主要体现在其丰富的词汇和富丽的文辞上，并且具有很强的感染力。天地间的万物，在庄子笔下被描绘得栩栩如生。《庄子·秋水》中描写了“秋水时至，百川灌河”的壮观场景，千百条河流都灌注到黄河，使黄河干流大大加宽，两岸之间，河中小洲之上，相互望去，连牛马都辨认不清。此外，庄子还追求语言的新奇精警，大量运用比喻并进行铺排，如《庄子·齐物论》中对“天籁”的描写“山林之畏佳，大木百围之窍穴，似鼻，似口，似耳，似枅，似圈，似臼，似洼者，似污者。激者、謞者、叱者、吸者、叫者、譹者、宎者，咬者”，庄子一连用了十六个比喻，把没有形状的风描述得十分生动有趣，表达了他对“天籁”之声的赞美。

何 洋

2019年秋于哈尔滨

# 目　录

**杂　篇**

# 内 篇

## 逍遥游

**〔题解〕**

《逍遥游》作为庄子的代表作之一，充满了奇特的想象和生动的比喻，表达了一种追求绝对自由的人生观。庄子认为只有做到忘却物我，达到无己、无功、无名的境界，与自然化而为一，才能真正地在精神上获得解脱。本篇可以分为三章，第一章层层设喻，揭示了世间万物虽有大小之分，但是仍都是“有所待”而后行，只有做到“无己”“无功”“无名”才能真正达到自由自在的境界。第二章描述了尧与许由、肩吾与连叔的对话，进一步阐释只有真正忘掉自己和世间的一切，才能达到逍遥的境界。第三章记载了惠子与庄子之间的对话，谈论什么是真正的有用和无用，要把无用当作有用，反映了庄子追求悠游自得的生活旨趣。

### 一

北冥有鱼①，其名为鲲②。鲲之大，不知其几千里也。化而为鸟，其名为鹏③。鹏之背，不知其几千里也。

怒而飞[4]，其翼若垂天之云[5]。是鸟也，海运则将徙于南冥[6]。南冥者，天池也[7]。

《齐谐》者[8]，志怪者也[9]。《谐》之言曰："鹏之徙于南冥也，水击三千里[10]，抟扶摇而上者九万里[11]，去以六月息者也[12]。"野马也[13]，尘埃也，生物之以息相吹也[14]。天之苍苍，其正色邪？其远而无所至极邪[15]？其视下也，亦若是则已矣。且夫水之积也不厚，则其负大舟也无力。覆杯水于坳堂之上[16]，则芥为之舟[17]；置杯焉则胶，水浅而舟大也。风之积也不厚，则其负大翼也无力。故九万里则风斯在下矣[18]，而后乃今培风[19]；背负青天而莫之夭阏者[20]，而后乃今将图南[21]。蜩与学鸠笑之曰[22]："我决起而飞[23]，抢榆枋[24]，时则不至而控于地而已矣[25]，奚以之九万里而南为[26]？"适莽苍者[27]，三飡而反[28]，腹犹果然[29]；适百里者，宿舂粮[30]；适千里者，三月聚粮。之二虫又何知？小知不及大知，小年不及大年[31]。奚以知其然也？朝菌不知晦朔[32]，蟪蛄不知春秋[33]，此小年也。楚之南有冥灵者[34]，以五百岁为春，五百岁为秋；上古有大椿者[35]，以八千岁为春，八千岁为秋，此大年也。而彭祖乃今以久特闻[36]，众人匹之[37]，不亦悲乎？

汤之问棘也是已[38]："穷发之北，有冥海者[39]，天池也。有鱼焉，其广数千里，未有知其修者[40]，其名曰鲲。有鸟焉，其名为鹏，背若太山[41]，翼若垂天之云；抟扶摇羊角而上者九万里[42]，绝云气[43]，负青天，然后图南，且适南冥也。斥鴳笑之曰[44]：'彼且奚适也？我腾跃而上，不过数仞而下，翱翔蓬蒿之间，此亦飞之至也[45]！而彼且奚适也？'"此小大之辩也[46]。

故夫知效一官[47]，行比一乡[48]，德合一君而征一国者[49]，其自视也，亦若此矣。而宋荣子犹然笑之[50]。且举世而誉之而不加劝[51]，举世而非之而不加沮[52]，定乎内外之分，辩乎荣辱之境，斯已矣。彼其于世，未数数然也[53]。虽然，犹有未树也。夫列子御风而行[54]，泠然善也[55]，旬有五日而后反[56]。彼于致福者[57]，未数数然也。此虽免乎行，犹有所待者也[58]。若夫乘天地之正[59]，而御六气之辩[60]，以游无穷者，彼且恶乎待哉[61]！故曰：至人无己[62]，神人无功[63]，圣人无名[64]。

〔注释〕

①冥：通"溟"，大海。 ②鲲（kūn）：小鱼，这里借作大鱼名。 ③鹏：古"凤"字，大鸟名。 ④怒：奋起。 ⑤垂：通"陲"，边远的意思。 ⑥海运：海水运动，指汹涌的海涛。 ⑦天池：天然形成的大池。 ⑧齐谐：书名。 ⑨志：记载。 ⑩水击：拍打水面，指鹏鸟奋飞而起双翼拍打水面。⑪抟（tuán）：盘旋。扶摇：自下而上的暴风。 ⑫去：离开。息：停歇。⑬野马：指春天林泽中的雾气。 ⑭生物：指各种有生命的东西。息：气息。 ⑮极：尽。 ⑯坳（ào）堂：室内低洼处。 ⑰芥：小草。 ⑱斯：则，就。 ⑲培：通"凭"，凭借。 ⑳夭阏（è）：遏阻、阻拦。 ㉑图南：图谋南飞。 ㉒蜩（tiáo）：蝉。学鸠：小斑鸠。 ㉓决（xuè）起：急起的样子。 ㉔抢（qiǎng）：疾速到达。榆枋：榆树和檀树。 ㉕控：投，落下来。㉖奚以：何以，为什么。 ㉗莽苍：指迷茫看不真切的郊野。 ㉘飡（cān）：即餐。反：通"返"，返回。 ㉙果然：饱的样子。 ㉚宿：指一夜。㉛年：年寿。 ㉜朝菌：一种朝生暮死的菌类生物。晦朔：一个夜间一

个白天,一天一夜。 ㉝蟪蛄(huìgū):即寒蝉,春生夏死或夏生秋死。 ㉞冥灵:大海灵龟。一说树名。 ㉟椿:传说中的古树名。 ㊱彭祖:古代传说中年寿最长的人。 ㊲匹:比。 ㊳棘:商汤时的贤大夫。 ㊴穷发:草木不生的地方。 ㊵修:长。 ㊶太山:即泰山。 ㊷羊角:即旋风,回旋向上的形状像羊角一样。 ㊸绝:穿过。 ㊹斥鴳(yàn):生活在小泽中的雀鸟。斥,池塘,小泽。 ㊺至:极点。 ㊻辩:通"辨",辨别,区分。 ㊼效:胜任。 ㊽行:行为,作为。 ㊾征:取信。 ㊿宋荣子:指宋钘,宋国人,战国时期的思想家。犹然:讥笑的样子。 51劝:劝勉,努力。 52非:责难,批评。 53数数(shuò)然:急急忙忙的样子。 54列子:列御寇,郑国人,战国时代的思想家。御风:乘风。 55泠(líng)然:轻妙的样子。 56旬:十天。有:又。 57致:寻求。 58待:凭借,依靠。 59乘:因。正:本性。 60御:顺从。六气:指阴、阳、风、雨、晦、明。辩:通作"变",变化。 61恶(wū):何,什么。 62至人:指道德修养最高尚的人。无己:忘掉自己,与万物化而为一。 63神人:指精神世界完全能超脱于物外的人。无功:不追求功名。 64圣人:指思想修养臻于完美的人。无名:不追求名誉地位。

〔译文〕

北方的大海里有一条鱼,它的名字叫作鲲。鲲的体积巨大,不知道有几千里。(鲲)变化成为鸟,它的名字叫作鹏。鹏的背,不知道有几千里。当(鹏)奋起而飞时,它的双翅就像天边的云。这只鸟随着海上汹涌的波涛迁徙到南方的大海。南方的大海就是一个天然形成的大池。

《齐谐》是一部记载怪异事情的书。这本书上记载说:"鹏鸟向南海迁徙时,翅膀拍击水面激起三千里的波涛,随后环绕旋风上升到九万里高空,乘着六月的大风而去。"原野上野马般的雾气,飞扬的尘埃,都是生物的气息互相吹拂所引起的。湛蓝的天空,是它真正的颜色呢?还是由于天空无限高旷辽远的原因呢？鹏鸟从高空往下看，大概就是这个样子了吧。水如果积聚得不够深，那它就没有负载大船的力量。倒一杯水在堂前的低洼处，那小草也可以当作船；而放上一只杯子就会粘住不动了，这是因为水太浅而船太大了。风的强度如果不够大，那么它就没有能力负载巨大的翅膀。所以，鹏鸟飞上九万里的高空，风就在它的下面，然后才凭借着大风飞行；（鹏鸟）背靠青天而没有什么力量能够阻遏它，然后才能开始图谋飞到南方去。寒蝉与小灰雀讥笑鹏鸟说："我从地面急速起飞，碰着榆树和檀树的树枝，常常飞不上去就落在地上，为什么要飞向九万里的高空又向南飞呢？"到迷茫的郊野去，带上三餐粮食就可以当天返回，肚子还是饱饱的；到百里之外去，要用一整夜时间准备干粮；到千里之外的地方去，就要准备三个月的粮食。这两只虫鸟又哪里知道这个道理。智慧小的不如智慧大的，寿命短的不如寿命长的。怎么知道是这样的呢？朝菌不知道昼夜的更替，蟪蛄不知道春夏秋冬四季的变化，这都是由于寿命短促的原因。楚国南边有一只灵龟，以五百年为一个春季，以五百年为一个秋季；上古有一种叫作大椿的古树，以八千年为一个春季，以八千年为一个秋季，这是因为它们的寿命太长了。然而彭祖到如今还是以年寿长久而闻名于世，人们都想与他攀比，不是太可悲了吗？

商汤询问棘的时候有这样一段话："在那草木不生的北方，有一片很深的大海，是天然形成的大池。那里有一条鱼，它的脊背有好几千里，没有人知道它有多长，它的名字叫作鲲。有一种鸟，它的名字叫作鹏，它的脊背像一座大山，展开双翅就像天边的云。鹏鸟奋起而飞，翅膀拍击急速旋转向上的气流直冲九万里高空，穿过云气，背负青天，这才向南飞去，打算飞到南方的大海。斥鴳讥笑它说：'它打算飞到哪儿去？我奋力跳起来往上飞，不过几丈高就落了下来，盘旋于蓬蒿丛中，这也是我飞翔的极限了。而它打算飞到什么地方去呢？'"这就是小与大的不同了。

所以，才智能胜任一个官职，品行符合一乡人心，德性能使国君感到满意，能力足以取信一国之人的人，他们看待自己也像这些小雀一样。宋荣子讥笑他们。（像宋荣子这样的人）世上的人们都赞誉他，他不会因此越发努力，世上的人们都非难他，他也不会因此而更加沮丧。他清楚地划定自身与物外的区别，辨别荣誉与耻辱的界限，不过如此而已。（宋荣子）他对于整个社会，从来不急急忙忙地去追求什么。虽然如此，他还是未能达到最高的境界。列子能驾风行走，那样子实在轻盈美好，而且十五天后方才返回。列子对于寻求幸福，从来没有急急忙忙的样子。他这样做虽然免除了行走的劳苦，可还是有所依凭。如果能把握天地的本性，顺从六气的变化，畅游于无穷的世界，他还有什么必须依赖的东西呢！因此说：道德修养高尚的"至人"能够达到忘我的境界，精神世界完全超脱物外的"神人"心目中没有功名和事业，思想修养臻于完美的"圣人"从不去追求名誉和地位。

## 二

尧让天下于许由①，曰："日月出矣，而爝火不息②，其于光也，不亦难乎！时雨降矣，而犹浸灌③，其于泽也④，不亦劳乎⑤！夫子立而天下治⑥，而我犹尸之⑦，吾自视缺然⑧。请致天下⑨。"

许由曰："子治天下，天下既已治也，而我犹代子，吾将为名乎？名者，实之宾也⑩，吾将为宾乎？鹪鹩巢于深林[11]，不过一枝；偃鼠饮河[12]，不过满腹。归休乎君！予无所用天下为。庖人虽不治庖[13]，尸祝不越樽俎而代之矣[14]。”

肩吾问于连叔曰[15]：“吾闻言于接舆[16]，大而无当，往而不返。吾惊怖其言，犹河汉而无极也[17]，大有径庭[18]，不近人情焉。”连叔曰：“其言谓何哉？”曰：“‘藐姑射之山[19]，有神人居焉。肌肤若冰雪，绰约若处子[20]；不食五谷，吸风饮露；乘云气，御飞龙，而游乎四海之外；其神凝，使物不疵疠而年谷熟[21]。’吾以是狂而不信也[22]。”

连叔曰：“然，瞽者无以与乎文章之观[23]，聋者无以与乎钟鼓之声。岂唯形骸有聋盲哉？夫知亦有之。是其言也，犹时女也[24]。之人也，之德也，将旁礴万物以为一[25]，世蕲乎乱[26]，孰弊弊焉以天下为事[27]！之人也，物莫之伤，大浸稽天而不溺[28]，大旱金石流、土山焦而不热。是其尘垢秕糠，将犹陶铸尧、舜者也[29]，孰肯以物为事？”

宋人资章甫而适诸越[30]，越人断发文身，无所用之。尧治天下之民，平海内之政，往见四子藐姑射之山[31]，汾水之阳，窅然丧其天下焉[32]。

〔注释〕

①尧：上古帝王唐尧。许由：古代尧时的隐士，字仲武，隐于箕山。②爝(jué)火：小火把。息：通“熄”。③浸灌：灌溉。④泽：润泽。⑤劳：徒劳。⑥夫子：指许由。立：立位，登位。⑦尸：主持。⑧缺然：自愧的样子。⑨致：交给。⑩宾：从属、派生的东西。⑪鹪鹩(jiāoliáo)：一种善于筑巢的小鸟。⑫偃(yǎn)鼠：即鼹鼠。⑬庖人：厨

师。 ⑭尸祝:祭祀时主持祭祀的人。樽:盛酒的器具。俎:盛肉的器具。⑮肩吾、连叔:皆为虚拟人物。 ⑯接舆:陆通,字接舆,楚国的隐士。⑰河汉:银河。 ⑱径庭:指差别很大。径:门外的小路。庭:堂外之地。⑲藐:通“邈”,遥远的样子。姑射(yè):传说中的神山之名。 ⑳绰(chuò)约:轻柔安逸的样子。处子:处女。 ㉑疵疠(cīlì):恶病,引申为灾害。㉒狂:通“诳”,谎言。 ㉓瞽(gǔ)者:盲人。文章:花纹。 ㉔时:通“是”。女:通“汝”,指肩吾。 ㉕旁礴:混同。 ㉖蕲(qí):求。乱:治,太平。㉗弊弊:辛苦经营的样子。 ㉘大浸:大水。稽:至。 ㉙陶铸:造就。㉚资:贩卖。章甫:殷代时的一种礼帽。 ㉛四子:指王倪、啮缺、被衣、许由。 ㉜窅(yǎo)然:怅然若失的样子。丧:丧失,遗忘。

〔译文〕

尧要把天下让给许由,对他说:“太阳和月亮都已升起来了,可是小小的火把还不熄灭,它要跟太阳和月亮比光亮,不是很难吗?这个季节的雨已经降落了,而人们还在不停地浇水灌地,这对于禾苗的润泽,不是徒劳吗?如果先生能登上大位,天下一定会获得太平,可是我还占着这个位置,我自己觉得很惭愧。请让我把天下交给你。”

许由回答说:“您治理天下,天下已经获得了太平,而我却还来代替您,我难道是为了名声吗?名不过是实的附属品,我难道还是为了这附属品吗?鹪鹩在森林中筑巢,只需占用一棵树枝就够了;鼹鼠到河边饮水,只要喝满肚子就够了。您还是请回去吧,天下对于我来说没有什么用处。厨师虽然不下厨,祭祀主持的人也不会替他去烹调的。”

肩吾向连叔问道:“我听接舆讲话,不仅是一些不切实际的大话,而且都是说出去便收不回来的话。我非常惊骇于他的言论,就像天上的银河那样没有边际,跟一般人的谈话差异甚远,太不符合常理了。”连叔问：“他都说了什么话呢？”（肩吾说：）“他说：‘在遥远的姑射山上，住着一位神人。（神人的）皮肤像冰雪一样润白，体态像处女一样柔美；不吃五谷杂粮，只吸清风饮甘露；乘着云气，驾着飞龙，遨游于四海之外；他的精神凝聚而专注，使得世间万物不受灾害，年年五谷丰登。’我认为这全是虚妄的话，根本不可信。”

连叔说：“是呀，对于盲人我们无法让他和别人一样欣赏花纹的美丽，对于聋子我们无法让他和别人一样聆听钟鼓的乐声。难道只有形体上才有聋与瞎吗？人的心智上也有聋和瞎啊！上面这些话，说的就是你肩吾呀。那位神人呀，他的德性，与万物混同在一起，世人期望他来治理天下，但是有谁愿意劳劳碌碌去管理世间的俗事呢！这样的人呀，外物伤害不了他，滔天的大水也不能淹没他，天下大旱使金石熔化、土山焦裂，也不能使他感到炽热。他身上的尘垢秕糠，仍可以造就出尧、舜那样的伟人，他怎么会愿意把管理世间万物当回事呢？”

宋国人到越国去贩卖礼帽，越国人习惯剪掉头发并且满身刺着花纹，根本用不着帽子。尧一心想要治理好天下的百姓，安定海内的政局，便到姑射山上，汾水北面，去拜见四位得道的高士，不禁怅然若失，忘掉了他所在的天子之位。

## 三

惠子谓庄子曰①：“魏王贻我大瓠之种②，我树之成而实五石③。以盛水浆，其坚不能自举也；剖之以为瓢，则瓠落无所容④。非不呺然大也⑤，吾为其无用而掊之⑥。”庄子曰：“夫子固拙于用大矣。宋人有善为不龟手之药者[7]，世世以洴澼絖为事[8]。客闻之，请买其方百金。聚族而谋曰：'我世世为洴澼絖，不过数金。今一朝而鬻技百金[9]，请与之。'客得之，以说吴王。越有难[10]，吴王使之将[11]。冬，与越人水战，大败越人，裂地而封之[12]。能不龟手一也，或以封，或不免于洴澼絖，则所用之异也。今子有五石之瓠，何不虑以为大樽而浮乎江湖[13]，而忧其瓠落无所容？则夫子犹有蓬之心也夫[14]！"

惠子谓庄子曰："吾有大树，人谓之樗[15]。其大本拥肿而不中绳墨[16]，其小枝卷曲而不中规矩。立之涂，匠者不顾。今子之言，大而无用，众所同去也。"庄子曰："子独不见狸狌乎[17]？卑身而伏，以候敖者[18]；东西跳梁[19]，不辟高下[20]；中于机辟[21]，死于罔罟[22]。今夫斄牛[23]，其大若垂天之云，此能为大矣，而不能执鼠。今子有大树，患其无用，何不树之于无何有之乡，广莫之野，彷徨乎无为其侧[24]，逍遥乎寝卧其下？不夭斤斧，物无害者，无所可用，安所困苦哉！"

〔注释〕

①惠子：宋国人，姓惠名施，曾做过梁惠王的相，是庄子的好友。②魏王：梁惠王。贻（yí）：赠送。瓠（hù）：葫芦。 ③成：成熟。石（dàn）：计量单位，一石相当于一百二十斤。 ④瓠落：即廓落，很大的样子。 ⑤呺（xiāo）然：空虚而又巨大的样子。 ⑥为：因为。掊（pǒu）：打碎。 ⑦龟（jūn）：通"皲"，皮肤因受冻而开裂。 ⑧洴澼（píngpì）：漂洗。絖（kuàng）：通"纩"，丝絮。 ⑨鬻（yù）：卖，出售。 ⑩越有难（nàn）：越国发难，攻打吴国。难，难事，指军事行动。 ⑪将（jiàng）：带兵。

⑫裂地：割出一块地方。 ⑬虑：考虑。一说通“摅”，用绳络缀结。樽：本为酒器，这里指形似酒樽，可以缚在腰上，浮水渡河的东西。 ⑭蓬之心：喻指见识浅薄不能通晓大道理。 ⑮樗（chū）：一种高大的落叶乔木，有臭味，且木质粗劣。 ⑯大本：主干。拥肿：即臃肿，指树干疙瘩盘结。 ⑰狸：野猫。狌（shēng）：黄鼠狼。 ⑱敖者：指嬉戏玩耍的小动物。 ⑲跳梁：即跳踉，腾越跳动的意思。 ⑳辟：同“避”，避开。 ㉑机辟：指捕兽器。 ㉒罔：同“网”。罟（gǔ）：网的统称。 ㉓斄（lí）牛：牦牛。 ㉔彷徨：徘徊，悠游自适。

〔译文〕

惠子对庄子说：“魏王送我一颗大葫芦的种子，我把它种植成熟，结出的果实足有五六百斤。用大葫芦去盛水，它的坚固程度经不起自身盛水的压力；把它剖开做成瓢，又太大了没有什么地方放得下。这个葫芦不是不够大，而是它（大得）没有什么用处，所以就把它打碎了。”庄子说：“你实在是不善于使用大的东西呀。有个宋国人善于制作让手不皲裂的药，他家世世代代以漂洗丝絮为业。有个客人听说了这件事，愿意出百金买下他的药方。他便召集全家族的人来商量说：‘我们家世世代代以漂洗丝絮为业，收入也不过几金。如今一旦把药方卖出去就可以获得百金，还是卖给他吧。’客人得到药方后，便去游说吴王。这时越国发兵攻打吴国，吴王就派他带兵打仗。冬天，吴军跟越军在水上交战，大败越军，吴王划出一块土地封赏给他。同样是一个能使手不皲裂的药方，有的人用它获得了封赏，有的人用它只能从事漂洗丝絮的工作，这是因为使用的方法不同。现在你有五六百斤那么大的葫芦，为什么不考虑用它来当作腰舟系在身上，浮游于江湖之上，却担忧葫芦太大无处可容呢？看来你的心如蓬草一样茅塞不通啊！”

惠子对庄子说:“我有一棵大树,人们叫它樗树。它的树干疙瘩盘结而且不符合绳墨的要求,它的树枝弯弯扭扭也不合规矩。它生长在路边,木匠们连看也不看。现今你的言论,也是大而无用,大家都不愿再听了。”庄子说:“你难道没看见过野猫和黄鼠狼吗?(它们)趴伏着身子,等待那些出洞觅食或游乐的小动物;(它们)上下窜越,不避开高低之处;往往陷入机关,死于猎网之中。再看那牦牛,庞大的身体就像天边的云,它的能力很大,但不会捕捉老鼠。现在你有这么大一棵树,却担忧它没有什么用处,为什么不把它种在虚无的乡土,无边无际的旷野里,悠然自得地徘徊在大树旁边,优游自在地睡卧在大树下面呢?(大树)不会遭到刀斧的砍伐,也没有什么东西会去伤害它,虽然没有派上什么用场,可是哪里又会有什么困苦呢?”

# 齐物论

**〔题解〕**

《齐物论》是庄子哲学思想的代表作。这篇文章的宗旨在于论述万物齐一和是非相对,肯定了一切人与物的意义和价值。庄子认为世界上的万物都是齐一的,人类社会中的生与死、贵与贱等都是毫无差别的。本篇大致可以分为六章。第一章论述了“吾丧我”的精神境界,人们只有去掉一切的是是非非,才能进入物我两忘的境界。第二章描写了众人的纷争,并指出这一切皆源自人们的一孔之见。第三章围绕是与非、彼与此等方面,指出万事万物本质上没有差别,它们不仅相互依存,还可以相互转化。第四章以相对论的观点去看待大小等事物,提出“万物与我为一”的命题。第五章列举了三个寓言故事，从意境上加深了读者对齐物论的感受。第六章写了两个寓言故事，阐述“物化”的概念。

## 一

南郭子綦隐机而坐[①]，仰天而嘘[②]，荅焉似丧其耦[③]。颜成子游立侍乎前[④]，曰：“何居乎[⑤]？形固可使如槁木，而心固可使如死灰乎？今之隐机者，非昔之隐机者也。”子綦曰：“偃，不亦善乎，而问之也[⑥]！今者吾丧我[⑦]，汝知之乎？女闻人籁而未闻地籁[⑧]，女闻地籁而未闻天籁夫！”

子游曰：“敢问其方[⑨]。”子綦曰：“夫大块噫气[⑩]，其名为风。是唯无作，作则万窍怒呺[⑪]。而独不闻之翏翏乎[⑫]？山林之畏佳[⑬]，大木百围之窍穴，似鼻，似口，似耳，似枅[⑭]，似圈，似臼[⑮]，似洼者[⑯]，似污者[⑰]。激者[⑱]、謞者[⑲]、叱者、吸者、叫者、譹者[⑳]、宎者[㉑]、咬者[㉒]。前者唱于而随者唱喁[㉓]，泠风则小和[㉔]，飘风则大和，厉风济则众窍为虚[㉕]。而独不见之调调之刁刁乎[㉖]？”子游曰：“地籁则众窍是已，人籁则比竹是已[㉗]，敢问天籁？”子綦曰：“夫吹万不同，而使其自已也[㉘]。咸其自取，怒者其谁邪[㉙]？”

〔**注释**〕

①南郭子綦（qí）：楚昭王庶出的弟弟，字子綦，居住在城南，故取号南

郭。隐机:凭靠着几案而坐。 ②嘘:缓缓地吐气。 ③荅(tà)焉:形体不存在的样子。丧其耦(ǒu):即忘其形。 ④颜成子游:子綦的学生,姓颜名偃,子游为字,死后谥成,故名颜成子游。 ⑤何居:何故。 ⑥而:你。 ⑦丧:遗忘。 ⑧籁:箫。指空虚的地方发出的声响。 ⑨方:术,道术。 ⑩大块:大地。噫(yī)气:吐气。 ⑪呺(háo):同“号”,呼啸,吼叫。 ⑫翏翏(liù):大风呼呼的声响。 ⑬畏佳(cuī):通“嵔崔”,山势险峻的样子。 ⑭枅(jī):柱头横木,指横木上的方孔。 ⑮臼:舂粮的器具。 ⑯洼:深池。 ⑰污:泥塘。 ⑱激者:像水流湍急的声音。 ⑲謞(xiào)者:像箭头飞去的声响。 ⑳譹(háo)者:像嚎哭声。“譹”,同“嚎”。 ㉑宎(yǎo)者:像风吹到深谷的声音。 ㉒咬:像悲哀声。㉓于、喁(yú):风吹树动前后相和的声音。 ㉔泠(líng)风:小风。 ㉕厉风:烈风。济:止。 ㉖调调、刁刁:指树木摇动的声音。 ㉗比竹:并列在一起的竹管,指箫、笙一类的乐器。 ㉘使其自己:使它们自身发出各种各样的声音。 ㉙怒者:发动者。

〔译文〕

南郭子綦靠着几案而坐,仰头向天缓缓地呼吸,好像是忘掉了他的形体一样。颜成子游站在他面前侍奉着,问道:“这是怎么一回事呀?难道人的形体可以使它像干枯的树木,心灵寂静也可以使它像熄灭的灰烬那样吗?您今天的静坐,跟往昔静坐的情景大不一样呢。”子綦回答说:“偃,你这个问题,问得很好!今天我忘掉了自己,你知道吗?你(或许)听见过人籁,但不一定听见过地籁,你(即使)听见过地籁,肯定没有听见过天籁吧!”

子游说:“请问其中的道理。”子綦说:“大地呼出的气,(人们)称作风。这风不发作就罢了,一旦发作整个大地上数不清的窍孔都怒吼起来。你没有听过那呼呼的风声吗?那山林中险峻盘旋的地方，还有百围大树的洞穴，有的像鼻子，有的像嘴巴，有的像耳朵，有的像圆柱上插入横木的方孔，有的像牛栏猪圈，有的像舂米的臼窝，有的像深池，有的像泥坑。（它们发出的声音）像湍急的流水声，像迅疾的射箭声，像大声的呵叱声，像细细的呼吸声，像叫喊的声音，像号哭的声音，像深谷发出的声音，像哀叹的声音。前面的风在呜呜地唱着，后面的风就呼呼地和着，微风就小声地应和着，大风就大声地应和着，迅猛的暴风过后，所有的窍穴也就寂然无声了。你难道就没有见过风吹过树林时，随风摇曳晃动的样子吗？”子游说：“地籁是各种孔洞发出的声音，人籁就是竹箫里发出的声音。请问天籁是什么呢？”子綦说：“天籁虽然有万般不同，但都是它们自身发出的各种各样的声音。既然各种不同的声音都是自身决定的，（那么）鼓动它们发声的还有谁呢？”

## 二

大知闲闲[①]，小知间间[②]；大言炎炎[③]，小言詹詹[④]。其寐也魂交[⑤]，其觉也形开[⑥]。与接为搆[⑦]，日以心斗。缦者[⑧]，窖者[⑨]，密者[⑩]。小恐惴惴[⑪]，大恐缦缦[⑫]。其发若机栝[⑬]，其司是非之谓也[⑭]；其留如诅盟[⑮]，其守胜之谓也；其杀若秋冬[⑯]，以言其日消也；其溺之所为之[⑰]，不可使复之也；其厌也如缄[⑱]，以言其老洫也[⑲]；近死之心，莫使复阳也。喜怒哀乐，虑叹变慹[⑳]，姚佚启态[㉑]。乐出虚，蒸成菌。日夜相代乎前，而莫知其所萌。已乎，已乎！旦暮得此[㉒]，其所由以生乎！

非彼无我[㉓]，非我无所取。是亦近矣，而不知其所为使。若有真宰[24],而特不得其眹[25]。可行已信,而不见其形,有情而无形[26]。

百骸、九窍、六藏[27],赅而存焉,吾谁与为亲?汝皆说之乎[28]?其有私焉[29]?如是皆有为臣妾乎?其臣妾不足以相治乎?其递相为君臣乎?其有真君存焉[30]!如求得其情与不得,无益损乎其真。

一受其成形,不忘以待尽。与物相刃相靡[31],其行尽如驰而莫之能止[32],不亦悲乎?终身役役而不见其成功,苶然疲役而不知其所归[33],可不哀邪!人谓之不死,奚益!其形化,其心与之然,可不谓大哀乎?人之生也,固若是芒乎[34]?其我独芒,而人亦有不芒者乎?

夫随其成心而师之[35],谁独且无师乎?奚必知代而心自取者有之[36]?愚者与有焉!未成乎心而有是非,是今日适越而昔至也。是以无有为有。无有为有,虽有神禹且不能知,吾独且奈何哉!

〔注释〕

①闲闲:广博豁达的样子。 ②间间:琐细偏狭的样子。 ③炎炎:盛气凌人的样子。 ④詹詹:言语琐细啰嗦的样子。 ⑤魂交:精神交错。 ⑥形开:体乏不支。 ⑦搆(gòu 一作“拘”):交接。 ⑧缦:通“慢”,懈怠,散漫。 ⑨窖:深沉,深藏不露。 ⑩密:隐秘,谨严。 ⑪惴惴(zhuì):恐惧不安的样子。 ⑫缦缦(màn):惊恐失神的样子。 ⑬机:弩机,弩上的发射部位。栝(guā):箭杆末端扣弦部位。 ⑭司:同“伺”,伺机。 ⑮诅盟:誓约。 ⑯杀(shài):衰,衰败。 ⑰所为:指为辩论所付出的精力。 ⑱厌:闭塞。缄:绳索,引申为束缚。 ⑲洫(xù):枯竭。 ⑳慹

(zhé):恐惧。 ㉑姚:轻浮躁动。佚:放纵。启:张狂。态:故作姿态。㉒旦暮:昼夜,指时间很短。 ㉓彼:指以上的种种情态。 ㉔真宰:身心的主宰。 ㉕眹(zhèn):征兆。 ㉖情:实。 ㉗藏:通“脏”。心、肺、肝、脾、肾俗称五脏,但也有把左右两肾分别称谓的,这就成了“六脏”。㉘说:通“悦”,喜悦。 ㉙私:偏爱。 ㉚真君:真心,真我。 ㉛靡:摩擦。 ㉜行尽:走向死亡。 ㉝苶(nié)然:疲倦困顿的样子。 ㉞芒:茫昧,迷糊。 ㉟成心:成见,偏见。 ㊱知代:了解事物的更替变化。

〔译文〕

大智的人广博豁达,小智的人却非常琐细偏狭;高谈阔论的人盛气凌人,具体而论的人则争辩不休。他们睡觉的时候精神交错,醒来的时候身疲气散。(他们)和外界接触纠缠不清,整日里钩心斗角。有的散漫不经,有的深藏不露,有的言语谨慎。碰到小恐惧时惴惴不安,碰到大恐惧时惊魂失魄。他们说话的时候就像放出的利箭,专门伺机别人的是非来攻击;他们不说话的时候就像发过誓约一样,不过是在等待胜利的机会;他们的衰败犹如秋冬的萧条,这说明他们一天天地走向消亡;他们沉溺在所作所为中,无法再使他们恢复到原有的情状;他们心灵闭塞犹如被绳索缚住,这说明他们愈老愈不可自拔;走向死亡的心灵,再也没法使他们恢复生气了。(他们)时而欣喜,时而愤怒,时而悲哀,时而欢乐;(他们)有时忧虑,有时叹惋,有时反复,有时恐惧;(他们)有的躁动轻浮,有的奢华放纵,有的情张欲狂,有的造姿作态。好像音乐从虚空的东西中发出来的一样,又像菌类被地气蒸腾而成。(这种种情态)日夜在心中变化着,时不时更替出现,却不知道是怎么萌生的。算了吧,算了吧!一旦懂得这一切发生的道理,也就明白了这种种情态产生的原因了!

没有那些种种情态就没有我,没有我那它也就没法呈现。

这样的认识也就接近事物的本质了，但是不知道是谁主使的。好像有真宰，然而却又寻不到它的端倪。（我们）可以通过实践来验证，虽然看不见它的形体，但它是真实存在而又不具形象的。

百骸、九窍和六脏，全都齐备地存在于我的身体上，我和哪一个部分最亲近呢？你都喜欢它们吗？还是有所偏爱呢？如果同等看待的话，把（它们）视为臣妾吗？难道它们谁也不能支配谁吗？还是轮换着做君臣呢？或许有“真君”存在其间呢！无论能否获得“真君”的真实情况，对它本身的真实存在都不会有什么增益和损坏。

世人一旦禀承天地之气而形成形体，就不能忘掉自身而等待最后的消亡。（他们）与外物接触处便互相摩擦，（他们的行动）像快马奔驰，没有什么力量能使（他们）止步，这不是很可悲吗？（他们）劳劳碌碌却看不到自己的成功，一辈子困顿疲劳却不知道自己的归宿，这不是很可哀吗！这样的人生就算不死，又有什么意思呢！人的形骸不断地衰竭，人的精神也随着消亡，这难道不是最大的悲哀吗？人的一生，本来就像这样迷糊吗？还是只有我迷糊，而别人也有不迷糊的吗？

如果依据自己的偏见作为判断事物的标准，那么有谁没有这个标准呢？何必一定要通晓事物发展变化之理的智人才有呢？愚昧的人也同样会有的！（如果说）还没有形成偏见时就已经先有了是非，这就像今天去越国而昨天就已经到了一样。这就是把没有当作有。（如果）把没有当作有，即使是神明的大禹尚且无法理解，我又能怎么样呢？

## 三

夫言非吹也[①]，言者有言，其所言者特未定也。果有言邪？其未尝有言邪？其以为异于鷇音[2]，亦有辩乎[3]？其无辩乎？

道恶乎隐而有真伪？言恶乎隐而有是非？道恶乎往而不存？言恶乎存而不可？道隐于小成[4]，言隐于荣华[5]。故有儒墨之是非，以是其所非而非其所是。欲是其所非而非其所是，则莫若以明[6]。

物无非彼，物无非是[7]。自彼则不见，自是则知之[8]。故曰：彼出于是，是亦因彼，彼是方生之说也[9]。虽然，方生方死，方死方生；方可方不可，方不可方可；因是因非，因非因是。是以圣人不由而照之于天[10]，亦因是也。是亦彼也，彼亦是也。彼亦一是非，此亦一是非。果且有彼是乎哉？果且无彼是乎哉？彼是莫得其偶[11]，谓之道枢[12]。枢始得其环中[13]，以应无穷。是亦一无穷，非亦一无穷也。故曰：莫若以明。

以指喻指之非指，不若以非指喻指之非指也；以马喻马之非马，不若以非马喻马之非马也。天地一指也，万物一马也。

可乎可，不可乎不可。道行之而成，物谓之而然。恶乎然？然于然。恶乎不然？不然于不然。物固有所然，物固有所可。无物不然，无物不可。故为是举莛与楹[14]，厉与西施[15]，恢恑憰怪[16]，道通为一。

其分也，成也；其成也，毁也。凡物无成与毁，复通为一。唯达者知通为一，为是不用而寓诸庸[17]。庸也者，用也；用也者，通也；通也者，得也。适得而几矣[18]。

因是已[19]。已而不知其然,谓之道。劳神明为一,而不知其同也,谓之“朝三”。何谓朝三?狙公赋芧[20],曰:“朝三而暮四。”众狙皆怒。曰:“然则朝四而暮三。”众狙皆说。名实未亏,而喜怒为用,亦因是也。是以圣人和之以是非,而休乎天钧[21],是之谓两行。

古之人[22],其知有所至矣[23]。恶乎至?有以为未始有物者,至矣,尽矣,不可以加矣!其次以为有物矣,而未始有封也[24]。其次以为有封焉,而未始有是非也。是非之彰也,道之所以亏也。道之所以亏,爱之所以成[25]。果且有成与亏乎哉?果且无成与亏乎哉?有成与亏,故昭氏之鼓琴也[26];无成与亏,故昭氏之不鼓琴也。昭文之鼓琴也,师旷之枝策也[27],惠子之据梧也[28],三子之知几乎皆其盛者也,故载之末年[29]。唯其好之也以异于彼,其好之也欲以明之。彼非所明而明之,故以坚白之昧终[30]。而其子又以文之纶终[31],终身无成。若是而可谓成乎,虽我亦成也;若是而不可谓成乎,物与我无成也。是故滑疑之耀[32],圣人之所图也[33]。为是不用而寓诸庸,此之谓“以明”。

〔注释〕

①言非吹:言论和风吹不同。 ②鷇(kòu)音:幼鸟将破壳而出时发出的叫声。 ③辩:通“辨”,区别。 ④小成:片面的认识。 ⑤荣华:浮华之词。 ⑥明:空明的心灵。 ⑦是:此。 ⑧自是:原作“自知”,依严灵峰《庄子章句新编》改。 ⑨方生:并生。 ⑩不由:不取。照:观察。天:自然。 ⑪偶:对立。 ⑫枢:枢要。 ⑬得其环中:喻指抓住要害。环

中，环的中心。 ⑭莛(tíng)：草茎。楹(yíng)：厅堂前的木柱。 ⑮厉：癞病，指丑女。 ⑯恢：宏大。恑(guǐ)：诡变。憰(jué)：诡诈。怪：怪异。 ⑰寓诸庸：寄于事物的功用上。 ⑱适：至。 ⑲因：顺应。 ⑳狙(jū)公：养猴子的老人。赋芧(xù)：分发橡子。 ㉑休：止。天钧：自然的均衡。 ㉒古之人：指古时的得道者。 ㉓至：最高的境界。 ㉔封：疆界，界线。 ㉕爱：偏好。 ㉖故：则。昭氏：姓昭，名文，善弹琴。 ㉗师旷：晋平公时的著名乐师。枝策：指举杖敲击乐器。 ㉘惠子：惠施。据梧：依靠着梧树。 ㉙载：从事。末年：晚年。 ㉚坚白：指战国时期"坚白同异"之争。公孙龙主张"离坚白"，即认为石头的坚硬和白色只能分别由触觉和视觉才能感受到，所以是分离的。 ㉛纶：琴瑟的弦，指弹琴。 ㉜滑疑之耀：迷惑人心的炫耀。滑：通"汩"，乱。 ㉝图：摒弃。

〔译文〕

言论不像风的吹动，说话的人议论纷纷，他们所说的话也不曾有过定论。(他们)果真有自己的言论？还是不曾有过自己的言论呢？他们都认为自己的言谈不同于雏鸟的鸣叫，这其中有区别吗，还是没有什么区别呢？

大道是怎么被隐匿起来而有了真假呢？言论是怎么被隐匿起来而有了是与非呢？大道如何出现而又不复存在呢？言论如何展现过而又不被认可了呢？大道被小智者的一孔之见所隐蔽，言论被浮华的辞藻所掩盖。所以就有了儒家和墨家的是非之辩，(他们)各自肯定对方所否定的东西，而否定对方所肯定的东西。如果肯定对方所否定的东西，而否定对方所肯定的东西，那不如用空明的心境去观照事物的本源。

世界上的事物没有不是彼方的，也没有不是此方的。从他物那方面就看不见这方面，从自己这方面来了解就知道了。所以说，事物的那一面出自事物的这一面，事物的这一面亦起因于事物的那一面，彼和此是相对而生的。即便如此，（万事万物）都是刚刚产生随即便是死亡，刚刚死亡随即便会复生；刚刚认为可以时，它们“非”也就开始了，刚刚认为不可以时，它们“是”也就包含在“非”里了；有因而认为是的就有因而认为非的，有因而认为非的就有因而认为是的。因此，圣人不走这条是非分辨的道路，而是用观察比照事物的本然，也就是顺着事物的自然发展。此也就是彼，彼也就是此。彼有彼的是与非，此有此的是与非。（事物）果真有彼此的分别吗？（事物）果真不存在彼此的区分吗？（如果）彼此都没有其对立的一面，这就是大道的枢纽。（掌握了）大道的枢纽就像抓住了事物的要害，可以顺应事物无穷的变化。“是”的变化是无穷的，“非”的变化也是无穷的。所以说不如用空明的心境去观照事物的本源。

用手指来说明手指不是手指，不如用手指以外的事物来说明手指不是手指；用白马来说明白马不是马，不如用白马以外的事物来说明白马不是马。（从事理相同的观点来看，）天地就是一指，万物就是一马。

（别人）认可的我也认可，（别人）不认可的我也不认可。道路是（人们）走成的，事物的名称是（人们）叫出来的。为什么是？自有它是的道理。为什么不是？自有它不是的道理。事物原本就有它是的地方，事物原本就有它可以的原因。没有什么事物不是，也没有什么事物不可。所以可以列举草茎和屋柱，丑女和西施，以及一切千奇百怪的事物，从道的角度来看（它们）都是浑然一体的。

（万物）有分必有成；有成必有毁。所有事物并无形成与毁灭的区别，始终是浑然一体的。只有通达的人才懂得万物浑然相通的道理，因此（他们）不用固执于（常人的）成见，而把自己的观点寄托于平常的事理中。所谓平庸的事理,就是无用而有用;认识事物无用就是有用,就算是通达;通达的人才是真正了解事物常理的人。达到能够了解事物常理的地步也就是尽得大道了。这就是顺应自然的道理。顺着自然的道路行走而不知道它的所以然,这就叫作“道”。耗费心思去追求一致,却不知道事物本身就是相同的,这就叫作“朝三”。什么叫作“朝三”呢?养猴的老人给猴子们分橡子,说:“早上给三升,晚上给四升。”猴子们听了很生气。养猴的老人又说:“那么就早上四升,晚上三升吧。”猴子们听了都很高兴。(橡子)在名义和实际上都没有亏损,(猴子们的)喜与怒却因而有了变化,也就是因为这样的道理。因此,圣人把是与非混同起来,任凭自然均衡,这就是物我并行,各得其所。

古时候那些得道的人,他们的智慧达到了最高的境界。如何才能达到最高的境界呢?有人认为宇宙一开始不存在具体的事物,这种认识可以说是了不起的,达到了最高境界,不能再增加了!次一等的人认为宇宙之始是存在事物的,只是万物之间并不严格区分界限。再次一等的人认为万物之间有界限,只是不计较是非。是与非的显现,道也就有了亏损。道的亏损,是由于个人的偏好造成的。果真有形成与亏缺吗?(还是)果真没有形成与亏缺呢?有完整与亏缺,好比昭文弹琴;没有完整与亏缺,好比昭文不再弹琴。昭文的弹琴,师旷的击乐,惠施靠着梧桐树高谈阔论,他们三个人的技艺和才智可说是登峰造极了,所以他们一直从业到晚年。(正因为)他们各有所好,因而跟别人不一样;他们都爱好各自的技艺,所以总希望能够表现出来。不是别人所非了解不可的,而勉强要人了解,因而终身迷于“坚白论”的偏蔽昏昧中。而昭文的儿子也终生从事昭文弹琴的事业，以至终生没有什么成就。像这样就可以说有成就吗？那虽然我们没有成就也算是有成就了。如果这样不算有成就的话，那么外物和我都没有成就。因此，迷乱人心的炫耀，是圣人要摒弃的。所以，（圣人）不用个人的一孔之见夸示于人而寄托在事物自身的功用上，这就叫作“以明”。

## 四

今且有言于此，不知其与是类乎？其与是不类乎？类与不类，相与为类，则与彼无以异矣。虽然，请尝言之[①]。有始也者[②]，有未始有始也者，有未始有夫未始有始也者。有有也者，有无也者，有未始有无也者，有未始有夫未始有无也者。俄而有无矣，而未知有无之果孰有孰无也。今我则已有谓矣，而未知吾所谓之其果有谓乎？其果无谓乎？

天下莫大于秋豪之末，而大山为小[③]；莫寿于殇子[④]，而彭祖为夭。天地与我并生，而万物与我为一。既已为一矣，且得有言乎？既已谓之一矣，且得无言乎？一与言为二，二与一为三。自此以往，巧历不能得[⑤]，而况其凡乎！故自无适有[⑥]，以至于三，而况自有适有乎！无适焉，因是已！

夫道未始有封，言未始有常，为是而有畛也[⑦]。请言其畛。有左有右，有伦有义[⑧]，有分有辩，有竞有争，此之谓八德。六合之外[⑨]，圣人存而不论；六合之内，圣人论而不议；春秋经世先王之志[⑩]，圣人议而不辩。故分也者，有不分也；辩也者，有不辩也。曰：何也？圣人怀之[⑪]，众人辩之以相示也。故曰：辩也者，有不见也。

夫大道不称，大辩不言，大仁不仁，大廉不嗛[⑫]，大勇不忮[⑬]。道昭而不道，言辩而不及，仁常而不成，廉清而不信，勇忮而不成。五者无弃而几向方矣[⑭]！故知止其所不知，至矣。孰知不言之辩，不道之道？若有能知，此之谓天府[⑮]。注焉而不满，酌焉而不竭，而不知其所由来，此之谓葆光[⑯]。

〔注释〕

①尝：尝试。 ②始：天地之始。 ③大山：即泰山。大，通“太”。 ④殇子：夭折的婴儿。 ⑤巧历：善于计算的人。 ⑥适：至。 ⑦畛(zhěn)：田间小道。引申为界限。 ⑧伦：次序。义：通“仪”，仪则。 ⑨六合：天地和东西南北四方。 ⑩志：记载。 ⑪怀：不分不辩，涵容于心。 ⑫嗛(qiān)：通“隒”，崖岸。按学者李勉说，原字当为“廉”，后人误改。 ⑬忮(zhì)：狠，逞强。 ⑭原作“五者圆而几向方矣”，据奚侗之说，依《淮南子》改正。⑮天府：自然的城府，指心胸广阔。 ⑯葆光：潜藏的光明。

〔译文〕

现在在这里说一番话，不知道这些话跟其他人的言论是同一类的呢，还是不同类的呢？（无论是）同类的与不同类的，既然彼此都是说话，那就和其他的论者没有什么不同了。虽然这样，还是让我试着说一说。宇宙万物有个开始，同样有它未曾开始的开始，还有它未曾开始的未曾开始的开始。宇宙有“有”，也有“无”，还有个未曾有过的“无”，同样也有个未曾有过的未曾有过的“无”。突然间产生了“有”和“无”,却不知道这个“有”与“无”,果真是不是“有”与“无”。现在我已经说了这些话,但不知道我果真说了,还是没有说呢?

天下没有什么比秋毫的末端更大的东西,而泰山却是小的;(世上)没有什么人比夭折的婴儿更长寿的,而彭祖却是短命的。天地与我共生,万物与我为一体。既然已经浑然为一体,还需要什么言论吗?既然已经说了“合为一体”,还能说没有言论吗?万物一体加上我所说的就成了“二”,“二”再加上“一”就成了“三”。以此类推,就算是善于计数的人也不能得出最后的数字,何况是普通人呢!从无到有已经推到“三”了,又何况从“有”推演到“有”呢!不必再推演下去了,还是顺应自然吧。

道原本是没有界限的,言论原本是没有定说的,只是为了争一个“是”字而划出了许多的界限。请让我说说这些界限吧。有左有右,有次序有等差,有分别有辩论,有竞言有相争,这就是界限的八种表现。天地四方之外的事,圣人是存而不论的;天地四方之内的事,圣人只论说而不辩解;(所以)春秋史实乃是先王治理社会的记载,圣人只评议而不争辩。所以(天下的事理)有分别,就有不分别的;有辩论的,就有不辩论的。这是为什么呢?圣人不分不辩,涵容于心,而众人则争辩不休而竞相夸示。所以说:凡是争辩,就有看不见的地方。

大道是不可称谓的,大辩是不必言说的,大仁者是不说自己仁慈的,大廉者是不说自己廉洁的,大勇者是从不逞血气之勇的。道一旦讲出来就不是真道了,言语争辩总有表达不到的地方,仁爱偏向一处就不能周遍了,廉洁到清白的极点反而不真实了,自逞血气之勇也就不是真正勇敢的了。这五种情况不要疏忽,那就差不多接近道了!所以说,一个人能懂得停止于自己所不知的境域，那就是极点了。谁知道不用言辞的辩论，不用称说的大道呢？如果有谁能够知道，这就是所说的天然的府库了。（在这里）无论注入多少东西也不会满溢，无论取出多少东西也不会枯竭，而且也不知这些东西来自哪里，这就叫作潜藏的光明。

## 五

故昔者尧问于舜曰："我欲伐宗、脍、胥敖[①]，南面而不释然[②]。其故何也？"舜曰："夫三子者，犹存乎蓬艾之间。若不释然[③]，何哉？昔者十日并出，万物皆照，而况德之进乎日者乎！"

啮缺问乎王倪曰[④]："子知物之所同是乎[⑤]？"曰："吾恶乎知之！""子知子之所不知邪？"曰："吾恶乎知之！"

"然则物无知邪？"曰："吾恶乎知之！虽然，尝试言之：庸讵知吾所谓知之非不知邪[⑥]？庸讵知吾所谓不知之非知邪？且吾尝试问乎女：民湿寝则腰疾偏死[⑦]，鳅然乎哉？木处则惴栗恂惧[⑧]，猿猴然乎哉？三者孰知正处？民食刍豢[⑨]，麋鹿食荐[⑩]，蝍蛆甘带[⑪]，鸱鸦耆鼠[⑫]，四者孰知正味？猿猵狙以为雌[⑬]，麋与鹿交，鳅与鱼游。毛嫱丽姬[⑭]，人之所美也；鱼见之深入，鸟见之高飞，麋鹿见之决骤[⑮]，四者孰知天下之正色哉？自我观之，仁义之端，是非之涂，樊然淆乱[⑯]，吾恶能知其辩！"

啮缺曰："子不知利害，则至人固不知利害乎？"王倪曰："至人神矣！大泽焚而不能热，河汉冱而不能寒[17]，疾雷破山、飘风振海而不能惊。若然者，乘云气，骑日月，而游乎四海之外，死生无变于己，而况利害之端乎！”

瞿鹊子问乎长梧子曰[18]：“吾闻诸夫子[19]，圣人不从事于务，不就利，不违害，不喜求，不缘道[20]，无谓有谓[21]，有谓无谓，而游乎尘垢之外。夫子以为孟浪之言[22]，而我以为妙道之行也。吾子以为奚若[23]？”

长梧子曰：“是黄帝之所听荧也[24]，而丘也何足以知之！且女亦大早计，见卵而求时夜[25]，见弹而求鸮炙[26]。予尝为女妄言之，女以妄听之。奚旁日月[27]，挟宇宙，为其吻合[28]，置其滑涽[29]，以隶相尊？众人役役[30]，圣人愚芚[31]，参万岁而一成纯[32]。万物尽然，而以是相蕴。予恶乎知说生之非惑邪！予恶乎知恶死之非弱丧而不知归者邪[33]！丽之姬[34]，艾封人之子也。晋国之始得之也，涕泣沾襟。及其至于王所，与王同筐床[35]，食刍豢，而后悔其泣也。予恶乎知夫死者不悔其始之蕲生乎？梦饮酒者，旦而哭泣；梦哭泣者，旦而田猎。方其梦也，不知其梦也。梦之中又占其梦焉，觉而后知其梦也。且有大觉而后知此其大梦也[36]。而愚者自以为觉，窃窃然知之[37]。君乎！牧乎！固哉丘也[38]！与女皆梦也！予谓女梦，亦梦也。是其言也，其名为吊诡[39]。万世之后，而一遇大圣，知其解者，是旦暮遇之也。”

“既使我与若辩矣[40]，若胜我，我不若胜，若果是也，我果非也邪？我胜若，若不吾胜，我果是也，而果非也邪？其或是也，其或非也邪？其俱是也，其俱非也邪？我与若不能相知也，则人固受其黮暗[41]，吾谁使正之？使同乎若者正之，既与若同矣，恶能正之？使同乎我者正之，既同乎我矣，恶能正之？使异乎我与若者正之，既异乎我与若矣，恶能正之？使同乎我与若者正之，既同乎我与若矣，恶能正之？然则我与若与人俱不能相知也，而待彼也邪？"

"何谓和之以天倪[42]？"曰："是不是，然不然。是若果是也，则是之异乎不是也亦无辩；然若果然也，则然之异乎不然也亦无辩。化声之相待[43]，若其不相待，和之以天倪，因之以曼衍[44]，所以穷年也。忘年忘义，振于无竟[45]，故寓诸无竟。"

〔注释〕

①宗、脍、胥敖：三个小国名，为庄子虚构。 ②不释然：耿介于怀的样子。 ③若：你。 ④啮（niè）缺、王倪：皆为虚拟人物。 ⑤同是：共同所认可的。 ⑥庸讵（jù）：怎么，哪里。 ⑦偏死：半身瘫痪。 ⑧惴栗：惊恐得发抖。恂（xún）惧：恐惧，惧怕。 ⑨刍豢（chúhuàn）：指家畜。⑩荐：美草。 ⑪蝍蛆（jíjū）：蜈蚣。甘：甘美，可口。带：小蛇。 ⑫鸱（chī）：猫头鹰。耆：通"嗜"，爱好。 ⑬猵狙（biānjū）：猿猴的一种。⑭毛嫱（qiáng）、丽姬：古代的美人。 ⑮决骤：快速奔跑。 ⑯樊然殽（xiáo）乱：纷然错乱。 ⑰河汉：泛指江河。河：黄河。汉：汉水。沍（hù）：冻结。⑱瞿鹊子、长梧子：皆为虚拟人物。 ⑲夫子：孔子。 ⑳不缘道：即不拘于道。 ㉑谓：言谈。 ㉒孟浪：不切实际。 ㉓奚若：何如。 ㉔听荧：疑惑不明。 ㉕时夜：司夜，即报晓的鸡。 ㉖鸮（xiāo）炙：烤鸮鸟肉。 ㉗奚：怎么不。旁：依傍。 ㉘为：与。其：指宇宙万物。

㉙滑涽(hūn):纷乱昏暗。滑,通“汩”,乱。 ㉚役役:操劳不息的样子。 ㉛愚芚(chūn):浑然无知的样子。 ㉜参:糅合。万岁:指古今无数变异。 ㉝弱丧:自幼流落。 ㉞丽之姬:即丽姬,晋献公的夫人。 ㉟筐床:方正而又安适的床。㊱大觉:彻底觉醒,指圣人。 ㊲窃窃然:明察的样子。 ㊳牧:牧夫,这里指卑贱的人。固:鄙陋。 ㊴吊诡:奇特,怪异。 ㊵若:你。 ㊶黮(dǎn)暗:昏暗不明的样子。 ㊷天倪:自然的分际。 ㊸化声:是非之辩。 ㊹因:顺应。曼衍:变化发展。 ㊺振于无竟:逍遥于无物之境。竟:通“境”,境界。

〔译文〕

从前尧问舜说:“我想征伐宗、脍、胥敖这三个小国,每当上朝时总是心绪不宁,为什么呢?”舜说:“那三个小国的国君,就像生存于蓬蒿艾草之中一样。你还不放心,这是为什么呢?过去十个太阳同时出现,万物都在阳光普照之下,何况你的道德更胜过太阳的光辉呢!”

啮缺问王倪:“你知道万物都有共同的标准吗?”王倪说:“我怎么会知道呢!”啮缺又问:“你知道你所不知道的东西吗?”王倪说:“我怎么会知道呢!”

啮缺又问:“那么万物就无法知道了吗?”王倪回答:“我怎么会知道呢!即便如此,还是让我说说看:(你)怎么知道我所说的知道不是不知道呢?(你)又怎么知道我所说的不知道不是知道呢?我且问你:人们睡在潮湿的地方,就会腰部患病并导致半身不遂,泥鳅也会这样吗?(人们)待在树枝上就会心惊胆战、惶恐不安,猿猴也会这样吗?人、泥鳅和猿猴这三者究竟谁最懂得居处的标准呢?人吃家畜的肉,麋鹿吃草,蜈蚣爱吃小蛇,猫头鹰和乌鸦爱吃老鼠,这四种动物究竟谁才懂得真正的美味呢?猿猴把猵狙当作配偶,麋喜欢与鹿交合,泥鳅与鱼交尾。

毛嫱和丽姬，是人们称道的美人；（可是）鱼儿见了她们就会深深潜入水底，鸟儿见了她们就会高飞天空，麋鹿见了她们就会飞快地逃走。这四种动物究竟谁才懂得天下真正的美色呢？依我来看，那些仁义的头绪，是非的途径，都纷杂错乱，我怎么能知道它们之间的分别呢！”

啮缺说：“你不了解利与害，那么至人也不知晓利与害吗？”王倪说：“至人太神妙了！山林焚烧不能使他感到热，江河冻结不能使他感到冷，迅疾的雷电劈山破岩、狂风翻江倒海都不能使他感到震惊。像这样的至人，驾着云气，骑着日月，在四海之外遨游，生和死的变化都对他没有影响，何况世间的利害这些小事呢！”

瞿鹊子向长梧子问道：“我听孔夫子说过：‘圣人不从事世俗的工作，不贪图私利，不回避灾害，不喜好贪求，不因循成规，没说什么又好像说了些什么，说了些什么又好像什么也没有说，而心神遨游于尘世之外。’孔夫子认为这些都是不着边际的言论，而我却认为这是道的体现。先生你认为怎么样呢？”

长梧子说：“这些话黄帝听了也会疑惑不解，而孔丘怎么能了解呢！而且你也谋虑得太早，就像见到鸡蛋便想得到报晓的公鸡，见到弹丸就想吃到烤熟的斑鸠肉。我姑且给你说一说，你也就姑且听一听。（圣人）为什么不依傍着日月，怀藏着宇宙，跟万物合为一体，任其是非混乱纷争而不顾，把卑贱与尊贵都等同看待呢？人们忙忙碌碌，圣人浑然无知，（他）糅合古往今来无数变异而成为一团纯朴。万物都是这样，相互蕴含于浑朴而又精纯的状态之中。我怎么知道贪生不是困惑呢？我怎么知道怕死不是自幼流落他乡而不知回归那样呢？丽姬是艾地封疆守土之人的女儿。当晋国刚得到她的时候，哭得泪水浸透了衣襟。

等她到了晋献公的王宫里，和晋侯同睡一床，吃上美味珍馐，这才后悔当初不该哭泣。我又怎么知道那些死去的人不会后悔当初的求生呢？睡梦里饮酒作乐的人，早晨醒来后很可能遇到不如意的事而哭泣；睡梦中伤心哭泣的人，早晨醒来后又可能高兴地去打猎。当他在做梦的时候，他并不知道自己是在做梦。有时候睡梦中还会占卜所做之梦的吉凶，醒来以后才知道是在做梦。只有彻底觉醒的圣人，才知道人生就像是一场大梦。而愚昧的人却自以为清醒，好像什么都知道。什么皇上呀，臣子呀，真是浅陋极了！孔丘和你都是在做梦，我说你们在做梦，其实我也在做梦。我讲的这番话，可以称之为奇特的言论。(也许)万世之后能够遇到一位大圣人，悟出上述一番话的道理，也如同朝夕相遇一样平常了。”

“假如我和你辩论，你胜了我，我没有胜你，那么你果真对吗？我果真就错了吗？假如我胜了你，你没有胜我，我果真就对吗，你果真就错吗？是我们两人中有一人对，有一人错吗？还是我们两人都是对的，或者都是错的吗？我和你都无法知道，而世人原本也都暗昧不明，我们又能让谁来评判是非呢？(如果)让观点跟你相同的人来判定，既然跟你相同，怎么能做出公正的评判呢？(如果)让观点跟我相同的人来判定，既然跟我相同，怎么能做出公正的评判呢？(如果)让观点不同于我和你的人来判定，既然不同于我和你，怎么能做出公正的评判呢？(如果)让观点跟我和你都相同的人来判定，既然跟我和你都相同，又怎么能做出公正的评判呢？那么我和你跟大家都无从知道谁是谁非了，还等待谁呢？”

“什么叫用自然的天平来调和万事万物呢？”(长梧子说：)“任何东西有‘是’便有‘不是’，有‘然’便有‘不然’。‘是’果真是‘是’，就和‘不是’有区别，这就不用去争辩了。‘然’果真是‘然’，就和‘不然’有区别，这也不用去争辩了。变化的声音是相对立而成的，如果要使它们不相对立，就要用自然的分际来调和它，任其自在地发展变化，这样也就能够尽享天年了。忘掉生死年岁，到达无穷无尽的境界，这样也就能寄托于无穷无尽的境域之中了。”

## 六

罔两问景曰①：“曩子行②，今子止；曩子坐，今子起。何其无特操与③？”景曰：“吾有待而然者邪？吾所待又有待而然者邪？吾待蛇蚹蜩翼邪④？恶识所以然？恶识所以不然？”

昔者庄周梦为胡蝶，栩栩然胡蝶也⑤。自喻适志与，不知周也。俄然觉，则蘧蘧然周也⑥。不知周之梦为胡蝶与？胡蝶之梦为周与？周与胡蝶则必有分矣。此之谓物化⑦。

〔注释〕

①罔两：影子之外的微阴。景：通“影”，影子。 ②曩（nǎng）：以往，从前。 ③特：独立。 ④蚹（fù）：蛇肚腹下的横鳞。 ⑤栩栩然：形容轻盈畅快的样子。 ⑥蘧蘧（qú）然：僵直的样子。 ⑦物化：万物的转化，指物我及人我达到无差别的境界。

〔译文〕

影子之外的微阴问影子：“刚才你在行走，现在你又停下来;刚才你在坐着,现在你又站了起来。(你)怎么这么没有自己独立的操守呢?”影子回答说:“我是因为有所依赖才这样的吗?我所依赖的东西又有所依赖才这样的吗?我所依赖的东西难道像蛇依赖腹下的鳞皮而行、蝉依赖于翅膀而飞一样吗?我怎么知道为什么会是这样?我又怎么知道为什么不会是这样?”

从前庄周梦见自己变成了蝴蝶,一只轻快飞舞的蝴蝶。(他)感到非常快乐和惬意,不知道自己原来是庄周。突然间醒来,自己明明是僵卧在床的庄周。不知道是庄周在梦中变成了蝴蝶,还是蝴蝶梦见自己变成了庄周?庄周与蝴蝶必定是有区别的。这就叫作物化。

## 养生主

〔题解〕

《养生主》主要讲的是庄子的养生之道,庄子认为只有顺应自然,循着天理,使精神不为外物所伤害,才能达到尽享天年的目的。他主张顺应事物之自然之理,而不被外在的物欲所拘泥;忘却感情而不违逆自然。全篇可分为四个章节来赏析。第一章总论“缘督以为经”的养生之道,指出人应该顺应自然之理。第二章以庖丁解牛喻养生之道,处理世事就像解牛一样“依乎天理”“因其固然”,并怀着审慎的态度生活。第三章通过公文轩见右师之介,泽雉不蕲樊中的寓言故事,进一步阐明了养生之道根本在于自由自在的精神。第四章写秦失吊唁老聃,认为人生在世应当顺应自然,生死两忘,不为哀乐之情所困扰。

## 一

吾生也有涯①，而知也无涯，以有涯随无涯，殆已②！已而为知者③，殆而已矣！为善无近名，为恶无近刑，缘督以为经④，可以保身，可以全生，可以养亲⑤，可以尽年。

〔注释〕

①涯：边际，界限。 ②殆：危险。 ③已：既，如此。 ④缘：顺应，遵循。督：督脉。 ⑤亲：指真君，即精神。

〔译文〕

人们的生命是有限的，而知识却是无穷的，以有限的生命去追求无穷的知识，就会陷入困顿之中！既然这样还要去追求知识，那就更危险了！做了善事不图名声，做了坏事但不要触犯刑法，好像气循着任督二脉周流不息一样，顺着中正自然之路，就可以保护身体，可以保全自然本性，可以养护精神，可以终享天年。

## 二

庖丁为文惠君解牛①，手之所触，肩之所倚，足之所履，膝之所踦②，砉然响然③，奏刀騞然④，莫不中音。合于《桑林》之舞⑤，乃中《经首》之会⑥。

文惠君曰："嘻，善哉！技盖至此乎⑦？"

庖丁释刀对曰⑧："臣之所好者道也，进乎技矣。始臣之解牛之时，所见无非全牛者；三年之后，未尝见全牛也；方今之时，臣以神遇而不以目视⑨，官知止而神欲行⑩。依乎天理⑪，批大郤⑫，导大窾⑬，因其固然。技经肯綮之未尝⑭，而况大軱乎⑮！良庖岁更刀，割也；族庖月更刀⑯，折也。今臣之刀十九年矣，所解数千牛矣，而刀刃若新发于硎⑰。彼节者有间而刀刃者无厚，以无厚入有间，恢恢乎其于游刃必有余地矣⑱。是以十九年而刀刃若新发于硎。虽然，每至于族⑲，吾见其难为，怵然为戒⑳，视为止，行为迟，动刀甚微，謋然已解㉑，如土委地。提刀而立，为之四顾，为之踌躇满志㉒，善刀而藏之㉓。"

文惠君曰："善哉！吾闻庖丁之言，得养生焉。"

〔注释〕

①庖丁：名叫丁的厨师。庖，厨师。文惠君：即梁惠王。 ②踦（yǐ）：用膝抵住。 ③砉（huā）然：骨肉相离的声音。响然：刀砍骨肉的声音。 ④騞（huō）然：用刀砍物的声音。 ⑤桑林：殷商时代的乐曲名。 ⑥经首：帝尧时代的乐曲名。会：节奏，韵律。 ⑦盖：通"盍"，何。 ⑧释：放下。 ⑨遇：接触。 ⑩官知止：感官的认知作用停止了。 ⑪天理：自然的纹理。 ⑫批：击。郤（xì）：通"隙"，指筋骨间的空隙。 ⑬导：引刀而入。大窾（kuǎn）：指骨节间较大的空隙。 ⑭技：当作"枝"，枝脉。经：经脉。綮（qìng）：筋肉相结处。 ⑮軱（gū）：大骨。 ⑯族庖：指技术一般的厨师。 ⑰硎（xíng）：磨刀石。 ⑱恢恢：宽绰的样子。 ⑲族：筋骨交错盘结的部位。 ⑳怵（chù）然：警惕的样子。 ㉑謋（huò）：解散。 ㉒踌躇满志：从容自得的样子。 ㉓善：擦拭刀。

〔译文〕

庖丁为文惠君宰牛，手接触的地方，肩靠着的地方，脚踩着的地方，膝抵住的地方，都发出哗啦的响声，还有快速进刀时哗啦的声音，没有不符合音乐节奏的，符合《桑林》舞曲的节奏，又符合《经首》乐章的韵律。

文惠君说："啊，太好了！（你的）技术怎么达到这般地步的呢？"

庖丁放下刀回答说："我所爱好的是道，已经超过技术了。我开始宰牛的时候，所看见的无非是一头完整的牛；三年之后，就不曾再看到整体的牛了。到了现在，我只用心神去接触而不必用眼睛去观看，感官的认知作用早已停止，而只是心神还在运行。顺着牛身上自然的纹理，击开筋骨间的缝隙，把刀引入骨节的空隙，顺着牛的自然结构去用刀。像那些经络交错、筋骨盘结的地方都没有什么妨碍，何况那些大骨头呢！好的厨师一年换一把刀，他们是用刀割肉；普通的厨师一个月换一把刀，他们是用刀砍骨头。如今我的这把刀已经用了十九年了，宰牛的数量也有几千头了，而刀口还是像刚从磨刀石上磨过一样锋利。因为牛的骨节是有空隙的，而刀刃是没有厚度的，用薄薄的刀刃切入有空隙的骨节，当然是游刃有余，宽宽绰绰的了。所以这把刀用了十九年刀锋仍像新的一样。虽然这样，每次遇上筋骨盘结交错的地方，我知道其中的难度，便小心警惕，目光专注，动作缓慢，动刀轻微，牛就哗啦解体了，就像是泥土散落在地。这时我提着刀站在那儿，环顾四周，感到心满意足，把刀擦拭好收起来。"

文惠君说："好啊！我听了庖丁的这一番话，得到养生的道理了。"

## 三

公文轩见右师而惊曰[①]:“是何人也?恶乎介也[②]?天与?其人与[③]?”曰:“天也,非人也。天之生是使独也,人之貌有与也[④]。以是知其天也,非人也。”

泽雉十步一啄,百步一饮,不蕲畜乎樊中[⑤]。神虽王[⑥],不善也。

〔注释〕

①公文轩:姓公文,名轩,宋国人。右师:官名,古人常有借某人之官名称谓其人的习惯。 ②介:独脚。 ③其:抑或。 ④与:赋予。 ⑤蕲(qí):祈求。樊:笼。 ⑥王:通“旺”,旺盛。

〔译文〕

公文轩见到右师惊奇地说:“这是什么人?怎么只有一只脚呢?是天生就这样,还是人为造成的呢?”(公文轩自答)说:“天生成的,不是人为的。天生下来就只有一只脚,人的外观是上天所赋予的。所以知道是天生的,不是人为的。”

沼泽中的野鸡走十步才啄到一口食物,走上百步才能喝到一口水,可是它并不祈求被养在笼子里。(在笼子中的生活)精神虽然旺盛,但并不自由。

## 四

老聃死[①],秦失吊之[②],三号而出。

弟子曰:"非夫子之友邪?"

曰:"然。"

"然则吊焉若此可乎?"

曰:"然。始也吾以为其人也,而今非也。向吾入而吊焉[3],有老者哭之,如哭其子;少者哭之,如哭其母。彼其所以会之,必有不蕲言而言,不蕲哭而哭者。是遁天倍情[4],忘其所受,古者谓之遁天之刑[5]。适来,夫子时也[6];适去,夫子顺也。安时而处顺,哀乐不能入也,古者谓是帝之县解[7]。"

指穷于为薪,火传也,不知其尽也。

〔注释〕

①老聃:即老子,姓李名耳,春秋时楚国人。 ②秦失:又作"秦佚",虚拟人物。 ③向:刚才。 ④遁:失,逃避。倍:通"背",违背。 ⑤刑:规范,道理。 ⑥适来:正当来世。夫子:指老聃。 ⑦帝:天帝。县:通"悬",倒悬。

〔译文〕

老聃死了,秦失去吊丧,哭了三声便出来了。

弟子问道:"他不是你的朋友吗?"

秦失说:"是的。"

弟子们又问:"那么像这样吊唁朋友,可以吗?"

秦失说:"可以的。原来我认为他是个俗人,现在才知道不是。刚才我进去吊唁,有老年人哭他,像哭自己的孩子;有年轻人哭他,像哭自己的父母。他们在这里一起吊唁老聃,一定有老聃不希望他们称赞而称赞的话,必定有老聃不希望他们哭泣而哭泣的人。这是逃避天意，违背实情，忘记了人之生死寿夭皆受于自然，古时候称之为逃避自然的规范。正该来时，老聃应时而生；正该去时，老聃顺理而死。安于时运，顺从变化，哀乐的情绪便都不能侵入心中，古时候把这种解脱称为解除倒悬。”

脂膏作为烛薪终会燃尽，火种却传续下来，没有穷尽的时候。

# 人间世

〔题解〕

《人间世》描述的主要是人际关系的纷争，人与人相处以及与自己相处的方法。全篇可分为七个章节来赏析。第一章借颜回与孔子的对话，描述与统治者相处的艰难，指出只有忘我才能处世，而忘我必须使心境达到空明的境界。第二章通过孔子告诫公子高的对话，道出君臣相处的艰难和危险，主张要顺从自然，生死置之度外。第三章通过颜阖与蘧伯玉的对话，写出了与储君相处的艰难，并强调了顺物的教育方法的重要性。第四章通过匠石见栎树的寓言，提出了无用是大用的观点。第五章再次描写了不成材的树木得以长得如此高大，而材质优良的树木都遭到了砍伐，点出了神人之所以认为这是最大的吉祥的原因。第六章写支离疏因其身患残疾，而免除了兵役徭役，同样是无用之用的证明。第七章通过楚国的狂人接舆唱出了乱世的景象，申明了无用是为大用的主旨。

## 一

颜回见仲尼[①]，请行。曰：“奚之？”曰：“将之卫。”

曰："奚为焉？"曰："回闻卫君，其年壮，其行独[2]。轻用其国，而不见其过。轻用民死，死者以国量乎泽若蕉[3]，民其无如矣[4]！回尝闻之夫子曰：'治国去之，乱国就之，医门多疾。'愿以所闻思其则[5]，庶几其国有瘳乎[6]！"

仲尼曰："嘻，若殆往而刑耳[7]！夫道不欲杂，杂则多，多则扰，扰则忧，忧而不救。古之至人，先存诸己，而后存诸人。所存于己者未定，何暇至于暴人之所行[8]？且若亦知夫德之所荡[9]，而知之所为出乎哉[10]？德荡乎名，知出乎争。名也者，相轧也；知也者，争之器也[11]。二者凶器，非所以尽行也。且德厚信矼[12]，未达人气[13]；名闻不争，未达人心。而强以仁义绳墨之言，术暴人之前者[14]，是以人恶有其美也[15]，命之曰菑人[16]。菑人者，人必反菑之，若殆为人菑夫！且苟为悦贤而恶不肖，恶用而求有以异[17]？若唯无诏[18]，王公必将乘人而斗其捷。而目将荧之[19]，而色将平之，口将营之[20]，容将形之，心且成之。是以火救火，以水救水，名之曰益多。顺始无穷。若殆以不信厚言，必死于暴人之前矣。且昔者桀杀关龙逢[21]，纣杀王子比干[22]，是皆修其身以下伛拊人之民[23]，以下拂其上者也，故其君因其修以挤之。是好名者也。昔者尧攻丛、枝、胥敖[24]，禹攻有扈[25]。国为虚厉[26]，身为刑戮。其用兵不止，其求实无已[27]，是皆求名实者也，而独不闻之乎？名实者，圣人之所不能胜也，而况若乎！虽然，若必有以也[28]，尝以语我来。"

颜回曰："端而虚[29]，勉而一[30]，则可乎？"曰："恶！

恶可！夫以阳为充孔扬[31]，采色不定[32]，常人之所不违，因案人之所感[33]，以求容与其心[34]。名之曰日渐之德不成[35]，而况大德乎！将执而不化，外合而内不訾[36]，其庸讵可乎！”

“然则我内直而外曲，成而上比[37]。内直者，与天为徒。与天为徒者，知天子之与己，皆天之所子[38]，而独以己言蕲乎而人善之[39]，蕲乎而人不善之邪？若然者，人谓之童子，是之谓与天为徒。外曲者，与人之为徒也。擎跽曲拳[40]，人臣之礼也。人皆为之，吾敢不为邪？为人之所为者，人亦无疵焉，是之谓与人为徒。成而上比者，与古为徒。其言虽教，谪之实也[41]，古之有也，非吾有也。若然者，虽直而不病，是之谓与古为徒。若是则可乎？”仲尼曰：“恶！恶可！大多政法而不谍[42]。虽固，亦无罪。虽然，止是耳矣，夫胡可以及化！犹师心者也[43]。”

颜回曰：“吾无以进矣，敢问其方。”仲尼曰：“斋，吾将语若。有心而为之，其易邪？易之者，暤天不宜[44]。”颜回曰：“回之家贫，唯不饮酒不茹荤者数月矣。如此，则可以为斋乎？”曰：“是祭祀之斋，非心斋也。”

回曰：“敢问心斋。”仲尼曰：“若一志，无听之以耳，而听之以心；无听之以心，而听之以气[45]。听止于耳[46]，心止于符[47]。气也者，虚而待物者也。唯道集虚[48]。虚者，心斋也。”

颜回曰：“回之未始得使[49]，实自回也；得使之也，未始有回也，可谓虚乎？”夫子曰：“尽矣！吾语若：若能入游其樊㊿，而无感其名，入则鸣，不入则止。无门无毒[51]，一宅而寓于不得已[52]，则几矣。绝迹易，无行地难[53]。为人使易以伪，为天使难以伪。闻以有翼飞者矣，未闻以无翼飞者也；闻以有知知者矣，未闻以无知知者也。瞻彼阕者[54]，虚室生白[55]，吉祥止止[56]。夫且不止，是之谓坐驰[57]。夫徇耳目内通，而外于心知，鬼神将来舍[58]，而况人乎！是万物之化也，禹、舜之所纽也[59]，伏戏、几蘧之所行终[60]，而况散焉者乎[61]！”

〔注释〕

①颜回：姓颜名回，鲁国人，孔子最得意的弟子。仲尼：即孔子。②行独：行为专断。③蕉：草芥。④无如：无处可去。⑤则：法则。⑥瘳（chōu）：病愈。⑦若：你。殆：恐怕。⑧暴人：暴君，指卫君。⑨荡：丧失。⑩出：显露 ⑪器：工具。⑫信矼（qiāng）：信誉确实。⑬未达：不了解。⑭术：通“述”，陈述。⑮有：卖弄。⑯菑（zāi）：同“灾”，灾害。⑰而：你。⑱若：你。诏：进谏。⑲荧：眩惑。⑳营：营救。㉑关龙逢：夏桀的贤臣，因忠谏而被斩首。㉒王子比干：商纣的叔父，因忠谏而被剖心。㉓伛拊（yǔfǔ）：怜爱，爱养。㉔丛、枝、胥敖：皆为虚构的小国名。㉕有扈：小国名，在今陕西户县。㉖虚：同“墟”，废墟。厉：厉鬼。㉗实：实利，指土地和财物。㉘以：原因、办法。㉙端：端正。虚：谦虚。㉚勉：勤勉。一：专一。㉛阳：骄盛之气。孔：甚。㉜采色不定：喜怒无常。㉝案：压抑。㉞容与：自快，放纵。㉟日渐之德：指小德一天天长进。㊱訾（zī）：资取，采纳。㊲成而上比：陈述成说而上比于古人。㊳子：生。㊴而人：别人。㊵擎：执笏。跽（jì）：跪拜。曲拳：鞠躬。㊶谪（zhé）：指责。㊷谍：妥当。㊸师心：师法自己的成心。㊹皞（hào）天：自然。不宜：不合。

㊺气：气息。 ㊻听止于耳：当作“耳止于听”。 ㊼符：合。 ㊽虚：指空明的心境。 ㊾得使：得到教诲。 ㊿樊：藩篱，指卫国的疆域。 (51)毒：药。 (52)一宅：安心于一。 (53)无行地难：走路不留痕迹很困难。 (54)阕：空明。 (55)虚室：指空明无物的心境。 (56)止止：集于虚明之心。 (57)坐驰：形坐而心驰。 (58)舍：居住，指依附。 (59)纽：枢纽，关键。 (60)伏戏：即伏羲。几蘧：传说中的古帝王。 (61)散焉者：指平庸的人。

〔译文〕

颜回去拜见孔子，向他辞行。孔子问：“要到哪里去？”颜回说：“要到卫国去。”孔子问：“去做什么？”颜回说：“我听说卫国的君主，年壮气盛，行为专断。（他）轻率地处理国事，却不知道自己的过错；（他）轻率地用兵而不爱惜人民的生命，战死的人填满山泽，如同干枯的草芥一样，人民真是无处可去了！我曾听先生说过：‘安定的国家可以离开，混乱的国家要去救助，就像医生的门前有很多的病人。’（我）希望根据先生所说的去考虑帮助卫国的办法，也许这个国家还有救吧！”

孔子说：“唉，你去了恐怕要受到刑戮啊！修道不宜杂乱，杂乱就会多事，多事就会受到干扰，干扰就会引起忧患，忧患到时再自救也来不及了。古时候的至人，先充实自己，而后才去帮助别人。如果自己都还立不稳，怎么去纠正暴君的行为呢？况且你知道道德之所以丧失，智慧之所以外露的原因吗？道德的丧失是由于好名，智慧的外露是由于争胜。名是相互倾轧的原因，智是相互争斗的工具。两者都是凶器，不可以尽行于社会的。而且（一个人）德性纯厚，信誉确实，但还不能达到别人了解的程度；即使不与别人争名夺誉，但别人并不明白。如果你勉强用仁义规范的言论，在暴君面前陈述，这样会被以为（你）是利用别人的过失来显示自己的美德，认为你是害人。害别人的人，别人必定反过来害他，你恐怕要被人害了！况且，如果卫君喜欢贤人而厌恶佞人，何必用你去显示有异于人呢？除非你不进谏，否则卫君必定乘你言论的漏洞而展开他的巧辩。（到那时）你将会眼目迷惑，面色平和，口里只会说一些自救的话了，态度变得恭顺，内心就会顺从他的主张了。这是用火救火，用水救水，这就叫作添乱了。开始时顺从他，以后就会没完没了。如果他不相信忠厚言论的进谏，那（你）就一定会死在暴君的面前了。况且，从前夏桀杀关龙逢，商纣杀王子比干，都是因为他们是注重修身，以臣下的身份怜爱人君的臣民，以处下的地位违背了君主的心意，所以君主因为他们修身而排挤他们。这是好名的结果。从前尧攻打丛、枝和胥敖，禹攻打有扈，这些国家变成了废墟，（百姓）变成了厉鬼，国君被杀。这都是他们用兵不断，贪利不已，这也都是追求名利的结果，你难道没有听说过吗？名利的诱惑，就是圣人也难以克制，何况你呢！虽然如此，你肯定有你的想法，不妨说给我听听。"

颜回说："（我的外表）端庄而内心谦虚，（做事）勤奋自强而精神专一，这样可以吗？"孔子说："唉！这怎么可以呢！卫君骄气横溢，喜怒无常，一般人都不敢违背他，因而（他）压抑别人的劝告，以求内心的畅快。这种人每天用小德感化都不成，何况用大德来劝说他呢！（他）必然会固执不化，即使表面附和而内心也不会接纳，你用的方法怎么能行呢！"

（颜回说：）"那么我就内心正直而外表恭敬，引用成说而上比于古人。所谓内心正直，就是与自然同类。与自然同类，便知道君主和我，都是天生的，这样我何必祈求别人称赞自己所讲的话为善，又何必祈求别人指责为不善呢？像这样的做法，人们都会称我为天真无邪的童子，这就叫作和自然同类。所谓外表恭敬,就是与一般人一样。执笏跪拜,鞠躬行礼,这是做人臣的礼节。人们都这样做,我敢不这样做吗? 做一般人都做的事情,别人也就不会指责我了,这就叫作与世人同类。所谓援引成说上比古人,这是和古人同类。所援引的言论虽然都是古人的教诲,但这些诤言都是有根据的,是古时候就有的,并不是我创造的。像这样,虽然(言语)直率了一些,也不会招来灾祸,这就叫作和古人同类。这样做可以吗?”孔子说:“唉! 怎么可以呢! 纠正(君主)的方法太多了而又不太妥当。这些方法虽然固陋,倒也可以免罪。然而,只不过如此而已,怎么能够感化他呢! 你太执着自己的成见了。”

颜回说:“我没有更好的办法了,请问(先生)的高见。”孔子说:“(你)先斋戒,我再告诉你。你要去卫国做事救人,哪有这么容易的呢? (如果你)以为容易,那就不合自然的道理了。”

颜回说:“我的家境贫寒,不饮酒,不吃肉食,已经有好几个月了。这样做就可以算是斋戒了吗?”孔子说:“这是祭祀中要求的斋戒,不是心斋。”

颜回说:“请问什么是心斋?”孔子说:“你要心志专一,不要用耳去听,而要用心去听;进一步不要用心去听,而要用气去感应。耳的作用只是听取外物,心的作用只是感应现象,气才是空明而能容纳万物的。(你)只有到达空明的心境,道理自然与你相合。这种空明的虚境就是心斋。”

颜回说:“我没有听到心斋的教诲的时候,能够确实感受到我自己的存在。在听到了心斋的教诲之后,就不再有我自己的感觉了,这样子可以算是空明的虚境吗?”孔子说:“心斋的道理都在这里! 我可以告诉你了:如果能悠游于藩篱之中而不为名位所动,能够接纳你的意见就说;不能接纳你的意见就不说。不寻找门路去营求,心灵专一,待人处世一切都不得已而为之,这就差不多了。(人)不走路很容易,(但是要)走路不留痕迹很困难。为人的欲望所驱使就容易造假,顺应自然而行就难以作伪。只听说过有了翅膀才能飞翔,没有听说过没有翅膀也能飞翔的;只听说过有了心智才能获取知识,没有听说过不用心智却可以获得知识的。观照那空明的心境,空明的心境可以生出光明来,吉祥之光只止于空明之心。如果心境不能虚寂空明,这就叫作形坐而心驰。使耳目感觉向内通达而排除心机,鬼神也会来依附,何况是人呢!这样万物都可以感化,这是禹和舜处世的关键,也是伏羲和几蘧行为的准则,何况是普通人呢?"

## 二

叶公子高将使于齐[①],问于仲尼曰:"王使诸梁也甚重,齐之待使者,盖将甚敬而不急。匹夫犹未可动,而况诸侯乎!吾甚栗之。子常语诸梁也曰:'凡事若小若大,寡不道以欢成[②]。事若不成,则必有人道之患[③];事若成,则必有阴阳之患[④]。若成若不成而后无患者,唯有德者能之。'吾食也执粗而不臧[⑤],爨无欲清之人[⑥]。今吾朝受命而夕饮冰,我其内热与!吾未至乎事之情而既有阴阳之患矣!事若不成,必有人道之患。是两也,为人臣者不足以任之,子其有以语我来!"

仲尼曰:"天下有大戒二[⑦]:其一命也,其一义也[⑧]。子之爱亲,命也,不可解于心;臣之事君,义也,无适而非君也,无所逃于天地之间。是之谓大戒。是以夫事其亲者,不择地而安之,孝之至也;夫事其君者,不择事而安之，忠之盛也；自事其心者，哀乐不易施乎前[9]，知其不可奈何而安之若命，德之至也。为人臣子者，固有所不得已。行事之情而忘其身，何暇至于悦生而恶死！夫子其行可矣！丘请复以所闻：凡交，近则必相靡以信[10]，远则必忠之以言。言必或传之。夫传两喜两怒之言，天下之难者也。夫两喜必多溢美之言，两怒必多溢恶之言。凡溢之类妄，妄则其信之也莫[11]，莫则传言者殃。故法言曰[12]：'传其常情，无传其溢言，则几乎全。'且以巧斗力者，始乎阳，常卒乎阴，大至则多奇巧[13]；以礼饮酒者，始乎治，常卒乎乱，大至则多奇乐。凡事亦然，始乎谅，常卒乎鄙[14]；其作始也简，其将毕也必巨。夫言者，风波也；行者，实丧也。风波易以动，实丧易以危。故忿设无由，巧言偏辞。兽死不择音，气息茀然[15]，于是并生心厉[16]。克核大至[17]，则必有不肖之心应之，而不知其然也。苟为不知其然也，孰知其所终！故法言曰：'无迁令，无劝成。过度，益也[18]。'迁令劝成殆事。美成在久，恶成不及改，可不慎与！且夫乘物以游心，托不得已以养中[19]，至矣。何作为报也？莫若为致命[20]，此其难者。"

〔注释〕

①叶公子高：楚庄王侣的玄孙，名诸梁，字子高，封于叶，僭（jiàn）称公。②欢成：欢然成功。③人道之患：国君的惩罚。④阴阳之患：阴阳之气失调造成的疾病。⑤臧：善。⑥爨（cuàn）：烧火做饭的人。⑦大戒：指人生足以为戒的大法。⑧义：道义，指人应尽的社会责任。⑨易施：改变，移动。⑩靡：顺。⑪莫：不，无。⑫法言：格言。

⑬大至:太过分。一作“泰至”或“太至”。奇巧:指阴谋诡计。 ⑭鄙:欺诈。 ⑮茀(bó):勃然,指怒气发作的表现。 ⑯心厉:心中的恶念。 ⑰克核:苛刻。 ⑱益:增加。 ⑲中:指心性。 ⑳致命:传达国君的指令。

〔译文〕

叶公子高将要出使齐国,问孔子说:“楚王交给我极为重要的任务,齐国的接待使者,表面上很恭敬而实际上推脱怠慢。一般人(我)都感化不了,何况是诸侯呢?我很害怕。您曾对我说过:‘凡事不论大小,很少有不合乎道而欢然成功的。事情如果办不成,就会受到国君的惩罚;事情如果办成了,那也会有阴阳之气失调造成的疾病。无论成败与否而不会遭到祸患的,只有得道的人才能做到。’我的饮食粗淡,不追求精美,所以烧火做饭的人没有请求清凉的。现在我早晨接受使命而晚上就要喝冰水,我是心中焦灼了吧!我还没有了解事情的真相,就已经因阴阳之气失调而患病了!事情如果办不成,必定遭到国君的惩罚。这双重的灾祸临头,做人臣的实在承受不了,您有什么办法告诉我吗?”

孔子说:“天下有两个足以为戒的大法:一是天命,一是人义。子女敬爱父母,就是人的天性,不可能从心中解除的;臣子侍奉君主,就是臣子应尽的责任,无论到哪里都不会没有君主,在天地之间是无法逃避的。这就是所谓足以为戒的大法。所以子女奉养双亲,无论在什么环境下都要让他们安适,这就是孝心的最高境界;臣子侍奉君主,无论做什么事情都要顺从君主的旨意,这是忠心的最高境界;自己修养心性不受哀乐情绪的影响,知道事情的艰难无可奈何而能安心去做,是道德修养的最高境界。为人臣子的,本来就有不得已而做的事情。只要按实情去办而忘记自己,哪里会有贪生怕死的念头呢?你这样去做就可以了。我再把听到的告诉你:凡是国与国之间的交往,邻近的国家就要用信用来往,远方的国家就要用语言表达忠诚。这语言就必定有人来传达。传达两国君主喜怒的言辞,是天下最难的事情。两国君主喜悦时的言辞必然多有溢美之词;两国君主愤怒时的言辞必然多有过分指责。凡是过分的话就会接近于不真实,不真实的话(双方)就都不会相信,不相信则传话的使臣就遭殃了。所以古语说:'要传达合乎常情的言辞,不要传达过分不实的言辞,就差不多可以保全自己了。'况且用技巧来角力的人,开始时是明朗公开的,到最后往往使出阴谋,太过分时就诡计多端了;以礼喝酒的人,开始时规规矩矩,到最后往往迷乱混醉,太过分时就会放荡狂乐了。什么事情都是这样,开始时相互见谅,到最后往往就相互欺诈了;许多事情开始时很简单,到后来就变得很艰难了。语言就像风波一样捉摸不定;传达语言的人,有得有失。风波很容易兴作,得失之间很容易发生危难。所以愤怒的发作往往没有别的原因,就是由于花言巧语和片面言辞(造成的)。困兽要死的时候就尖声乱叫,怒气发作,于是产生伤人的念头。做事太苛刻过分时,(别人)就会产生恶念来报复他,而(他自己)还不知道为什么会这样。如果自己不知道为什么会这样,那谁能知道将会出现什么结果呢?所以古语说:'不要改变使命,不要强求成功。过度就是犯了夸大失实的错误。'改变使命,强求成功,就会把事情办坏。成就好事要很久,做成恶事就来不及改正了,这可以不慎重吗!顺应万物而悠游自适,寄托于自然不得已而保养心性,这就是最好的了。何必为了报答君命而有意去做呢?不如如实地传达君主的命令,这样做已经很困难了。"

## 三

颜阖将傅卫灵公太子[①]，而问于蘧伯玉曰[②]："有人于此，其德天杀[③]。与之为无方[④]，则危吾国；与之为有方，则危吾身。其知适足以知人之过，而不知其所以过。若然者，吾奈之何？"

蘧伯玉曰："善哉问乎。戒之，慎之，正女身也哉！形莫若就，心莫若和。虽然，之二者有患[⑤]。就不欲入[⑥]，和不欲出[⑦]。形就而入，且为颠为灭，为崩为蹶[⑧]；心和而出，且为声为名，为妖为孽[⑨]。彼且为婴儿，亦与之为婴儿；彼且为无町畦[⑩]，亦与之为无町畦；彼且为无崖[⑪]，亦与之为无崖；达之，入于无疵。汝不知夫螳螂乎？怒其臂以当车辙[⑫]，不知其不胜任也，是其才之美者也[⑬]。戒之，慎之，积伐而美者以犯之[⑭]，几矣[⑮]！汝不知夫养虎者乎？不敢以生物与之，为其杀之之怒也；不敢以全物与之，为其决之之怒也。时其饥饱[⑯]，达其怒心[⑰]。虎之与人异类，而媚养己者，顺也；故其杀者[⑱]，逆也。夫爱马者，以筐盛矢[⑲]，以蜄盛溺[⑳]。适有蚊虻仆缘[㉑]，而拊之不时[㉒]，则缺衔、毁首、碎胸[㉓]。意有所至，而爱有所亡，可不慎邪！"

〔注释〕

①颜阖：姓颜，名阖，鲁国的贤人。傅：这里作动词用，做师傅。②蘧（qú）伯玉：姓蘧，名瑗，字伯玉，卫国的贤大夫。　③天杀：天性刻薄。

④方：法度，规矩。 ⑤之：此。 ⑥入：陷入。 ⑦出：露出，显现。 ⑧蹶：跌倒，失败。 ⑨为妖为孽：招致灾祸。 ⑩町畦（tǐngqí）：田界。 ⑪无崖：无边际，指放荡不羁。 ⑫怒：奋起。当：抵挡。 ⑬是：自是，自负。 ⑭积：多次，屡屡。伐：夸耀。而：你。 ⑮几：危险。 ⑯时：通“伺”，伺候。 ⑰达：疏导，引导。 ⑱杀：搏杀，指伤人。 ⑲矢：通“屎”，马粪。 ⑳蜄（shèn）：指蛤壳。溺：马尿。 ㉑仆缘：附着。 ㉒拊：拍打。 ㉓缺衔：咬断马勒口。

〔译文〕

颜阖将要做卫灵公太子的老师，向蘧伯玉请教说：“现在有一个人，他天性残酷。（如果）不用法度规劝他，就会危害到国家；（如果）用法度去规劝他，就会危害到我自己。他的才智只能知道别人的过错，却不知道别人为什么犯这样的过错。像这种情况，我怎么办呢？”

蘧伯玉说：“（你）问得很好！要警惕啊，要谨慎啊，要端正你的行为！外表不如表现得随顺的样子，内心不如抱着调和的心态。即便如此，这两者仍有祸患。外表随顺但不要陷入太深，内心随和但不要过于显露。外表过分顺从，难免会招来堕落、毁灭；内心调和过于显露，他以为你为了争名声，就会招致灾祸。他如果像婴儿那样无知，你也和他一样像婴儿那样无知；他如果没有界限的约束，你也像他一样没有界限的约束；他如果放荡不羁，你也像他一样放荡不羁；这样引导他，使他达到不犯错误的地步。你不知道那螳螂吗？奋力举起双臂去阻挡车轮，却不知道自己的力量根本不能胜任，这是因为它把自己的力量看得太了不起的结果。要戒备啊，要审慎啊，经常夸耀自己的才能去触犯他，那就危险了。你不知道那养虎的人吗？他不敢用活物喂它，怕它捕杀活物时引起它凶残的天性；也不敢把整个动物喂它，怕它撕裂整个食物时激起它残杀的天性。伺候着它的饥饱，顺应着它喜怒的性情。虎与人虽然不同类别，而它却亲近饲养它的人，这是因为人们能顺从它的天性；虎所以伤人，是因为触犯了它的性子。那爱马的人，用精致的竹筐盛马粪，用珍贵的大蛤壳盛马尿。偶尔有蚊虻叮在马身上，那爱马的人如若拍打不及时，马就会咬断勒口，毁坏头上胸上的络辔。本意出于爱，而结果却适得其反，这可以不审慎吗！”

## 四

匠石之齐[①]，至于曲辕[②]，见栎社树[③]。其大蔽数千牛，絜之百围[④]，其高临山十仞而后有枝[⑤]，其可以为舟者旁十数[⑥]。观者如市，匠伯不顾[⑦]，遂行不辍。弟子厌观之[⑧]，走及匠石，曰："自吾执斧斤以随夫子，未尝见材如此其美也。先生不肯视，行不辍，何邪？"曰："已矣，勿言之矣！散木也[⑨]。以为舟则沉，以为棺椁则速腐，以为器则速毁，以为门户则液樠[⑩]，以为柱则蠹，是不材之木也。无所可用，故能若是之寿。"

匠石归，栎社见梦曰[⑪]："女将恶乎比予哉？若将比予于文木邪？夫柤梨橘柚果蓏之属[⑫]，实熟则剥，剥则辱。大枝折，小枝泄[⑬]。此以其能苦其生者也。故不终其天年而中道夭，自掊击于世俗者也。物莫不若是。且予求无所可用久矣！几死，乃今得之，为予大用。使予也而有用，且得有此大也邪？且也，若与予也皆物也，奈何哉其相物也[⑭]？而几死之散人，又恶知散木！"

匠石觉而诊其梦[15]。弟子曰："趣取无用[16]，则为社何邪？"曰："密[17]！若无言！彼亦直寄焉！以为不知己者诟厉也[18]。不为社者，且几有翦乎[19]！且也，彼其所保与众异，而以义喻之，不亦远乎？"

〔注释〕

①匠石：一个名叫石的木匠。之：往，去。 ②曲辕：地名。 ③栎(lì)社树：把栎树当作神社。 ④絜(xié)：用绳量。围：两手合抱为一围。 ⑤临山：高出山头。 ⑥旁：旁枝。 ⑦匠伯：指匠石。 ⑧厌观：饱看，看个够。 ⑨散木：没有用的树木。 ⑩液樠(mán)：脂液外渗。 ⑪见梦：托梦。 ⑫柤(zhā)：同"楂"，山楂。果蓏(luǒ)：在树上生长的叫果，在地上生长的叫蓏。 ⑬泄：同"抴"，被牵拉。 ⑭相物：以散木视我。相：视。 ⑮诊：同"畛"，告诉。 ⑯趣：志趣，志向。 ⑰密：闭嘴。 ⑱诟厉：辱骂。 ⑲翦：砍伐。

〔译文〕

匠石前往齐国，走到曲辕，看见一棵为社神的栎树。这棵树大到可以遮蔽几千头牛，用绳子量有一百多围，树干高出山顶八丈以上才有树枝，其中可以造船的旁枝有十几枝。观看的人像赶集的一样多，然而匠石一眼不看，照样往前走。徒弟饱看一番，跑着赶上匠石，说："自从我拿着斧头跟随先生以来，从未见过这么好的木材。先生不肯看一眼，走个不停，这是为什么呢？"匠石说："算了吧，不要说它了！那是没有用的散木。用它造船就会沉没，用它做棺材就会很快腐烂，用它打器具很快就会毁坏，用它做门户就会脂液外渗，用它做柱子就会有虫蛀，这是不能当材料用的树木。正因为它没有什么用处，所以才能有这么长的寿命。”

匠石回来后，社神栎树托梦说：“你要用什么和我相比呢？(你)要把我和有用的树比吗？那山楂树、梨树、橘树、柚子树及瓜果之类，果实熟了就要遭受敲打，敲打就会被扭折。大枝被折断，小枝也被扯下来。这都是因为它们有用才害了自己的一生。所以不能享尽寿命而中途夭折，这都是自己招来世俗的打击的结果。世上的事物没有不是这样的。何况我寻求无用的境界已经很久了！几乎被砍伐，到现在才能保全自己，这正是我的大用。假使我真的有用，(我)还能长得这么高大吗？况且，你我都是物，为什么你把我视为无用之木呢？你是将要死亡的无用之人，又怎么知道无用之木呢！”

匠石醒后把梦告诉给弟子。弟子说：“(它的)志趣在于无用，为什么要做社树呢？”匠石说：“闭嘴！你不要再说了！它只是特意借社神寄托形体罢了！这才招来了不了解栎树人的辱骂。(如果)不做社树的话，几乎早就遭到砍伐了！况且，它用的保全生命的方法与众不同，用常理来称誉它，不是相差得太远了吗？”

## 五

南伯子綦游乎商之丘①，见大木焉，有异，结驷千乘，将隐芘其所藾②。子綦曰：“此何木也哉！此必有异材夫！”仰而视其细枝，则拳曲而不可以为栋梁；俯而视其大根③，则轴解而不可以为棺椁④；咶其叶⑤，则口烂而为伤；嗅之，则使人狂酲三日而不已⑥。子綦曰：“此果不材之木也，以至于此其大也。嗟乎！神人以此不材。”

宋有荆氏者⑦，宜楸柏桑⑧。其拱把而上者⑨，求狙猴之杙者斩之⑩；三围四围，求高名之丽者斩之⑪；七围八围，贵人富商之家求樿傍者斩之⑫。故未终其天年而中道之夭于斧斤，此材之患之。故解之以牛之白颡者⑬，与豚之亢鼻者，与人之有痔病者，不可以适河⑭。此皆巫祝以知之矣，所以为不祥也。此乃神人之所以为大祥也。

〔注释〕

①南伯子綦：即南郭子綦。商之丘：即商丘，宋国的都城。　②芘（bì）：通“庇”，遮蔽。藾（lài）：荫庇。　③大根：树干的底部。　④轴解：树干中心出现裂纹。　⑤咶（shì）：舔。　⑥狂酲（chéng）：大醉如狂。　⑦荆氏：宋国的地名。　⑧楸（qiū）：落叶乔木，木质细密坚实。　⑨拱：两手合握曰拱，一手所握曰把。　⑩杙（yì）：小木桩。　⑪高名：高大。丽：同“欐”，屋栋。　⑫樿（shàn）傍：由整块板做成的棺材。　⑬白颡（sǎng）：白额。　⑭适河：投入河中祭神。

〔译文〕

南伯子綦在商丘游玩，看到一棵大树，与其他的树不同，就是集结千辆的车马停在树下，也能被其枝叶所荫蔽。子綦说：“这是什么树啊！这树必定是特殊的材质吧！”仰头看了看它的细枝，却只见弯弯曲曲的而不能做栋梁；低头看了看树干，却见轴心出现裂纹而不能做棺材；舔了一下它的叶子，嘴就溃烂而受到伤害；闻了一下它的气味，就使人大醉如狂，三天都醒不过来。子綦说：“这树果真是不成材的树木，所以它才长这么高大。唉！神人也是用不材的面目来显示的。”

宋国荆氏那个地方，适宜种植楸、柏、桑之类的树木。(它)长到一两把粗的，就被寻求拴猴子的小木桩的人砍伐；长到三围四围粗的，就被寻求高大栋梁的人砍伐；长到七围八围粗的，就被贵族富商之家寻求棺木的人砍伐。所以(那些树木)不能享尽天年，而中途便夭折于斧头之下，这就是有用之材招来的祸患。古人在禳除祭祀的时候，白额头的牛，鼻孔上翻的猪，生了痔疮的人，都不可以用来祭祀河神。这是巫祝都知道的，认为是不吉祥的。但这正是神人认为最吉祥的。

## 六

支离疏者①，颐隐于脐，肩高于顶，会撮指天②，五管在上③，两髀为胁④。挫针治繲⑤，足以糊口；鼓筴播精⑥，足以食十人。上征武士，则支离攘臂而游于其间⑦；上有大役，则支离以有常疾不受功；上与病者粟，则受三钟与十束薪⑧。夫支离其形者，犹足以养其身，终其天年，又况支离其德者乎！

〔注释〕

①支离疏：虚拟人物。　②会撮：发髻。指天：朝天。　③五管：五脏的穴位。　④髀(bì)：大腿。　⑤挫针：缝衣服。治繲(xiè)：洗衣服。繲，脏旧衣服。　⑥鼓：簸。筴(cè)：小簸箕。播精：用簸箕扬弃米糠而得精米。　⑦攘臂：捋起袖子，伸出胳膊。　⑧钟：六斛四斗为一钟。

〔译文〕

支离疏这个人，(他的)面颊隐藏在肚脐之下，肩膀高过头顶，脑后的发髻朝天，脊背间五脏的穴位向上，两条大腿和胸旁的肋骨贴在一起。(他)给人家缝洗衣服,能够糊口;(他)给人家簸米筛糠,足够养活十口人。国家征兵时,他捋袖伸臂而游于其间;国家征劳役时,他因为残疾而不受使役;国家对残疾者发放救济时,他可以领到三钟米和十捆柴。形体残疾的人,还可以养活自身,享尽天年,更何况是忘掉德行的人呢!

## 七

孔子适楚,楚狂接舆游其门曰①:“凤兮凤兮②,何如德之衰也?来世不可待,往世不可追也。天下有道,圣人成焉;天下无道,圣人生焉③。方今之时,仅免刑焉!福轻乎羽,莫之知载;祸重乎地,莫之知避。已乎,已乎!临人以德。殆乎,殆乎!画地而趋。迷阳迷阳④,无伤吾行。郤曲郤曲⑤,无伤吾足。”

山木,自寇也;膏火,自煎也。桂可食⑥,故伐之;漆可用,故割之。人皆知有用之用,而莫知无用之用也。

〔注释〕

①楚狂接舆:姓陆,名通,字接舆,楚国的隐士。 ②凤兮凤兮:以凤鸟来讽喻孔子。 ③生:保全生命。 ④迷阳:一种多刺的草,即荆棘。 ⑤郤(xì)曲:绕弯行走。 ⑥桂:肉桂,桂皮辛香,可供调味。

〔译文〕

孔子到楚国去,楚国的狂人接舆路过孔子住所门前,唱道:“凤啊,凤啊,你的德行为什么衰败了呢?来世是不可以期待的,往世是不可以追回的。天下有道,圣人可以成就事业;天下无道，圣人只能保全生命。现在这个时代，仅仅可以避开刑戮！幸福比羽毛还轻，却不知道珍惜；灾祸比大地还重，却不知道躲避。罢了，罢了！在别人的面前炫耀自己的德行。危险啊，危险啊！不要画地为牢而自拘。迷阳啊，迷阳啊！不要妨碍我走路。转个弯儿走，不要伤害我的脚啊。”

山上的树木自己招来了砍伐；油脂是自己招来的煎熬。桂树可以供调味使用，所以砍伐它；漆树可以使用，所以用刀割它。人们都知道有用的用处，而不知道无用的用处。

## 德充符

〔题解〕

《德充符》体现了庄子的道德观，他认为只要德行完美，身体上的残缺都是不足为道的。全篇可分为六个章节，第一章写了兀者王骀，虽然断了一只脚，但是他的弟子人数和孔子相当，连孔子也要拜他为师，正是因为他能够用齐一的观点看待事物。第二章通过兀者申徒嘉与郑子产的对话，反映了有的人形体残缺而心智很完善，有的人形体健全却心智残缺。第三章通过兀者叔山无趾与孔子及老子的对话，说明了精神远比形体可贵。第四章通过鲁哀公与仲尼的对话，塑造出了哀骀它的形象，虽然他极其丑陋，但是男人和女人都愿意亲近他，进一步阐释了“才全而德不形”的含义。第五章写了闉跂支离无脤和瓮盎大瘿，虽然形体上残缺不全，但是都获得了君主的喜爱，说明了“德有所长，而形有所忘”的道理。第六章则借惠子与庄子的对话，讨论了人情的问题，提倡要顺应自然，不要让好恶影响了自身的本性。

# 一

鲁有兀者王骀[①]，从之游者与仲尼相若[②]。常季问于仲尼曰[③]："王骀，兀者也，从之游者与夫子中分鲁[④]。立不教，坐不议，虚而往，实而归。固有不言之教，无形而心成者邪[⑤]？是何人也？"仲尼曰："夫子，圣人也。丘也直后而未往耳！丘将以为师，而况不若丘者乎！奚假鲁国[⑥]，丘将引天下而与从之。"

常季曰："彼兀者也，而王先生[⑦]，其与庸亦远矣[⑧]。若然者，其用心也，独若之何？"仲尼曰："死生亦大矣，而不得与之变；虽天地覆坠，亦将不与之遗[⑨]；审乎无假而不与物迁[⑩]，命物之化而守其宗也[⑪]。"

常季曰："何谓也？"仲尼曰："自其异者视之，肝胆楚越也；自其同者视之，万物皆一也。夫若然者，且不知耳目之所宜，而游心乎德之和[⑫]。物，视其所一而不见其所丧，视丧其足犹遗土也。"

常季曰："彼为己，以其知得其心，以其心得其常心[⑬]。物何为最之哉[⑭]？"仲尼曰："人莫鉴于流水而鉴于止水，唯止能止众止。受命于地，唯松柏独也正，在冬夏青青；受命于天，唯尧、舜独也正，在万物之首。幸能正生[⑮]，以正众生。夫保始之征[⑯]，不惧之实，勇士一人，雄入于九军[⑰]。将求名而能自要者而犹若是[⑱]，而况官天地、府万物、直寓六骸、象耳目、一知之所知而心未尝死者乎[19]！彼且择日而登假[20]，人则从是也。彼且何肯以物为事乎！”

〔注释〕

①兀：断足之人。王骀(tái)：虚拟人物。 ②相若：相等。 ③常季：孔子的弟子。 ④中分鲁：平分鲁国的学生。 ⑤无形：不见行迹。 ⑥奚假：岂知。 ⑦王：超过。 ⑧庸：平常的人。 ⑨遗：失，指毁灭，消亡。 ⑩无假：无所假借，即无所待。 ⑪命：听命。宗：主旨。 ⑫德之和：道德的浑然一体。 ⑬常心：原始本然之心。 ⑭物：外物，这里指众多的门徒。最：聚集。 ⑮正生：端正自己的心性。 ⑯保始：保全本始。征：征验。 ⑰雄入：勇敢地冲进。九军：指千军万马。 ⑱自要：自我要求，指自求上进。 ⑲官：主宰。府：包藏。直：只。死：丧失。 ⑳择日：指日。

〔译文〕

鲁国有个断了一只脚的人名叫王骀，跟他求学的人与跟从孔子的一样多。常季问孔子：“王骀是断了脚的人，跟随他的弟子和您在鲁国的弟子各占一半。（他对弟子），站着不加教诲，坐着不加以议论，可弟子们头脑空空而来，却能满载而归。难道真有不用语言的教导，在无形中得到潜移默化吗？这是什么样的人呢？”孔子说：“这位先生，是一位圣人啊。我只是落在后面，还没有前去请教他！我将拜他为师，何况不如我的人呢！何止鲁国，我将引领天下的人去跟他学习。”

常季说：“他是一个断了脚的人，却超过了您，那么他跟平常人相比，恐怕相差就更远了。像这样的人，一旦运用心智，会是怎么样的呢？”仲尼回答说：“死生是一件极大的事，却不会使他随之变化；就是天塌地陷，他也不会随着天地一起遗落毁灭；

他通晓无所待的道理而不随万物变化，听任事物变化而固守一贯的宗旨。”

常季说：“这是什么意思呢？”孔子说：“从事物不同的一面去看，肝与胆相邻却像楚国和越国那样相距很远；从事物相同的一面去看，万事万物都是一样的。像这样的人，不会考虑耳朵和眼睛最适宜哪种声音和色彩，只求心灵自由地遨游在和谐的道德境界。从外物相同的一面去看就看不见有什么丧失，所以看到自己断了一只脚就像是丢掉了一块泥土一样。”

常季说：“他只是修己罢了，他用智慧去获得明理之心，再用明理之心获得无所分辨的永恒之心，为什么众人会归依他呢？”孔子说：“人不能在流动的水面照见影子，而在静止的水面照自己的影子，因为只有静止的东西才能使他物也静止下来。（各种树木）都从大地获得生命，但是只有松柏禀受自然的正气，无论冬夏枝叶常青；（众人）都从上天获得生命，但只有尧、舜禀受自然的正气，成为众人的首领。幸而（他们）都善于端正自己的品行，因此才能引导众人。保全本初时的迹象，心怀无所畏惧的胆识，就是只身一人，也敢闯入千军万马之中。想要追求名利而能严格要求自己的人，尚且能够这样，何况那主宰天地，包藏万物，把躯体当作寓所，把耳目当作象征性的摆设，把世间万般认知看作是一回事，而未曾丧失常心的人呢？他将指日飞升，人们都愿意跟随着他，他怎么还会把众人的追随当回事呢！”

## 二

申徒嘉[①]，兀者也，而与郑子产同师于伯昏无人[②]。子产谓申徒嘉曰：“我先出则子止[③]，子先出则我止。”其明日，又与合堂同席而坐。子产谓申徒嘉曰：“我先出则子止，子先出则我止。今我将出，子可以止乎？其未邪[4]？且子见执政而不违[5]，子齐执政乎？”

申徒嘉曰：“先生之门，固有执政焉如此哉？子而说子之执政而后人者也。闻之曰：‘鉴明则尘垢不止[6]，止则不明也。久与贤人处则无过。’今子之所取大者[7]，先生也，而犹出言若是，不亦过乎？”

子产曰：“子既若是矣[8]，犹与尧争善。计子之德，不足以自反邪？”

申徒嘉曰：“自状其过，以不当亡者众；不状其过[9]，以不当存者寡。知不可奈何而安之若命，唯有德者能之。游于羿之彀中[10]。中央者，中地也[11]；然而不中者，命也。人以其全足笑吾不全足者多矣，我怫然而怒[12]，而适先生之所，则废然而反[13]。不知先生之洗我以善邪[14]，吾之自寤邪！吾与夫子游十九年矣，而未尝知吾兀者也。今子与我游于形骸之内[15]，而子索我于形骸之外[16]，不亦过乎！”

子产蹴然改容更貌曰[17]：“子无乃称[18]！”

〔注释〕

①申徒嘉：姓申徒，名嘉，郑国的贤人。　②郑子产：姓公孙，名侨，字子产，郑国大夫。伯昏无人：虚拟人物。　③止：停止，留下。　④其：抑或。　⑤违：回避。　⑥鉴：镜子。　⑦取大：求取最大的东西，指老师伯昏无人的道德。　⑧若是：如此，指断足。　⑨状：申辩。　⑩羿：古代神话传说中的神射手。彀(gòu)：射程之内，比喻刑网。　⑪中地：箭矢射中

的地方，比喻在刑网之中。　⑫佛（fú）然：脸上变色的样子。　⑬废然：怒气消失的样子。　⑭洗：洗涤，即教育。善：善道。　⑮形骸之内：指人的精神世界。　⑯形骸之外：指人的外在形体。索：取，求。　⑰蹴（cù）然：恭敬不安的样子。　⑱乃：如此。称：称说。

〔译文〕

申徒嘉是一个断了一只脚的人，（他）和郑子产同拜伯昏无人为师。子产对申徒嘉说："我若先出去，你就留下；你若先出去，我就留下。"到了第二天，（他们）又同在一间屋子里并且同坐在一张席子上。子产对申徒嘉说："我若先出去，你就留下；你若先出去，我就留下。现在我要先出去，你可以留下吗？还是不能呢？你见了我这个执政大臣却不回避，你想把自己当成和我一样的执政大臣吗？"

申徒嘉说："先生的门下弟子，有这样的执政大臣吗？你是得意你的执政地位而瞧不起人吗？听说：'镜子明亮就不会落灰尘，落上灰尘就不会明亮。常和贤人在一起就没有过错。'现在你想在先生这里求学修德，却还说出这样的话，不是错了吗？"

子产说："你都这样了，还要和尧争善。你估量一下自己的德行，还不够你自我反省吗？"

申徒嘉说："（如果让）自己申辩自己的过错，认为自己不应当断足的多；虽然不为自己的过错去辩解，但是认为自己不应存足的人很少。知道事物的无可奈何，而能安下心来视如自然的命运，只有有德的人才能做到。（就像）我们来到后羿的射程之内。那中央的地方，也就是最容易中靶的地方；然而却没有射中，那就是命运。用自己齐全的双脚来笑话我双脚不全的人很多，我听了勃然大怒；等我来到先生的寓所，怒气便消失回到了常态。（你）还不知道这是先生用善来教化我吗？我跟随先生十九年了，先生从来没有感觉到我是个断了脚的人。现在你和我交往于道德的修养之中，而你却在形貌上来要求我，这不也是错了吗？”

子产觉得很惭愧，立刻改变脸色说：“请你不要再说了！”

## 三

鲁有兀者叔山无趾[①]，踵见仲尼[②]。仲尼曰：“子不谨，前既犯患若是矣。虽今来，何及矣！”无趾曰：“吾唯不知务而轻用吾身[③]，吾是以亡足。今吾来也，犹有尊足者存[④]，吾是以务全之也。夫天无不覆，地无不载，吾以夫子为天地，安知夫子之犹若是也！”孔子曰：“丘则陋矣！夫子胡不入乎？请讲以所闻。”

无趾出。孔子曰：“弟子勉之！夫无趾，兀者也，犹务学以复补前行之恶，而况全德之人乎[⑤]！”

无趾语老聃曰：“孔丘之于至人，其未邪？彼何宾宾以学子为[⑥]？彼且蕲以諔诡幻怪之名闻[⑦]，不知至人之以是为己桎梏邪[⑧]？”老聃曰：“胡不直使彼以死生为一条[⑨]，以可不可为一贯者，解其桎梏，其可乎？”无趾曰：“天刑之，安可解！”

〔注释〕

①叔山无趾：虚拟人物。　②踵（zhǒng）见：用脚跟行走去求见。③务：时务。　④尊足者：即“尊于足者”，意思是比脚更尊贵的东西，指道

德修养。 ⑤全德：指形体健全的人。 ⑥宾宾：频频。子：指老聃。 ⑦蕲（qí）：求。諔（chù）诡：奇异。 ⑧桎梏（zhìgù）：镣铐。在脚上的叫桎，在手上的叫梏。 ⑨一条：一贯，一样。

〔译文〕

鲁国有个被砍去脚趾的人名叫叔山无趾，（他）靠脚后跟行走去拜见孔子。孔子说："你不谨慎，以前既然犯了这样的过错，虽然现在你来这里请教，怎么能来得及呢！"无趾说："我只因不识时务而轻率作践自身，所以才断了脚趾。今天我来到这里，还有比双脚更为可贵的东西存在，所以我想保全它。天是没有什么不覆盖的，地是没有什么不能承载的，我把先生看作天地，哪里知道先生是这样的人呢！"孔子说："我实在是浅陋！你为什么不进来呢？请说说你的看法。"

无趾走了。孔子说："弟子们要努力啊！无趾是一个断了脚趾的人，还在努力学习来补救先前做过的错事，何况是身体健全的人呢！"

无趾对老子说："孔子恐怕还未能达到'至人'的境界吧？他为什么总是来向你求教呢？他还在追求用奇异怪诞的名声来扬名于世，难道不知道至人把这名声当作是一种枷锁吗？"老子说："（你）为什么不让他认识到生和死是一样的，可以与不可以是齐一的，从而解脱他的枷锁，这样也就可以了吧？"无趾说："这是上天加给他的刑罚，怎么可能解除呢？"

## 四

鲁哀公问于仲尼曰："卫有恶人焉[1]，曰哀骀它[2]。丈夫与之处者，思而不能去也；妇人见之，请于父母曰

‘与为人妻，宁为夫子妾’者，十数而未止也。未尝有闻其唱者也[3]，常和人而已矣。无君人之位以济乎人之死[4]，无聚禄以望人之腹[5]，又以恶骇天下，和而不唱，知不出乎四域[6]，且而雌雄合乎前[7]，是必有异乎人者也。寡人召而观之，果以恶骇天下。与寡人处，不至以月数，而寡人有意乎其为人也；不至乎期年，而寡人信之。国无宰，寡人传国焉[8]。闷然而后应[9]，泛然而若辞[10]。寡人丑乎[11]，卒授之国。无几何也，去寡人而行。寡人恤焉若有亡也[12]，若无与乐是国也[13]。是何人者也？”

仲尼曰：“丘也尝使于楚矣，适见㹠子食于其死母者[14]。少焉眴若[15]，皆弃之而走。不见己焉尔[16]，不得类焉尔。所爱其母者，非爱其形也，爱使其形者也[17]。战而死者，其人之葬也不以翣资[18]；刖者之屦[19]，无为爱之。皆无其本矣。为天子之诸御[20]，不爪翦[21]，不穿耳；取妻者止于外，不得复使。形全犹足以为尔，而况全德之人乎！今哀骀它未言而信，无功而亲，使人授己国，唯恐其不受也，是必才全而德不形者也[22]。”

哀公曰：“何谓才全？”仲尼曰：“死生、存亡、穷达、贫富、贤与不肖、毁誉、饥渴、寒暑，是事之变，命之行也[23]。日夜相代乎前，而知不能规乎其始者也[24]。故不足以滑和[25]，不可入于灵府[26]。使之和豫通而不失于兑[27]，使日夜无隙而与物为春[28]，是接而生时于心者也。是之谓才全。”“何谓德不形？”曰：“平者，水停之盛也[29]。其可以为法也，内保之而外不荡也。德者，成和之修也[30]。德不形者,物不能离也。"

哀公异日以告闵子曰[31]:"始也吾以南面而君天下,执民之纪而忧其死,吾自以为至通矣[32]。今吾闻至人之言,恐吾无其实,轻用吾身而亡其国。吾与孔丘,非君臣也,德友而已矣!"

〔注释〕

①恶:丑。 ②哀骀它:虚拟人物。 ③唱:倡导。 ④济:救助。⑤禄:俸禄,泛指财物。望:月满为望,指饱满。 ⑥四域:四方,指人世。⑦雌雄:指妇女和男人。 ⑧传国:授以国政。 ⑨闷然:神情淡漠的样子。 ⑩泛:形容心不在焉的样子。 ⑪丑:惭愧。 ⑫恤:忧闷的样子。⑬是:此,指鲁国。 ⑭㹠(tún):小猪。食:指吃奶。 ⑮眴(shùn)若:惊慌的样子。 ⑯焉尔:才如此。 ⑰使:主使,支配。 ⑱翣(shà):棺木上的饰物。资:送。 ⑲刖(yuè):断足的刑罚。屦(jù):鞋。 ⑳诸御:指宫女和嫔妃。 ㉑不爪翦:不剪指甲。翦,同"剪"。 ㉒才全:才性完备。德不形:内德不外露。 ㉓命:天命,自然。 ㉔规:窥视。 ㉕滑:通"汩",乱。 ㉖灵府:心灵。 ㉗豫:安适。 ㉘隙:间隙。 ㉙盛:极,致。 ㉚成和之修:完满纯和的修养。 ㉛闵子:孔子的弟子,姓闵,名损,字子骞。 ㉜至通:非常通达。

〔译文〕

鲁哀公向孔子问道:"卫国有个面貌十分丑陋的人,名叫哀骀它。男人和他相处,想念他而舍不得离去;女人见了他,便请求父母说'与其做别人的妻子,不如做这位先生的妾',这样的女人已经不止十几个了。没有听说过他倡导什么,只见他常常应和别人。他没有统治者的权位救助人们的灾难,也没有积蓄的钱财去满足人们的温饱,而且又面貌丑陋使天下人吃惊,又总是应和而没有倡导,他的才智不超出人世之外,然而男人和女人都亲近他,这一定有什么不同于常人的地方。我把他召来一看,果真相貌丑陋可以惊骇天下人。(但是)和我相处不到一个月,我便觉得他有过人之处;不到一年,我就完全相信了他。(这时)国家正好没有宰相,我就把国事委托给他。他神情淡漠地应承,又漫不经心地好像有所推辞。我深感羞愧,终于把国事交给了他。没过多久,他就离开我走了。我很忧闷,好像失落了什么似的,好像整个国家再没人可以跟我共欢乐似的。(他)究竟是什么样的人呢?"

孔子说:"我曾出使过楚国,恰巧看见一群小猪在刚死的母猪身上吃奶。不一会儿,又惊慌地抛开母猪逃开了。因为母猪对小猪不再有任何感应了,不像活着的样子了。(可见)小猪爱它们的母亲,不是爱它的形体,而是爱支配那个形体的精神。战死沙场的士兵,埋葬他们时不用棺饰;砍掉了脚的人,对原来的鞋子,没有理由再去爱惜它。这都是因为失去了根本。做天子的嫔妃,不剪指甲,不穿耳眼;娶了妻的人留在宫外,不能再为役使。为保全形体尚且如此,何况德行完备的人呢?现在哀骀它不说话也能取信于人,没有功业也能受人亲敬,让人情愿把国家授给他,还怕他不肯接受,这一定是才智完备而德不外露的人。"

鲁哀公问:"什么叫作才智完备呢?"孔子说:"死生、存亡、穷达、贫富、贤与不肖、毁誉、饥渴、寒暑,这些都是事物的变化,自然规律的运行。(它们)日夜相互更替于我们的面前,但是(人们的)智慧却不能窥见它们的起始。因此(这些变化)都不足以扰乱我们本性的平和,也不能侵入我们的心灵。要使心灵平和安适,通畅而不失怡悦,这就使心灵日夜不间断地跟随万物同游于春和之气中，无时不和谐感应。这就叫作才智完备。”（鲁哀公又问）：“什么叫作德不外露呢？”（孔子）说：“水平，是水极端静止的状态。它可以作为取法的标准，内心保持极端静止的状态，就可以不被外界的变化所动摇。所谓德，就是成就纯和的最高修养。德不外露，外物自然就亲附不离开了。”

后来鲁哀公把此事告诉了闵子，说：“起初我认为以国君的地位统治天下，执掌法纪而忧心百姓的死亡，便自以为是非常明达了。如今我听到至人的言论，恐怕我没有实在的政绩，只是轻率地动用了自己的身心而使国家陷入危亡境地。我和孔子并不是君臣关系，而是以德相交的朋友啊！”

## 五

闉跂支离无脤说卫灵公①，灵公说之②，而视全人，其脰肩肩③。瓮㼜大瘿说齐桓公④，桓公说之，而视全人，其脰肩肩。故德有所长而形有所忘。人不忘其所忘，而忘其所不忘，此谓诚忘⑤。

故圣人有所游，而知为孽，约为胶⑥，德为接⑦，工为商⑧。圣人不谋，恶用知？不斫⑨，恶用胶？无丧，恶用德？不货，恶用商？四者，天鬻也⑩。天鬻者，天食也。既受食于天，又恶用人！

有人之形，无人之情。有人之形，故群于人；无人之情，故是非不得于身。眇乎小哉，所以属于人也；謷乎大哉⑪，独成其天。

〔注释〕

①闉（yīn）跂（qí）支离无脤（chún）：虚拟人物。跛脚、伛背、缺唇，形

容残形貌丑的人。说(shuì):游说。 ②说(yuè):同“悦”,喜欢。 ③脰(dòu):颈。肩肩:细长的样子。 ④瓮瓮(àng)大瘿(yǐng):虚拟人物,形容脖颈上长着瓮瓮那么大的瘤子。 ⑤诚:真,确实。 ⑥约:约束,指约束的礼仪。 ⑦德:施德于人。 ⑧工:技巧。 ⑨不斫(zhuó):不加雕琢。 ⑩鬻(yù):养育。 ⑪謷(áo):高大的样子。

〔译文〕

有个跛脚、伛背、缺唇的人去游说卫灵公,卫灵公十分喜欢他,再看那些身体健全的人,(反而觉得)他们的脖子太细长了。有个脖颈上长着大瘤子的人去游说齐桓公,齐桓公十分喜欢他,再看那些身体健全的人,(反而觉得)他们的脖子过于细小了。所以有过人的德性,而在形体方面的缺陷就会被人遗忘。(如果)人们不忘记应当忘记的东西,却忘记了不应当忘记的东西,这才是真正的遗忘。

所以圣人自得地出游,把智慧看作是祸根,把约束看作是禁锢,把施惠看作是交接的手段,把工巧看作是商贾的行为。圣人不去谋虑,哪里用得着智慧?不去雕琢,哪里用得着胶漆?没有丧失的东西,哪里用得着施德?不求货物,哪里用得着通商?这四个方面都是受到大自然的养育。既然受养于自然,又哪里用得着人为的东西!

(圣人)有人的形貌,却没有人的情绪。有了人的形体,所以与人相处;没有人的情绪,所以是非都不会扰乱他的身心。渺小啊,与人同类;伟大啊,和自然同体。

## 六

惠子谓庄子曰:“人故无情乎①?”庄子曰:“然”。

惠子曰："人而无情，何以谓之人？"庄子曰："道与之貌，天与之形，恶得不谓之人？"

惠子曰："既谓之人，恶得无情？"庄子曰："是非，吾所谓情也。吾所谓无情者，言人之不以好恶内伤其身，常因自然而不益生也②。"

惠子曰："不益生，何以有其身？"庄子曰："道与之貌，天与之形，无以好恶内伤其身。今子外乎子之神，劳乎子之精，倚树而吟，据槁梧而瞑③。天选子之形④，子以坚白鸣⑤。"

〔注释〕

①故：原本。 ②因：顺。 ③槁梧：枯槁的梧桐树。瞑：睡眠。④选：授给。 ⑤坚白：即坚白论，战国时名家的著名论题。

〔译文〕

惠子对庄子说："人原本就是没有情的吗？"庄子说："是的。"

惠子说："人如果无情，怎么还能称为人呢？"庄子说："道给了人容貌，天给了人形体，怎么能不称为人呢？"

惠子说："既然已经称作了人，又怎么能够没有情？"庄子说："这并不是我所说的情呀。我所说的无情，是说人不以好恶损害自己的本性，常常顺应自然而不用人为的去增益。"

惠子说："不用人为的去增益生命，怎么能够保存自己的身体呢？"庄子说："道给了人容貌，天给了人形体，可不要让好恶损害了自己的身心。现在你放纵你的心神，耗费你的精力，倚着干枯的梧桐树而疲惫地睡眠。自然给了你形体,你却以坚白论争辩不休。”

## 大宗师

〔题解〕

《大宗师》主要阐述了大道的本质,以及大道与人的关系。本篇可以分为十个章节进行赏析。第一章提出了天与人的关系问题,认为“天与人不相胜”,人与自然是息息相关的。第二章通过对死生是自然而不可避免的认识,并提出了“相濡以沫,不如相忘于江湖”的观点。第三章介绍了道的基本特点,即无形、永存和无限性。第四章通过南伯子葵与女偶的对话,描述了学道的过程。第五章描写了子祀、子舆、子犁、子来四人,因对“死生存亡为一体”有着共同的认知而结为好友,他们能够坦然地面对得与失、生与死,安心适时地顺应变化。第六章描写了子桑户、孟子反和子琴张三人,因对道有着共同的认知而结为好友,之后子桑户死,孟子反和子琴张却临尸而歌,体现了“鱼相造乎水,人相造乎道”的境界。第七章写孟孙才的母亲去世,他能不被儒家繁琐礼节所拘束,了解生死的真谛,明白自然变化的道理。第八章借意而子与许由的对话,质疑了儒家传统的仁义规范,并指出若陷于儒家传统的仁义束缚中,是很难领悟大道的。第九章借颜回与孔子的对话,展示了何为“坐忘”,只有“堕体肢,黜聪明,离形去知”,才能与大道融通为一。第十章通过对子桑面对困境的描写,阐释了安于自然变化的思想。

## 一

知天之所为，知人之所为者，至矣！知天之所为者，天而生也；知人之所为者，以其知之所知[1]，以养其知之所不知，终其天年而不中道夭者，是知之盛也。虽然，有患。夫知有所待而后当，其所待者特未定也。庸讵知吾所谓天之非人乎[2]？所谓人之非天乎？且有真人而后有真知。

何谓真人？古之真人，不逆寡，不雄成[3]，不谟士[4]。若然者，过而弗悔，当而不自得也。若然者，登高不栗，入水不濡，入火不热。是知之能登假于道者也若此[5]。

古之真人，其寝不梦，其觉无忧，其食不甘，其息深深。真人之息以踵，众人之息以喉。屈服者，其嗌言若哇[6]。其耆欲深者[7]，其天机浅[8]。

古之真人，不知说生[9]，不知恶死。其出不䜣[10]，其入不距[11]。翛然而往[12]，翛然而来而已矣。不忘其所始，不求其所终。受而喜之，忘而复之。是之谓不以心捐道[13]，不以人助天，是之谓真人。若然者，其心忘[14]，其容寂，其颡頯[15]。凄然似秋，暖然似春，喜怒通四时，与物有宜而莫知其极[16]。故圣人之用兵也，亡国而不失人心[17]；利泽施乎万世，不为爱人。故乐通物，非圣人也；有亲，非仁也；天时，非贤也；利害不通，非君子也；行名失己，非士也；亡身不真[18]，非役人也[19]。若狐不偕、务光、伯夷、叔齐、箕子、胥余、纪他、申徒狄[20]，是役人之役㉑，适人之适㉒，而不自适其适者也。

古之真人，其状义而不朋㉓，若不足而不承；与乎其觚而不坚也㉔，张乎其虚而不华也；邴乎其似喜也㉕，崔乎其不得已也㉖。滀乎进我色也㉗，与乎止我德也㉘；广乎其似世也㉙，謷乎其未可制也㉚，连乎其似好闭也㉛，悗乎忘其言也㉜。以刑为体，以礼为翼，以知为时，以德为循。以刑为体者，绰乎其杀也㉝；以礼为翼者，所以行于世也；以知为时者，不得已于事也；以德为循者，言其与有足者至于丘也㉞，而人真以为勤行者也。故其好之也一，其弗好之也一。其一也一，其不一也一。其一与天为徒㉟，其不一与人为徒，天与人不相胜也，是之谓真人。

〔注释〕

①知（zhì）：智力。所知（zhī）：所知道的。 ②庸讵：怎么。 ③雄：夸耀。成：成功。 ④谟（mó）：谋。士：同“事”，事情。 ⑤登假：登至。假：至。 ⑥嗌（ài）言：堵在咽喉里的话。哇：吐。 ⑦耆：同“嗜”，嗜好。 ⑧天机：天然的灵性。 ⑨说：同“悦”。 ⑩䜣（xīn）：古“欣”字。 ⑪距：通“拒”，抗拒。 ⑫翛（xiāo）然：自由自在，没有拘束的样子。 ⑬捐：多认为应是“损”的坏字。读本字也通。 ⑭忘：原本形误作“志”，据褚伯秀等诸家之说改正。 ⑮颡（sǎng）：额。頯（kuí）：宽大的样子。 ⑯极：痕迹。 ⑰亡国：亡人之国。 ⑱亡身不真：自己丧失真性。 ⑲役人：役使世人。 ⑳狐不偕、务光、伯夷、叔齐、箕子、胥余、纪他、申徒狄：皆人名，传说中远古时代（唐尧、夏禹、商汤时代）的贤人。 ㉑役人之役：做别人应当做的事，即为人所用。 ㉒适：安适，舒畅。 ㉓义而不朋：巍峨而不畏缩。 ㉔与乎：容与，从容闲适的样子。觚（gū）：特立超

群。坚:固执。㉕邴(bǐng)乎:欣喜的样子。有的本子有两个“邴”字。㉖崔乎:动的样子。有的本子有两个“崔”字。㉗滀(chù)乎:水聚集的样子,形容人的容颜和悦而有光泽。㉘与乎:宽舒的样子。与,通“豫”。止:归依。㉙广:原形误作“厉”,据崔本改。世:通“大”。㉚謷乎:謷,通“傲”,高放自得的样子。㉛连乎:绵邈深远的样子。㉜悗(mèn)乎:漫不经心的样子。㉝绰:宽大。㉞丘:山丘。㉟徒:同类。

〔译文〕

知道天道自然的运化,也知道人类的主观所为,这就是认知的极点了。知道天的所为,是顺着自然的道理知道的;知道人的所为,是用人类智力所能知道的道理,去顺应智力所不知道的,让自己能够尽享天年而不至于中途死亡,这也是认知的最高境界了。虽然这样,还是存在问题。知识一定要有所依赖方才能判断是否正确,而所依赖的对象却是变化不定的。怎么知道我所说的天道自然不是出于人为的呢,所谓人为不是出于自然的呢?况且有了真人才可能有真知。

什么叫真人?古时候的真人,不因为少而拒绝,不自恃成功,也不谋虑事情。像这样的人,错过了时机也不后悔,赶上了机遇也不得意。像这样的人,登上高处不战栗,下到水里不会沾湿,进入火中不觉灼热。只有知识到达了大道境界的人才能这样。

古时候的真人,睡觉时不做梦,醒来时不忧愁,饮食不求甘美,呼吸深沉绵长。真人的呼吸是从脚跟运气,一般人的呼吸则用喉咙吐纳。屈从于人时,(他的)言语塞在咽喉中,就像要呕吐一样难受。那些嗜好和欲望太深的人,他们天然的灵性也就很浅。

古时候的真人,不知道对生存感到喜悦,也不知道厌恶死亡。出生时不欣喜,死亡时也不抗拒。无拘无束地去,自由自在地来罢了。不忘记自己生命的来源,也不寻求自己的归宿。欣然接受自然赋予的生命,忘记了生死的变化而复归于自然。这就叫作不用心智去损害自然之道,也不用人为的力量去辅助自然,这就是真人了。像这样的人,他的内心忘掉了一切,他的容颜淡漠安闲,他的额头宽宽大大。(表情)严肃时像秋天一样,温和时像春天一样,喜怒像四季更替一样自然,和万物都合宜相称而没有痕迹可寻。所以圣人用兵打仗,灭掉了敌国却不失掉人心;利益和恩泽广施于万世,却不是为了偏爱什么人。所以有心和外界交往,就不是圣人;有亲疏之分,就不是仁人;伺机行事,就不是贤人;利害不能相通为一,就不是君子;追求声名而失掉本性,就不是士人;丧失真性,就只能被人役使,不是役使世人的人。像狐不偕、务光、伯夷、叔齐、箕子、胥余、纪他、申徒狄,(他们)都是被人役使,使别人安适,而不是使自己得到安适的人。

古时候的真人,他的形体高大而不崩坏,好像不足却又无所承受;安闲特立而不执着顽固,心胸开阔而不浮华;畅然自适像是格外地高兴,一举一动又像是出于不得已。容颜和悦,令人喜欢亲近,德行宽厚,令人想要归依;胸襟宽广,像世界一般广大;精神高放自得,从不受什么限制;沉默不语,好像封闭了自己;漫不经心,好像忘记了要说的话。(他)把刑律当作主体,把礼仪当作辅助,凭借智慧去等待时机,以道德为处世所遵循的原则。把刑律当作主体的人,那么杀了人也是宽厚仁慈的;把礼仪当作辅助的人,正是为了在天下施行;凭借智慧去等待时机的人,是因为对各种事情出于不得已;以道德为处世所遵循的原则,就像是说有脚的人就能够登上山丘一样,而人们却认为是勤于行走的人才能达到。所以人们所喜好的是合一的,人们不喜好的也是合一的。(不管)人们认为合一或者不合一,它们也都是合一的。认为天和人是合一的就和自然同类,认为天和人是不合一的就和人类同类。把天和人的关系不看作是相互对立的关系,这就是真人。

## 二

死生,命也①;其有夜旦之常,天也②。人之有所不得与③,皆物之情也。彼特以天为父④,而身犹爱之,而况其卓乎⑤!人特以有君为愈乎己,而身犹死之,而况其真乎⑥!

泉涸,鱼相与处于陆,相呴以湿⑦,相濡以沫⑧,不如相忘于江湖。与其誉尧而非桀也,不如两忘而化其道⑨。

夫大块载我以形⑩,劳我以生,佚我以老⑪,息我以死。故善吾生者,乃所以善死也。夫藏舟于壑⑫,藏山于泽,谓之固矣⑬!然而夜半有力者负之而走,昧者不知也⑭。藏小大有宜,犹有所遁。若夫藏天下于天下而不得所遁,是恒物之大情也⑮。特犯人之形而犹喜之⑯。若人之形者,万化而未始有极也,其为乐可胜计邪?故圣人将游于物之所不得遁而皆存。善妖善老⑰,善始善终,人犹效之,又况万物之所系而一化之所待乎⑱!

〔**注释**〕

①命:天地自然之理。 ②天:自然的规律。 ③与:参与,干预。

④彼：人。特：独。 ⑤卓：卓越，指天道。 ⑥真：真宰，指大道。 ⑦呴(xǔ)：吐气。 ⑧濡：沾湿。 ⑨化其道：与大道化而为一。 ⑩大块：大地，泛指天地。 ⑪佚：安逸。 ⑫壑：山谷。 ⑬固：牢固。 ⑭昧者：愚昧的人。 ⑮大情：至理。 ⑯犯：通“范”，铸造。 ⑰妖：通“夭”，少。 ⑱系：归属。待：依赖。

〔译文〕

(人的)死生，是不可避免的天地自然之理；就像日夜交替那样永恒，都是自然的规律。(有些事情)人是不可能干预的，这都是事物变化的情理。人们总是把天看作生命之父，而且终身爱戴它，何况那独立超绝的道呢！人们认为国君的势力地位超过了自己，而愿意舍身效忠，何况那独立超绝的道呢！

泉水干涸了，鱼儿一同困在陆地上，互相吐着湿气来滋润着对方，用唾沫相互润湿，不如在江湖里彼此相忘。与其赞美尧而非议桀，不如把他们的善恶是非都忘掉而融化于大道之中。

天地赋予我形体使我有所寄托，给了我生命让我勤劳，又用衰老来让我闲适，最后又用死亡让我安息。所以把我的生存看作好事的，也就必然把我的死亡也看作是好事。把船藏在山谷里，把山藏在深泽里，可以说是很牢固了！然而半夜里有个大力士还是把它们背走了，愚昧的人还不知道。把小的东西藏在大的东西里面是适宜的，但还是会有丢失。如果把天下藏在天下之中是不会丢失的，这就是万物普遍的至理。(人们)一旦获得了人的形体便十分欣喜。如果人的形体千变万化而没有穷尽，那这种欣喜还能数得清吗？所以圣人游于不会亡失的境地而和大道共存。乐观地看待生命的长短和生死的人，人们尚且加以效法，何况那决定着万物的生成转化的道呢！

## 三

夫道有情有信[1]，无为无形；可传而不可受，可得而不可见；自本自根，未有天地，自古以固存；神鬼神帝[2]，生天生地；在太极之先而不为高[3]，在六极之下而不为深[4]，先天地生而不为久，长于上古而不为老。豨韦氏得之[5]，以挈天地[6]；伏戏氏得之[7]，以袭气母[8]；维斗得之[9]，终古不忒[10]；日月得之，终古不息；堪坏得之[11]，以袭昆仑；冯夷得之[12]，以游大川；肩吾得之[13]，以处大山；黄帝得之，以登云天；颛顼得之[14]，以处玄宫；禺强得之[15]，立乎北极；西王母得之[16]，坐乎少广，莫知其始，莫知其终；彭祖得之，上及有虞，下及五伯；傅说得之，以相武丁，奄有天下，乘东维，骑箕尾，而比于列星。

〔注释〕

①情：实。信：真。 ②神鬼神帝：生鬼生帝。神：生，引出。 ③太极：指天地未形成之前的混沌之气。 ④六极：指天地和四方。 ⑤豨（xī）韦氏：传说中的远古帝王。 ⑥挈（qiè）：提挈。 ⑦伏戏氏：即伏羲氏。 ⑧袭：合。气母：元气之母。 ⑨维斗：北斗星。 ⑩忒（tè）：差错。 ⑪堪坏：昆仑山之神。 ⑫冯夷：黄河之神。 ⑬肩吾：泰山之神。 ⑭颛顼（zhuānxū）：黄帝之孙，号高阳氏。 ⑮禺强：水神。 ⑯西王母：传说中的神人。

〔译文〕

道是真实而又确凿可信的，没有作为也没有行迹；（它）可以心传而不能口授，可以心得而不能面见；(它)是万物最原始的本根，还未出现天地以前，就已经存在；(它)产生了鬼神和上帝，产生了天和地；(它)在混沌之气之前就存在而称不上高远，(它)在天地和四方之下还不算深邃，(它)先于天地存在还不算久，(它)长于上古还不算老。狶韦氏得到它，用来整顿天地；伏羲氏得到它，用来调和元气；北斗星得到它，永远不会改变方位；日月得到它，永远不停息地运行；山神堪坏得到它，就能入主昆仑山；河神冯夷得到它，就能巡游大江大河；肩吾得到它，就能驻守泰山；黄帝得到它，就能登上云天；颛顼得到它，就能居处玄宫；禺强得到它，就能立足北极；西王母得到它，就能坐阵少广山，没有人知道它的开始，也没有人知道它的终结；彭祖得到它，可以上及有虞时代，下至五伯时代；傅说得到它，可以做武丁的宰相，治理整个天下，(死后)乘驾东维星与箕尾星，遨游于众星之间。

## 四

南伯子葵问乎女偊曰[①]："子之年长矣，而色若孺子，何也？"

曰："吾闻道矣。"

南伯子葵曰："道可得学邪？"

曰："恶！恶可！子非其人也。夫卜梁倚有圣人之才而无圣人之道[②]，我有圣人之道而无圣人之才。吾欲以教之，庶几其果为圣人乎！不然，以圣人之道，告圣人之才，亦易矣。吾犹守而告之[③]，参日而后能外天下[④]；已外天下矣，吾又守之，七日而后能外物[⑤]；已外物矣，吾又守之,九日而后能外生[6];已外生矣,而后能朝彻[7];朝彻,而后能见独[8];见独,而后能无古今;无古今,而后能入于不死不生。杀生者不死[9],生生者不生。其为物,无不将也,无不迎也,无不毁也,无不成也[10]。其名为撄宁[11]。撄宁也者,撄而后成者也。"

南伯子葵曰:"子独恶乎闻之?"

曰:"闻诸副墨之子[12],副墨之子闻诸洛诵之孙[13],洛诵之孙闻之瞻明[14],瞻明闻之聂许[15],聂许闻之需役[16],需役闻之於讴[17],於讴闻之玄冥[18],玄冥闻之参寥[19],参寥闻之疑始。"

〔注释〕

①南伯子葵:虚拟人物。女偊(yǔ):虚构的得道之士。 ②卜梁倚:虚拟人物。 ③守:修守,修持。 ④外:遗忘。 ⑤外物:遗忘人事。 ⑥外生:忘我。 ⑦朝彻:豁然大悟。 ⑧见独:洞见大道。 ⑨杀:灭除。 ⑩将:送。 ⑪撄(yīng):扰乱。 ⑫副墨:文字。 ⑬洛诵:诵读、言语。 ⑭瞻明:目见。 ⑮聂许:耳闻。 ⑯需役:践行,修行。 ⑰於讴(wūōu):咏叹。 ⑱玄冥:静默。 ⑲参寥:空旷。

〔译文〕

南伯子葵问女偊:"你的年龄很大了,而你的面色还像孩童一样,为什么呢?"

女偊说:"我得道了。"

南伯子葵说:"道可以学到吗?"

女偊说:"不!不可以!你不是学道的人。卜梁倚有圣人的才质却没有圣人的道心。我有圣人的道心却没有圣人的才质。我想教他，或许他真的能成为圣人吧！即使不能，以圣人之道指导具有圣人才气的人，也应该是容易领悟的。我继续修持着并告诉他，三天之后便能遗忘天下了；已经遗忘天下了，我继续修持，七天之后能遗忘人事了；已经遗忘人事了，我继续修持，九天之后便能遗忘自身的存在了；已经忘掉了自我，而后心境就能豁然大悟；心境能够豁然大悟，而后就能够感受绝对的道了；感受了绝对的道，而后就能不受古今时间的限制；不受古今时间的限制，而后就能进入无生无死的境界。能够灭亡一切生命的道，它本身就不会灭亡；能够产生一切生命的道，它本身就不存在产生的问题。道对于万物，无所不送，无所不迎，无所不毁，无所不成，这就叫作'撄宁'。'撄宁'的意思，就是不受外界事物的纷扰，而后保持心境的宁静。"

南伯子葵又问："你从哪里学到的道呢？"

女偊回答说："我从文字那里得到的，文字是从语言那里得到的，语言是从目见那里得到的，目见是从耳闻那里得到的，耳闻是从修持那里得到的，修持是从咏叹那里得到的，咏叹是从静默那里得到的，静默是从空旷那里得到的，空旷是从疑似本源那里得到的。"

## 五

子祀、子舆、子犁、子来四人相与语曰[1]："孰能以无为首，以生为脊，以死为尻[2]；孰知死生存亡之一体者，吾与之友矣！"四人相视而笑，莫逆于心[3]，遂相与为友。俄而子舆有病，子祀往问之。曰："伟哉，夫造物者将以予为此拘拘也[4]。"曲偻发背[5]，上有五管[6]，颐隐于齐[7]，肩高于顶，句赘指天[8]。阴阳之气有沴[9]，其心闲而无事，跰𨇤而鉴于井[10]，曰："嗟乎！夫造物者又将以予为此拘拘也。"

子祀曰："女恶之乎？"

曰："亡[11]，予何恶！浸假而化予之左臂以为鸡[12]，予因以求时夜；浸假而化予之右臂以为弹，予因以求鸮炙[13]。浸假而化予之尻以为轮，以神为马，予因以乘之，岂更驾哉！且夫得者，时也；失者，顺也。安时而处顺，哀乐不能入也，此古之所谓县解也[14]。而不能自解者，物有结之。且夫物不胜天久矣[15]，吾又何恶焉！"

俄而子来有病，喘喘然将死[16]。其妻子环而泣之。子犁往问之，曰："叱！避！无怛化[17]！"倚其户与之语曰："伟哉造化！又将奚以汝为[18]？将奚以汝适[19]？以汝为鼠肝乎？以汝为虫臂乎？"

子来曰："父母于子，东西南北，唯命之从。阴阳于人，不翅于父母[20]。彼近吾死而我不听，我则悍矣，彼何罪焉？夫大块载我以形，劳我以生，佚我以老，息我以死。故善吾生者，乃所以善吾死也。今大冶铸金[21]，金踊跃曰'我且必为镆铘[22]'！大冶必以为不祥之金。今一犯人之形而曰[23]：'人耳！人耳！'夫造化者必以为不祥之人。今一以天地为大炉，以造化为大冶，恶乎往而不可哉！"成然寐[24]，蘧然觉[25]。

〔注释〕

①子祀、子舆、子犁、子来：皆为虚拟人物。 ②尻（kāo）：脊椎骨末

端，指臀部。 ③莫逆于心：内心相契。 ④拘拘：屈曲不伸的样子。 ⑤曲偻（lóu）：伛偻，驼背。发背：背向上拱露。 ⑥五管：五脏的穴位。 ⑦颐：面颊。齐：古“脐”字。 ⑧句赘：发髻。 ⑨沴（lì）：凌乱。 ⑩跰𨇤（piánxiān）：走路蹒跚的样子。 ⑪亡（wú）：古同“无”，不。 ⑫浸假：假使。浸：渐渐地。 ⑬鸮（xiāo）炙：烤熟的斑鸠肉。 ⑭县解：解脱倒悬。县，古同“悬”。 ⑮物：指人。天：指大自然。 ⑯喘喘然：气息急促的样子。 ⑰怛（dá）：惊扰。 ⑱奚：何。 ⑲适：往。 ⑳不翅：不啻，不止。 ㉑大冶：冶金工匠。 ㉒镆铘：亦作“莫邪”，宝剑名。 ㉓犯：通“范”，铸造。 ㉔成然：安然。 ㉕蘧然：自适的样子。

〔译文〕

子祀、子舆、子犁、子来四个人互相谈说：“谁能够把‘无’当作头，把‘生’当作脊柱，把‘死’当作尻尾；谁能认识到生死存亡是一体的，我们就和他交朋友！”四个人相视而笑，心心相契，于是就相互结为朋友。不久子舆生病了，子祀去探望他。子舆说：“伟大啊，造物者把我变成这样一个屈曲不伸的人！”（只见他）腰弯背驼，五脏的穴位朝上，面颊隐藏在肚脐下，肩部高过头顶，发髻朝天。阴阳二气虽然错乱不和，可是他的心中闲适而若无其事，（他）步履蹒跚地来到井边，照着自己的影子说：“哎呀！造物者又把我变成这样一个屈曲不伸的人。”

子祀说：“你厌恶这种变化吗？”

子舆说：“不，我为什么要厌恶呢？假使把我的左臂变成公鸡，我便用它来报晓；假使把我的右臂变成弹弓，我便用它来打斑鸠烤了吃；假使把我的臀部变成车轮，把我的精神变成骏马，我就乘着它出游，哪里还用别的车马呢！（人们）获得生命，这是适时而得；失去生命，这是顺应变化。能够安心适时而顺应变化的人，哀乐的情绪都不会侵入心中，这就是古人所说的解脱了倒悬之苦。那些不能自我解脱的人，则是受到了外物的束缚。况且人力不能超越自然的力量由来已久了，我又为什么要厌恶它呢？”

不久子来生病了，气喘急促快要死了。他的妻子儿女围在床前哭泣。子犁前往探望，（对子来的妻子和儿女们）说：“去！走开！不要惊扰将要变化的人！”（子犁）靠着门向子来说：“伟大的造物者啊，又将把你变成什么？又将把你送到何方？把你变成老鼠的肝脏吗？要把你变成虫蚁的臂膀吗？”

子来说：“子女对于父母，无论东西南北，都是听从吩咐。自然对于人，则不啻于父母。它要让我死，而我不听从，我就是违逆不顺，它有什么过错呢？大自然赋予我形体使我有所寄托，赋予我生命让我劳动；用年老来让我闲适；用死亡来让我安息。所以把我的存在看作是好事，也可以把我的死亡看作是好事。就像现在有一个铁匠正在铸造金属器物，那金属跳起来说：‘我一定要做镆铘宝剑！’冶炼工匠必定认为这是不吉祥的金属。现在造化者开始铸造人的形体，这个人说：‘我是人了！我是人了！’造物者一定会认为这是不吉祥的人。现在如果把天地当作大熔炉，把造化当作冶炼工匠，往哪里去不可以呢！”（子来说完）就安然地熟睡，又自在地醒来。

## 六

子桑户、孟子反、子琴张三人相与友[①]，曰：“孰能相与于无相与，相为于无相为[②]？孰能登天游雾，挠挑无极[③]，相忘以生，无所终穷？”三人相视而笑，莫逆于心。遂相与为友。

莫然有间[4]，而子桑户死，未葬。孔子闻之，使子贡往侍事焉[5]，或编曲，或鼓琴，相和而歌曰："嗟来桑户乎[6]！嗟来桑户乎！而已反其真[7]，而我犹为人猗[8]！"子贡趋而进曰："敢问临尸而歌，礼乎？"二人相视而笑曰："是恶知礼意！"

子贡反，以告孔子曰："彼何人者邪？修行无有，而外其形骸，临尸而歌，颜色不变，无以命之[9]。彼何人者邪？"

孔子曰："彼游方之外者也[10]，而丘游方之内者也。外内不相及，而丘使女往吊之，丘则陋矣！彼方且与造物者为人[11]，而游乎天地之一气。彼以生为附赘县疣[12]，以死为决𤴯溃痈[13]。夫若然者，又恶知死生先后之所在！假于异物，托于同体；忘其肝胆，遗其耳目；反覆终始，不知端倪；芒然彷徨乎尘垢之外，逍遥乎无为之业。彼又恶能愦愦然为世俗之礼[14]，以观众人之耳目哉[15]！"

子贡曰："然则夫子何方之依？"孔子曰："丘，天之戮民也。虽然，吾与汝共之。"子贡曰："敢问其方？"孔子曰："鱼相造乎水[16]，人相造乎道。相造乎水者，穿池而养给；相造乎道者，无事而生定[17]。故曰：鱼相忘乎江湖，人相忘乎道术[18]。"子贡曰："敢问畸人[19]。"曰："畸人者，畸于人而侔于天。故曰：天之小人，人之君子；人之君子，天之小人也。"

〔注释〕

①子桑户、孟子反、子琴张：虚拟人物。　②相为：相助。　③挠挑：

宛转循环。无极：太虚。 ④莫然：淡漠无心的样子。 ⑤侍事：帮助办理丧事。 ⑥嗟来：感叹之声。 ⑦而：通“尔”，你。 ⑧猗（yī）：叹词，啊。 ⑨命：名，称。 ⑩方之外：世外。 ⑪造物者：自然。为人：为友。 ⑫附赘：附生的多余的肉块。县疣（yóu）：悬生的肉瘤。 ⑬疣（huàn）：皮肤上的肿包。痈（yōng）：毒疮。 ⑭愦愦（kuì）然：烦乱的样子。 ⑮观：示人，给人看。 ⑯造：至，到。 ⑰无事：无为。生定：心性安静。 ⑱道术：大道。 ⑲畸：异。

〔译文〕

子桑户、孟子反、子琴张三人在一起结为朋友，说：“谁能够相交于无心之中，相助而不着形迹？谁能登天穿雾，超然万物之外，遨游太虚，忘掉生死，而没有止尽？”三人相视而笑，内心相契合。于是就相互成了朋友。

不久，子桑户死了，还没有下葬。孔子听说了，派子贡前去帮助料理丧事。（只见那里）有的编曲，有的弹琴，相互应和着唱歌：“哎呀桑户啊！哎呀桑户啊！你已经返归本真了，可我们还寄寓在人间啊！”子贡快步向前，说：“请问对着尸体唱歌，这符合礼仪吗？”二人相视笑了笑说：“这种人哪里懂得礼的真意！”

子贡回来后，把此事告诉了孔子，说：“他们是什么样的人呢？修行却不讲礼仪，把形骸置之度外，对着尸体唱歌，没有悲哀之色，真是无法说清。他们到底是什么样的人呢？”

孔子说：“他们都是游于尘世之外的人，而我却是游于尘世之内的人。尘世外和尘世内彼此不相干涉，而我却让你去吊唁，这是我的浅陋啊！他们正与造物者交朋友，而游于万物之初的混沌境地。他们把生命看作为附着的赘瘤，把死亡看作是毒瘤的溃破，像他们这样的人，又哪里知道生死先后的区别呢！假借于不同的物体，寄托于同一个整体；忘掉了体内的肝胆，忘掉了体外的耳目；让生命随其自然而生死循环，不去追究它们的头绪；无牵无挂地神游于尘世之外，逍遥自在地遨游于无为的太虚之乡。他们又怎么能烦乱地拘束于世俗的礼仪，而让众人来观看和听闻呢！”

子贡说：“那么您是依从哪一方呢？”孔子说：“（从自然的道理来看，）我就像是苍天所惩罚的罪人。虽然这样，我与你们应该共同追求方外之道。”子贡说：“请问有什么方法吗？”孔子说：“鱼儿互相追寻水源，人们互相向往大道。相互寻找水源的，挖个水池来给养；互相向往大道的，漠然无所作为，心性平适。所以说，鱼游于江湖之中就会忘记一切而悠然自乐，人们游于大道之中就会忘了一切而逍遥自在。”子贡说：“请问那些不合于世俗的异人是什么人？”孔子说：“异人就是不同于世俗而又顺合于自然天道。所以说，在自然天道看来是小人的，正是俗人眼中的君子；俗人眼中的君子，正是自然天道的小人。”

## 七

颜回问仲尼曰：“孟孙才[①]，其母死，哭泣无涕，中心不戚，居丧不哀[②]。无是三者，以善处丧盖鲁国[③]，固有无其实而得其名者乎？回壹怪之[④]。”

仲尼曰：“夫孟孙氏尽之矣[⑤]，进于知矣[⑥]，唯简之而不得，夫已有所简矣。孟孙氏不知所以生，不知所以死。不知就先，不知就后。若化为物，以待其所不知之化已乎！且方将化，恶知不化哉？方将不化，恶知已化哉？吾特与汝，其梦未始觉者邪！且彼有骇形而无损心，有旦宅而无情死[7]。孟孙氏特觉[8],人哭亦哭,是自其所以乃[9]。且也相与'吾之'耳矣!庸讵知吾所谓'吾之'乎?且汝梦为鸟而厉乎天[10],梦为鱼而没于渊。不识今之言者,其觉者乎?其梦者乎?造适不及笑[11],献笑不及排[12],安排而去化,乃入于寥天一[13]。"

〔注释〕

①孟孙才:姓孟孙,名才,鲁国人。 ②居丧:守丧期间。 ③盖:覆盖,超越。 ④壹:语助词,表示强调。 ⑤尽之:尽到服丧之礼。 ⑥进:超过。 ⑦旦宅:通"怛咤",惊扰。 ⑧特觉:独自觉醒。 ⑨乃:如此。 ⑩厉:到达。 ⑪造适:突然感到的适意。造:至。 ⑫献笑:从内心发出的笑容。 ⑬寥:寂寥,虚空。

〔译文〕

颜回问孔子说:"孟孙才他的母亲死了,(他)哭泣时没有眼泪,心中不觉悲伤,服丧期间也不哀痛。(他)没有做到这三点,却以善于处理丧事而闻名鲁国,难道有无其实而有其名的情况吗?我觉得很奇怪。"

孔子说:"孟孙才已经尽了服丧之道了,超过了懂得服丧礼仪的人。(人们)想简化丧事却办不到,而他已经有所简化了。孟孙才不知道什么是生,也不知道什么是死;不知道追求先生,也不知道迷恋后死。他顺应自然的变化,而等待自己不知道变成何物的变化而已!况且如今将要变化,怎么知道那不变化的情况呢?正要不变化时,又怎么知道已经变化了呢!我和你现在恐怕都是在做梦,还没有觉醒过来啊!(孟孙氏认为)人有形体上的变化而没有心神的损伤;虽然有惊扰,却没有精神上的死亡。孟孙才独自觉醒,人们哭他也跟着哭,这就是他那个样子的原因。况且人们看到自己的形体就互相说‘这是我’,又怎么知道所谓的‘我’真的是属于我呢?而且你在梦中变成鸟飞到高空,梦中变成鱼潜入深渊。不知道现在说话的我,是醒着呢?还是在做梦呢?忽然达到适意的境界却来不及笑出来,由衷地发出笑声却来不及事先安排,听任自然的安排而顺应变化,就可以进入寂寥虚空的纯一境界。”

## 八

意而子见许由①,许由曰:“尧何以资汝②?”意而子曰:“尧谓我:‘汝必躬服仁义而明言是非③。’”

许由曰:“而奚来为轵④?夫尧既已黥汝以仁义⑤,而劓汝以是非矣⑥。汝将何以游夫遥荡恣睢转徙之涂乎⑦?”意而子曰:“虽然,吾愿游于其藩。”

许由曰:“不然。夫盲者无以与乎眉目颜色之好,瞽者无以与乎青黄黼黻之观⑧。”意而子曰:“夫无庄之失其美⑨,据梁之失其力⑩,黄帝之亡其知,皆在炉捶之间耳⑪。庸讵知夫造物者之不息我黥而补我劓,使我乘成以随先生邪⑫?”

许由曰:“噫!未可知也。我为汝言其大略:吾师乎⑬!吾师乎!整万物而不为义⑭,泽及万世而不为仁,长于上古而不为老,覆载天地、刻雕众形而不为巧,此所游已!”

〔注释〕

①意而子:虚拟人物。 ②资:资助,教诲。 ③躬服:亲身实践,身体力行。 ④而:通“尔”,你。轵(zhǐ):通“只”,语助词。 ⑤黥(qíng):古代的刑法,用刀在犯人的额上刺刻,然后涂上墨,也叫墨刑。 ⑥劓(yì):古代的刑法,割去犯人的鼻子。 ⑦遥荡:逍遥放荡。恣睢(zìsuī):放任不拘。转徙:变化。 ⑧黼黻(fǔfú):古代礼服上绣制的花纹。观:华美。 ⑨无庄:虚构的美人。 ⑩据梁:虚构的大力士。 ⑪炉捶:指冶炼锻打。 ⑫乘:载。成:完整。 ⑬师:指大道。 ⑭齑(jī):和,调和。

〔译文〕

意而子去见许由,许由说:“尧用什么来教你?”意而子说:“尧告诉我说:‘你一定得亲身实践仁义并明辨是非。’”

许由说:“你为什么还要来这里呢?尧既然用仁义给你施行了墨刑,又用是非给你施行了劓刑。你怎么能够逍遥放荡,无拘无束地游于变化的境界呢?”意而子说:“虽然这样,我还是希望能游于这个境界的边缘。”

许由说:“不行的。盲人无法欣赏眉目颜面的美好,瞎子无法欣赏礼服上青黄色花纹的华丽。”意而子说:“无庄忘记自己的美丽,据梁忘记自己的勇力,黄帝忘记自己的智慧,这都是在大道冶炼锻打中而成的。怎么知道造物者不会养护我被黥的皮肤,补回我被割掉的鼻子,使我形体恢复完整而追随先生呢?”

许由说:“唉!这可是不可能知道的。我给你说个大概吧:我的宗师啊!我的宗师啊!调和万物却不是为了道义,把恩泽施于万世却不是出于仁义,长于上古却不算老,覆天载地、雕刻万物的形状却不算技巧,这就是我所逍遥的境界!”

## 九

颜回曰:“回益矣[①]。”仲尼曰:“何谓也?”曰:“回忘仁义矣。”曰:“可矣,犹未也。”

他日复见,曰:“回益矣。”曰:“何谓也?”曰:“回忘礼乐矣!”曰:“可矣,犹未也。”

他日复见,曰:“回益矣!”曰:“何谓也?”曰:“回坐忘矣[②]。”仲尼蹴然曰[③]:“何谓坐忘?”颜回曰:“堕肢体,黜聪明[④],离形去知,同于大通[⑤],此谓坐忘。”仲尼曰:“同则无好也,化则无常也[⑥]。而果其贤乎[⑦]! 丘也请从而后也。”

〔注释〕

①益:增益,指修炼得到提高。 ②坐忘:端坐静心而忘记一切。③蹴(cù)然:惊异不安的样子。 ④黜(chù):废除。 ⑤大通:大道。⑥常:常理,指固执不变。 ⑦而:通“尔”,你。

〔译文〕

颜回说:“我进步了。”孔子说:“你指的是什么?”(颜回)说:“我已经忘掉仁义了。”(孔子)说:“很好,不过还不够。”

过了几天,(颜回)再次拜见孔子,说:“我又进步了。”(孔子)问:“你指的是什么?”(颜回)说:“我忘掉礼乐了。”(孔子)说:“很好,不过还不够。”

过了几天,(颜回)再次拜见孔子,说:“我又进步了。”(孔子)问:“你指的是什么?”(颜回)说:“我坐忘了。”孔子惊奇地问:“什么叫坐忘?”颜回说:“忘记了自己的形体,抛弃了自己的聪明,脱离了形体和智慧的束缚,与大道融通为一,这就是坐忘。”孔子说:“与万物融通于一体就没有偏私了,顺应万物的变化就没有偏执了。你果真成了贤人啊! 我愿意追随在你的身后。”

## 十

子舆与子桑友。而霖雨十日[①],子舆曰:“子桑殆病矣[②]!”裹饭而往食之。至子桑之门,则若歌若哭,鼓琴曰:“父邪? 母邪? 天乎? 人乎?”有不任其声而趋举其诗焉[③]。

子舆入,曰:“子之歌诗,何故若是?”曰:“吾思夫使我至此极者而弗得也。父母岂欲吾贫哉? 天无私覆,地无私载,天地岂私贫我哉? 求其为之者而不得也。然而至此极者[④],命也夫!”

〔注释〕

①霖雨:连绵不断地下雨。 ②病:指饥饿。 ③不任:不堪。 ④极:绝境。

〔译文〕

子舆和子桑是朋友。连绵不断的雨下了十天,子舆说:“子桑恐怕要饿坏了吧。”于是就带着饭食去给他吃。到了子桑的门前,就听见又像唱歌又像哭泣的声音。(子桑)弹着琴唱道:“是父亲呢? 还是母亲呢? 是天呢? 还是人呢?”(他的)声音微弱不堪而诗句急促不清。

子舆进门去，说：“你吟唱的诗句，为什么如此不成调？”子桑说：“我在思索使我如此贫困的人是谁，然而没有答案。父母难道会希望我贫困吗？天没有偏私地覆盖着整个大地，地没有偏私地托载着万物，天地难道会单单让我贫困吗？探寻使我贫困的道理而没有答案。那么使我到达这般绝境的，还是由于天命吧！”

## 应帝王

〔题解〕

《应帝王》主要谈论的是帝王如何治理天下，庄子认为帝王的心神要安于淡漠，形气要合于清静，顺应事物的自然本性而没有偏私，这样天下就能得到治理了。全篇可以分为七个章节来赏析。第一章通过蒲衣子道出了理想中的帝王，应是心胸舒泰，纯真质朴，不被外物所牵累的。第二章借肩吾见与狂接舆的对话，批评了君王凭借个人意志制定法律的行为，并指出圣人治理天下是先端正自己，而后感化他人，任随人们做能够做的事情。第三章通过无名人的回答，表达了对政治权力的厌恶，若要让天下得到治理，必须做到“顺物自然而无容私”。第四章通过阳子居与老聃的对话，讨论了什么是明王之治，应是不张扬外露，顺应万物，自立于虚无的境地。第五章写了神巫季咸给壶子看相的故事，表现了虚己无为和顺应万物，正可以推及政治上，天下可以得到安定。第六章提出了作为一个得道的帝王，应该超脱外物而不被外物所伤害。第七章通过描写浑沌的故事，再次指出帝王治理天下应当以无用为用，以无功为功，进行无为而治。

## 一

啮缺问于王倪[①]，四问而四不知。啮缺因跃而大喜，行以告蒲衣子[②]。蒲衣子曰："而乃今知之乎[③]？有虞氏不及泰氏[④]。有虞氏其犹藏仁以要人[⑤]，亦得人矣，而未始出于非人[⑥]。泰氏其卧徐徐[⑦]，其觉于于[⑧]。一以己为马[⑨]，一以己为牛。其知情信[⑩]，其德甚真，而未始入于非人。"

〔注释〕

①啮缺、王倪：皆为虚拟人物。　②蒲衣子：虚拟人物。　③而：通"尔"，你。　④有虞氏：指舜。泰氏：传说中的上古帝王。　⑤要人：要结人心。　⑥非人：指物，与人相对的外物。　⑦徐徐：舒缓的样子。　⑧于于：安闲的样子。　⑨一：或。　⑩情：实。

〔译文〕

啮缺向王倪请教，问了四次，王倪都回答说不知道。啮缺高兴地跳了起来，把这件事告诉了蒲衣子。蒲衣子说："现在你知道了吧，有虞氏不如泰氏。有虞氏心怀仁义，以此要结人心，虽然也获得了人心，但是还没有超脱出外物的牵累。泰氏睡觉时安闲舒缓，觉醒时悠游自得，任人把自己称作马，或称作牛。他的心智真实无伪，他的德行纯真可信，没有受到外物的牵累。"

## 二

肩吾见狂接舆。狂接舆曰："日中始何以语女[①]？"

肩吾曰:“告我,君人者以己出经式义度②,人孰敢不听而化诸③?”

狂接舆曰:“是欺德也④。其于治天下也,犹涉海凿河,而使蚊负山也。夫圣人之治也,治外乎⑤?正而后行⑥,确乎能其事者而已矣。且鸟高飞以避矰弋之害⑦,鼷鼠深穴乎神丘之下以避熏凿之患⑧,而曾二虫之无知?”

〔注释〕

①日中始:虚拟人物。女:通“汝”,你。 ②君人者:国君。经、式、义、度:都指法度。 ③诸:同“乎”,句尾助词。 ④欺德:虚伪骗人的言行。 ⑤治外:以经式义度绳之于外。 ⑥正而后行:自正而后化行天下。 ⑦矰弋(zēngyì):捕鸟的器具。矰:鸟网。弋:系有丝绳的箭。 ⑧鼷(xī)鼠:小鼠。神丘:社坛。熏凿:指用烟熏洞和用铲挖掘。

〔译文〕

肩吾见到狂接舆,接舆说:“日中始对你都说了些什么?”肩吾说:“他告诉我,做国君的凭借自己的想法来制定法度,人们谁敢不听从而归化呢?”

接舆说:“这是虚伪骗人的做法。他这样治理天下,就好像在大海里开凿河道,让蚊虫背负大山一样。圣人治理天下,难道是用法度绳之于外吗?圣人是先端正自己,而后感化他人,任人各其所能罢了。鸟儿尚且懂得高飞以躲避弓箭的伤害,鼷鼠尚且知道深藏于神坛之下的洞穴,来逃避熏烟和挖掘的祸患,难道人还不如鸟和鼠吗?”

## 三

天根游于殷阳①，至蓼水之上②，适遭无名人而问焉③，曰："请问为天下④。"无名人曰："去！汝鄙人也，何问之不豫也⑤！予方将与造物者为人⑥，厌则又乘夫莽眇之鸟⑦，以出六极之外，而游无何有之乡，以处圹埌之野⑧。汝又何帠以治天下感予之心为⑨？"又复问，无名人曰："汝游心于淡，合气于漠⑩，顺物自然而无容私焉，而天下治矣。"

〔注释〕

①天根：虚拟人物。殷阳：殷山的南面。　②蓼（liǎo）水：虚构的水名。　③无名人：虚拟人物。　④为：治理。　⑤不豫：不悦，不愉快。⑥为人：为友。　⑦莽眇之鸟：指清虚之气。　⑧圹埌（kuànglàng）：空旷辽阔。　⑨何帠（yì）：何故。帠，疑为"臬"字之误，旧注读 yì。　⑩漠：指清静无为的境界。

〔译文〕

天根在殷山游览，来到蓼水河边，正巧遇上无名人，便问道："请问治理天下的方法。"无名人说："走开！你这个鄙陋的人，为什么问这么令人不愉快的问题！我正要和造物者结伴而游，厌烦时就乘坐那像飞鸟一样的清虚之气，飞出天地四方之外，畅游于无何有之乡，歇息于广阔无边的旷野。你又为什么用治理天下的梦话来扰乱我的心呢？"（天根）又再次询问，无名人说："你的心神要安于淡漠，形气要合于清静，顺应事物的自然本性而没有偏私,天下就得到治理了。"

## 四

阳子居见老聃[①],曰:"有人于此,向疾强梁[②],物彻疏明[③],学道不倦。如是者,可比明王乎?"老聃曰:"是于圣人也,胥易技系[④],劳形怵心者也[⑤]。且也虎豹之文来田[⑥],猿狙之便、执斄之狗来藉[⑦]。如是者,可比明王乎?"

阳子居蹴然曰[⑧]:"敢问明王之治。"老聃曰:"明王之治:功盖天下而似不自己,化贷万物而民弗恃[⑨];有莫举名[⑩],使物自喜;立乎不测,而游于无有者也[⑪]。"

〔注释〕

①阳子居:虚拟人物。 ②向疾:像声响一样敏捷。向:通"响"。强梁:强悍果断。 ③物彻:洞彻万物。疏明:疏通明达。 ④胥易技系:胥吏治事为技能所系累。 ⑤怵心:心神不宁。 ⑥文:花纹。来:招来。田:田猎。 ⑦猿狙:猕猴。便:便捷。斄(lí):狐狸。藉:用绳索拘系。 ⑧蹴(cù)然:面色骤变的样子。 ⑨贷:施及。恃:依赖。 ⑩莫:无。举:显示,称说。 ⑪无有:指至虚的境界。

〔译文〕

阳子居拜见老聃,说:"有这样一个人,做事敏捷果敢,透彻明达,学道勤奋不倦。像这样的人,可以和圣明之王相比吗?"老聃说:"这样的人在圣人看来,(不过就像)胥吏治事为技能所系累,劳苦形体担惊受怕罢了。况且像虎豹由于皮有花纹而招来捕猎,猕猴因为敏捷、狗因为会捕物而招致绳索的拘缚。像这样,能够和圣明之王相比吗?"

阳子居脸色突变，惭愧地说："请问圣明之王怎么治理天下呢？"老聃说："圣明之王治理天下，功绩布满天下却又好像与自己无关；教化施及万物而百姓却不觉得有所依赖；有功德却无法去称谓，而让万物欣然自得；（自己）立足于不可测见的地位，生活在至虚无为的境地。"

## 五

郑有神巫曰季咸[①]，知人之死生、存亡、祸福、寿夭，期以岁月旬日[②]，若神。郑人见之，皆弃而走。列子见之而心醉[③]，归，以告壶子[④]，曰："始吾以夫子之道为至矣，则又有至焉者矣。"壶子曰："吾与汝既其文，未既其实。而固得道与[⑤]？众雌而无雄，而又奚卵焉！而以道与世亢[⑥]，必信[⑦]，夫故使人得而相汝[⑧]。尝试与来。以予示之。"

明日，列子与之见壶子。出，而谓列子曰："嘻！子之先生死矣！弗活矣！不以旬数矣[⑨]！吾见怪焉[⑩]，见湿灰焉[⑪]。"列子入，泣涕沾襟以告壶子。壶子曰："乡吾示之以地文[⑫]，萌乎不震不止[⑬]。是殆见吾杜德机也[⑭]。尝又与来。"

明日，又与之见壶子。出，而谓列子曰："幸矣！子之先生遇我也，有瘳矣[⑮]！全然有生矣！吾见其杜权矣[⑯]！"列子入，以告壶子。壶子曰："乡吾示之以天壤[⑰]，名实不入，而机发于踵。是殆见吾善者机也[⑱]。尝又与来。"

明日，又与之见壶子。出，而谓列子曰："子之先生不齐[⑲]，吾无得而相焉。试齐，且复相之。"列子入，以告壶子。壶子曰:“吾乡示之以太冲莫胜[20],是殆见吾衡气机也[21]。鲵桓之审为渊[22],止水之审为渊,流水之审为渊。渊有九名,此处三焉[23]。尝又与来。”

明日,又与之见壶子。立未定,自失而走。壶子曰:“追之!”列子追之不及。反,以报壶子曰:“已灭矣,已失矣,吾弗及已。”壶子曰:“乡吾示之以未始出吾宗[24]。吾与之虚而委蛇[25],不知其谁何,因以为弟靡[26],因以为波流[27],故逃也。”

然后列子自以为未始学而归。三年不出,为其妻爨[28],食豕如食人[29],于事无与亲。雕琢复朴,块然独以其形立。纷而封哉[30],一以是终。

〔注释〕

①神巫:精于巫术和相术的人。 ②期:预测。 ③心醉:指迷恋、折服。 ④壶子:名林,号壶子,郑国人,是列子的老师。 ⑤固:难道。 ⑥道:指列子所学的表面之道。亢:通“抗”,较量。 ⑦信:伸。 ⑧相:观察人的形貌,以占测吉凶祸福。女:通“汝”,你。 ⑨旬:十日。 ⑩怪:怪异的症状。 ⑪湿灰:喻毫无生气。 ⑫乡:通“向”,刚才。地文:指寂静的心境。 ⑬萌乎:茫然。震:动。止:通行本作“正”,据陈碧虚《庄子阙误》引江南古藏本改。 ⑭杜:闭塞。德机:指生机。 ⑮瘳(chōu):疾病痊愈。 ⑯杜权:闭塞的生机出现活动。 ⑰天壤:指天地之间变化生长的气象。 ⑱善者机:指生机。善:生意。 ⑲不齐:指神色变化不定。 ⑳吾乡:应是“乡吾”的误倒。太冲莫胜:太虚之气平和无偏颇,无迹可寻。 ㉑衡气机:生机平和,不可见其端倪。 ㉒鲵(ní):鲸鱼。桓:盘旋。审:借为“沈”,深意。 ㉓三:即三渊,比喻杜德机、善者机、衡气机。 ㉔出:显露。吾宗:我的大道根本。 ㉕委蛇(yí):随顺应付。 ㉖弟靡:茅草随

风摆动，形容一无所靠。　㉗波流：像水波一样逐流。　㉘爨（cuàn）：烧火做饭。　㉙食（sì）豕：喂猪。　㉚封：守。

〔译文〕

郑国有一个神巫名叫季咸，能够预测人的生死存亡和祸福寿夭，所预言的年月日，都准确如神。郑国人见到他，都惊慌地跑开。列子见到他却心醉折服，回来后，便把这件事告诉了壶子，说："原先我以为先生的道术最为高深，现在才知道还有更高深的。"壶子说："我教你的都是外在的东西，还没有教你道的实质，难道你就以为得道了吗？雌鸟如果没有雄鸟，又怎么能生出卵呢？你用表面的道与世人较量，而求取别人的信任，所以被人窥测到你的心思，从而要给你相面。试着把他带来，让他看看我的相。"

第二天，列子与季咸一起来见壶子。（季咸）出来后就对列子说："唉！你的先生快要死了！活不了了！用不了十来天了！我见他形色怪异，就像湿灰一样毫无生机。"列子进去，泪水沾湿了衣裳，把季咸的话告诉了壶子。壶子说："刚才我显示给他看的是心境寂静，茫然无迹，不动不止。他大概是看到我闭塞生机了。试着再请他来看看。"

第二天，列子又跟季咸一起来见壶子。（季咸）出来后对列子说："你的先生幸亏遇上了我，现在可以痊愈了！完全有生机了！我看到他闭塞的生机开始活动了！"列子进去，把季咸的话告诉了壶子。壶子说："刚才我显示给他看的是天地间的一丝生机，名利不加于心，一丝生机从脚跟发至全身。他大概看到了我这线生机。试着再请他来看看。"

第二天，列子又跟季咸一起来见壶子。（季咸）出来后对列子说："你的先生神情恍惚不定，我无法给他看相。等（他）心迹稳定的时候，（我）再来给他看相。"列子进去，把季咸的话告诉了壶子。壶子说："我刚才显示给他看的是无迹可寻的太虚境界。他大概是看到了我生机平和而无偏颇的状况。鲸鱼盘桓的地方叫作深渊，静止的河水聚积的地方叫作深渊，流动的河水滞留的地方叫作深渊。渊有九种，我给他看的只有三种。试着再请他来看看。"

第二天，列子又跟季咸一起来见壶子。（季咸）还没有站定，就惊慌失色地逃跑了。壶子说："追上他！"列子没有追上，回来告诉壶子说："已经没有踪影了，让他跑掉了，我追不上他。"壶子说："刚才我显露给他看的并不是我的根本大道。我和他随顺应变，他捉摸不定，就像草随风披靡，水随波逐流一样，所以就逃跑了。"

之后列子才知道自己并没有学到什么，便回到家中，三年不出门。（他）帮助妻子烧火做饭，喂猪就像伺候人一样，对于一切事物都没有偏私。（他）扬弃浮华，回归质朴和纯真，不知不识的样子。（他）在纷乱的世界中固守着本真，终身如此。

## 六

无为名尸①，无为谋府②，无为事任③，无为知主④。体尽无穷，而游无朕⑤。尽其所受乎天而无见得⑥，亦虚而已！至人之用心若镜，不将不迎⑦，应而不藏，故能胜物而不伤。

〔注释〕

①尸：主。 ②谋府：出谋划策的地方。 ③任：承担。 ④知主：智

慧的汇集者。 ⑤朕：迹象。 ⑥见：通“现”，表露， ⑦将：送。

〔译文〕

不要承受附加的名誉，不要成为聚集智谋的地方，不要承担事物的责任，不要成为智慧的主宰。体悟着无穷的大道，游心于寂静的境遇。尽享自然所赋予的本性而从不表露所得，这就是虚寂无为的心境！至人的用心就像一面镜子，对于外物的来去都不加以迎送，顺应自然而没有隐藏，所以能够超脱外物而又不被物所伤害。

## 七

南海之帝为儵①，北海之帝为忽②，中央之帝为浑沌③。儵与忽时相与遇于浑沌之地，浑沌待之甚善。儵与忽谋报浑沌之德，曰：“人皆有七窍以视听食息④，此独无有，尝试凿之。”日凿一窍，七日而浑沌死。

〔注释〕

①儵（shū）：虚拟人物。含有神速的意思。 ②忽：虚拟人物。同样含有神速的意思。 ③浑沌：虚拟人物。含有纯朴自然的意思，喻无为。亦作“混沌”。 ④七窍：指两眼、两耳、两鼻孔和嘴。

〔译文〕

南海的帝王名叫儵，北海的帝王名叫忽，中央的帝王叫浑沌。儵与忽常常在浑沌的境地里相会，浑沌待他们很好。儵和忽在商量报答浑沌的美意，说：“人人都有七窍，唯独他没有，我们试着替他凿开。”（他们）每天凿出一窍，凿到了第七天浑沌就死了。

# 外　篇

## 骈　拇

〔题解〕

“骈拇”即并生的足趾，虽然是天生的，但却是无用之物。《骈拇》取篇首两字作为篇名，主旨在于阐扬人的行为应当顺应自然本性，反对以仁义等为缘由去残害生命，损伤本性。

全篇分为四个层次：首先，论述仁义对自然本性来说如同并生的足趾和歧生的手指一样，是多余无用的东西，矫饰仁义的行为是滥用聪明。其次，作者认为仁义的行为须合乎人情，若为了追逐仁义而违背事物的自然本性，则会束缚并损害人的自然本性。再次，作者批评自夏、商、周以来，由于人的本性被仁义所扰乱，人们追逐名利，甚至出现不惜舍弃生命，伤害本性的现象。最后，作者认为人们要归于率真任情的自然之道，才能自得其得，自适其适。

### 一

骈拇枝指出乎性哉[①]，而侈于德[②]；附赘县疣出乎形哉[3]，而侈于性；多方乎仁义而用之者[4]，列于五藏哉[5]，而非道德之正也[6]。是故骈于足者，连无用之肉也；枝于手者，树无用之指也；多方骈枝于五藏之情者[7]，淫僻于仁义之行[8]，而多方于聪明之用也。

是故骈于明者，乱五色[9]，淫文章[10]，青黄黼黻之煌煌非乎[11]？而离朱是已。多于聪者，乱五声[12]，淫六律[13]，金石丝竹黄钟大吕之声非乎[14]？而师旷是已。枝于仁者，擢德塞性[15]，以收名声，使天下簧鼓以奉不及之法非乎[16]？而曾史[17]是已。骈于辩者，累瓦结绳窜句[18]，游心于坚白同异之间，而敝跬誉无用之言非乎[19]？而杨墨是已。故此皆多骈旁枝之道，非天下之至正也。

〔注释〕

①骈（pián）拇：指足大拇指与第二指相连合为一指。骈，并联、合并。枝（qí）指：手的大拇指旁边生出一指成为六指。性：自然本性。 ②侈：多、过。 ③附赘县疣（yóu）：附着在身体上的肉瘤之类，为多余之物。附赘，附生于皮肤上的肉瘤。县疣，皮肤上突起的瘊子。 ④多方：多端，多方面。 ⑤五藏：即五脏，指心、肝、脾、肺、肾。 ⑥正：自然、本性。 ⑦有版本说“多方”二字为衍文，联系上下文来看，此说可信，据明焦竑之说应删去“多方”，前后句式相互对应。 ⑧淫僻：过分邪僻。淫，过多，过甚。邪僻，偏离正道。 ⑨五色：指青、黄、赤、白、黑五种颜色。 ⑩淫：惑乱，迷惑。文章：青与赤为文，赤与白为章。指错杂的色彩或花纹。 ⑪黼黻（fǔfú）：泛指礼服上所绣的华美花纹。黼，古代礼服上白黑相间的斧形花纹。黻，古代礼服上绣的黑与青相间的“亞”形花纹。煌煌：光彩炫目。 ⑫五声：指宫、商、角、徵、羽五音。 ⑬六律：即指黄钟、太簇、姑洗、蕤宾、夷则、亡射六阳声。 ⑭金石丝竹：指用这些材料制成的乐器，主要指管

弦乐和打击乐。黄钟大吕:分别为六律六吕的第一声,以代表十二律乐声之全。 ⑮擢(zhuó)德塞性:拔高德行而蔽塞自然本性。擢,拔。 ⑯簧鼓:用乐器奏出乐声。此处比喻用音乐般动人的语言去迷惑人。簧,乐器中用以发声的薄片,用竹、金属或其他材料制成。 ⑰曾史:曾指曾参,字子舆,孔子学生,以孝著称。史指史鳍,字子鱼,卫灵公臣子,以忠义闻名。 ⑱累瓦结绳:比喻没有用的言辞。累瓦,像堆集瓦片一样叠聚无用之词。结绳,上古无文字,结绳以记事。此处指连贯荒诞之言。 ⑲敝跬誉:为一时的名誉而竭尽心力。敝,使疲惫。跬(kuǐ),半步。

〔译文〕

并生的足趾和歧生的手指,是出于自然本性呀!却超过常人的体貌应得的;附生在皮肤上的肉瘤和瘊子,是出自人的形体呀!却超出了人的本性;对仁义多方面扩充应用,并将其与身体本有的肝心脾肺肾比列,却不符合道德本性。所以并生在一起的脚趾,是连接着没有用处的肉;歧生的手指,是长出了不起作用的指头;节外生枝地把仁义与五脏相配合,过分邪僻之行加于仁义,这是多余地滥用聪明。

所以视觉过分明晰的人,迷乱了五色,被错杂的色彩迷惑,这难道不正像彩色礼服上所绣的华美花纹令人目眩吗?离朱就是这样的人。听觉过分灵敏的人,扰乱了五声,惑乱了六律,这难道不正像各种乐器奏出的动人乐声令人混淆吗?师旷就是这样的人。旁生多余仁义的人,拔高德行而蔽塞自然本性,用来博取名声,岂不是使天下人被音乐般动听的语言迷惑,喧闹着去遵奉那些不可能做到的法式?曾参、史鳍就是这样的人。多言诡辩的人,会像累瓦结绳一样堆砌辞藻,穿凿文句,在公孙龙的"离坚白"说和惠施的"合同异"说这两个论题之间驰骛心思,岂不是为一时的名誉而使竭尽心力的无益言论吗?杨朱和墨翟就是这样的人。因此这些都是多余的，旁生歧出的方法，不是天下最中正之道。

## 二

彼至正者，不失其性命之情。故合者不为骈，而枝者不为跂；长者不为有余，短者不为不足。是故凫胫虽短[①]，续之则忧；鹤胫虽长，断之则悲。故性长非所断，性短非所续，无所去忧也。噫！仁义其非人情乎？彼仁人何其多忧也。

且夫骈于拇者，决之则泣；枝于手者，龁之则啼[②]。二者或有余于数，或不足于数，其于忧一也。今世之仁人，蒿目而忧世之患[③]；不仁之人，决性命之情而饕贵富[④]。故意仁义其非人情乎？自三代以下者，天下何其嚣嚣也[⑤]？

且夫待钩绳规矩而正者，是削其性者也；待绳约胶漆而固者，是侵其德者也；屈折礼乐，呴俞仁义[⑥]，以慰天下之心者，此失其常然也。天下有常然。常然者，曲者不以钩，直者不以绳，圆者不以规，方者不以矩，附离不以胶漆，约束不以纆索[⑦]。故天下诱然皆生，而不知其所以生；同焉皆得，而不知其所以得。故古今不二，不可亏也。则仁义又奚连连如胶漆纆索而游乎道德之间为哉[⑧]，使天下惑也！

夫小惑易方，大惑易性。何以知其然邪？自虞氏招仁义以挠天下也[⑨]，天下莫不奔命于仁义，是非以仁义易其性与？故尝试论之，自三代以下者，天下莫不以物易其性矣。小人则以身殉利，士则以身殉名，大夫则以身殉家，圣人则以身殉天下。故此数子者，事业不同，名声异号，其于伤性以身为殉，一也。臧与穀[10]，二人相与牧羊而俱亡其羊。问臧奚事，则挟筴读书[11]；问穀奚事，则博塞以游[12]。二人者，事业不同，其于亡羊均也。伯夷死名于首阳之下，盗跖死利于东陵之上[13]。二人者，所死不同，其于残生伤性均也。奚必伯夷之是而盗跖之非乎！天下尽殉也：彼其所殉仁义也，则俗谓之君子；其所殉货财也，则俗谓之小人。其殉一也，则有君子焉，有小人焉。若其残生损性，则盗跖亦伯夷已，又恶取君子小人于其间哉[14]！

且夫属其性乎仁义者[15]，虽通如曾史，非吾所谓臧也[16]；属其性于五味，虽通如俞儿[17]，非吾所谓臧也；属其性乎五声，虽通如师旷，非吾所谓聪也；属其性乎五色，虽通如离朱，非吾所谓明也。吾所谓臧者，非仁义之谓也，臧于其德而已矣；吾所谓臧者，非所谓仁义之谓也，任其性命之情而已矣[18]；吾所谓聪者，非谓其闻彼也，自闻而已矣；吾所谓明者，非谓其见彼也，自见而已矣。夫不自见而见彼，不自得而得彼者，是得人之得而不自得其得者也，适人之适而不自适其适者也。夫适人之适而不自适其适，虽盗跖与伯夷，是同为淫僻也。余愧乎道德，是以上不敢为仁义之操，而下不敢为淫僻之行也。

〔注释〕

①凫(fú)胫:野鸭的小腿。 ②龁(hé):咬断。 ③蒿(hāo)目:极目远望。蒿,忧烦,忧虑不安。 ④决:溃乱。饕(tāo):极贪婪。 ⑤嚣嚣:喧哗竞逐。 ⑥呴(xǔ)俞:亦作:“呴谕”,化育爱抚。高诱注:“呴谕,温恤也。” ⑦纆(mò)索:绳索。 ⑧奚:何也。连连:连续不断的样子。 ⑨招:取,标。挠:扰乱。 ⑩臧:男仆。縠:小孩。 ⑪筴:通“策”,简册。 ⑫博塞:即六博、格五等博戏。 ⑬盗跖(zhí):春秋战国时期人,姓柳下名跖。相传为古时的大盗,徒卒九千。 ⑭恶(wū):同“乌”,疑问词,哪,何。 ⑮属:系,从属。 ⑯臧:善,完善自我。 ⑰俞(yú)儿:古代善于辨别味道的人。 ⑱性命之情:自然本性之实。

〔译文〕

那些最正常的事物,是不违背它的本性的真实状态。所以合生在一起的不为过,旁生出来的不为多,长的不算多余,短的不为不足。因此野鸭的小腿虽然短,接上一段就会带来忧虑;鹤的腿虽然长,截去一段就会(使人)感到可悲。因此,本性是长的,不去截短它,本性是短的,不去续长它,那么就没有什么让人忧虑的。各任其自然则无忧愁需要去掉。噫!难道仁义不是人的自然本性吗?那些仁人为什么有那样多的忧愁呢?

况且并生的脚趾,截断它就要哭泣;歧生的手指,咬断它便要悲哭。这两种情况,有的是手指多于应有的数目,有的是脚趾不足于应有的数目,不管多余还是不足,都同样感到忧愁。当代的仁义之人,极目远望而忧虑世间的祸患;不仁的人,溃乱遗弃真实本性而贪求利禄,偷窃富贵。所以说仁义不是人性所固有的真情吧?不然从夏、商、周以来,天下人为什么会因它而喧哗竞逐呢?

况且事物若是依靠钩绳规矩后才曲直方圆的，是减损了它的天性；依靠绳索约束、胶漆固着的，是侵犯了事物的本性。曲身折体施行礼乐，吹嘘仁义的合理性，用来慰藉天下人的心，这是违背事物的自然本性。天下事物都各有它的自然本性。所谓自然本性，就是弯曲的不靠钩来矫正，直的不靠绳来测量，圆的不用规，方的不靠矩，黏合在一起不靠胶漆，捆缚起来不用绳索。所以，天下事物都是自然而然生出，却不知因何而生；同样都获得各自本性，又不知怎样得到的。因此古今的道理都是一样的，不能使其亏损，然而仁义又何以连续不断如使用胶漆绳索般遨游在道德之间呢！这使天下人感到迷惑呀！

小的迷惑会使人错乱方向，大的迷惑会使人改变本性。怎么知道是这样呢？自从虞舜标举仁义来扰乱天下人的本性，天下人没有谁不为仁义奔走效命的，这不是用仁义来错乱人的本性吗？因此试作如下议论，从夏、商、周三代以后，天下人没有不用外物来改变本性的，小人舍身以求私利，士人舍身以求名，大夫舍身以保家，圣人舍生以为天下。因此上面提到的这四种人，他们的功业不同，名誉声望的称谓各异，但是为所求舍弃生命而伤害本性这一点上，是一样的。男仆和小孩两个人一同去放羊，但把羊全都弄丢了。问男仆当时在做何事，男仆说拿着竹简在读书；问小孩当时在做何事，小孩说在玩掷骰子的游戏。这两个人所做的事不同，但同样都丢失了羊。伯夷为名声死在首阳山下，盗跖为求私利死在东陵之上，这两个人的死因不同，但同样是残害生命，损伤本性。何必认定伯夷是对而盗跖是错的呢！天下人都在为所追求的舍弃性命：那些舍身求仁义的人，被世俗之人称为君子；舍身求财物的人，被世俗之人称为小人。他们为所求而死是一样的，而有的被称作君子，有的被称作小人；假如就残害生命、损伤本性来看，则盗跖和伯夷是一样的，在他们之间又何以区分君子和小人呢！

况且使本性从属于仁义的人，即使像曾参、史䲡那样精通，却不是我所认为的完善；使本性从属于识别五味上，即使能如俞儿那样精通，却不是我认为的完善；把本性从属于辨析五声上，即使像师旷那样精通，却不是我所认为的听觉聪敏；使本性从属于辨别五色上，即使像离朱那样精通，却不是我所认为的视觉明察。我所说的完善，不是所谓的仁义，而是说自然本性完善罢了。我所说的完善，不是所谓的仁义之称，而是在于率性任情罢了；我所说的听觉敏锐，不是说听到什么，只是任耳之自性去听而已；我所说的视觉明察，不是说看到什么，只是任眼之自性去看而已。不是任其自性去看而要超出本性多看，不是按自性应得去得而要妄得，这是得到了外物而失掉了自性应得之物，使别人安适而不自求安适的了。若是使别人安适而不自求安适，无论是伯夷还是盗跖，都同样是邪僻的行径。我对于自然之道感到惭愧，所以上不敢奉行仁义的节操，而下不敢做邪僻的行径。

# 马　蹄

〔题解〕

《马蹄》篇以马为喻，生动形象地阐明人们要遵从顺性无为的自然本性，反对"圣人"推行仁义礼乐来破坏人的质朴纯真，禁锢人的自由思想。本文首先指出所谓的伯乐识马，不过是让马儿遭受烧、剔、刻、雒等酷刑，强迫马服从人的意志。正如陶匠治埴、木匠治木与为政者治理天下，都是对所治对象自然本性的破坏。接着作者描述在盛德的时代人们率性洒脱的生活场景，人与万物和谐相处，无知无欲，没有君子和小人之分。这样的至德之世也是作者所向往的。最后，作者指出自标榜仁义的圣人出现后，他们以仁义礼仪束缚人性，区分贵贱，天下开始追名逐利，放纵逸乐，真是罪大恶极呀！

马，蹄可以践霜雪，毛可以御风寒，龁草饮水[①]，翘足而陆[②]，此马之真性也。虽有义台、路寝[③]，无所用之。及至伯乐[④]，曰："我善治马。"烧之，剔之[⑤]，刻之[⑥]，雒之[⑦]。连之以羁馽[⑧]，编之以皂栈[⑨]，马之死者十二三矣！饥之渴之，驰之骤之，整之齐之，前有橛饰之患[⑩]，而后有鞭筴之威[⑪]，而马之死者已过半矣！陶者曰："我善治埴[⑫]。圆者中规，方者中矩。"匠人曰："我善治木。曲者中钩，直者应绳。"夫埴木之性，岂欲中规矩钩绳哉！然且世世称之曰："伯乐善治马，而陶匠善治埴木。"此亦治天下者之过也。

吾意善治天下者不然[⑬]。彼民有常性，织而衣，耕而食，是谓同德[⑭]。一而不党[⑮]，命曰天放[⑯]。故至德之世，其行填填[⑰]，其视颠颠[⑱]。当是时也，山无蹊隧，泽无舟梁；万物群生，连属其乡；禽兽成群，草木遂长[⑲]。是故禽兽可系羁而游，乌鹊之巢可攀援而窥。夫至德之世，同与禽兽居，族与万物并[⑳]，恶乎知君子小人哉！同乎无知，其德不离；同乎无欲，是谓素朴[㉑]。素朴而民性得矣。及至圣人，蹩躠为仁[㉒]，踶跂为义[㉓]，而天下始疑矣。澶漫为乐[24],摘僻为礼[25],而天下始分矣。故纯朴不残[26],孰为牺樽[27]?白玉不毁,孰为珪璋[28]?道德不废,安取仁义?性情不离,安用礼乐?五色不乱,孰为文采?五声不乱,孰应六律?夫残朴以为器,工匠之罪也;毁道德以为仁义,圣人之过也。

夫马,陆居则食草饮水,喜则交颈相靡[29],怒则分背相踶[30]。马知已此矣。夫加之以衡扼[31],齐之以月题[32],而马知介倪、闉扼[33]、鸷曼[34]、诡衔、窃辔[35]。故马之知而態至盗者[36],伯乐之罪也。夫赫胥氏之时,民居不知所为,行不知所之,含哺而熙[37],鼓腹而游。民能以此矣。及至圣人,屈折礼乐以匡天下之形,县跂仁义以慰天下之心[38],而民乃始踶跂好知,争归于利,不可止也。此亦圣人之过也。

〔注释〕

①龁(hé):咬,啮。 ②翘:举,扬起。陆:跳跃。 ③义台:古代君主贵族行礼仪的高台。路寝:正寝,为古代君主接见臣下、处理政事的宫室。④伯乐:春秋秦穆公时人,姓孙,名阳,以善相马著称。后来喻指有眼力,善于发现、选拔、使用出色人才者。 ⑤剔(tī):剪削。 ⑥刻:凿削马蹄。 ⑦雒(luò):印烙。 ⑧羁馽(zhí):马络头和绊马索。 ⑨皂栈:马厩。皂,食槽。栈,马脚下防湿的木板。 ⑩橛(jué)饰:以宝物饰于马衔两端。橛,衔。饰,马镳上的装饰物。 ⑪鞭筴:马鞭。带皮条的称鞭,无皮条的称筴。 ⑫埴(zhí):细密的黄色黏土。 ⑬意:认为。不然:不如此,不是这样。 ⑭同德:共同的自然本性。 ⑮党:偏私。 ⑯命:叫作。天放:放任自然。 ⑰填填:稳重端庄的样子。 ⑱颠颠:目光专注不游移,表现质朴而无心机的神态。 ⑲遂长:成长,生长。遂,成也。

⑳族：聚集，集合。 ㉑素朴：质朴无华。素，生丝。朴，原始木材。 ㉒蹩躠（biéxiè）：行走困难的样子。引申为勉强用心力的样子。 ㉓踶跂（zhìqǐ）：用尽心力，勉力行之的样子。 ㉔澶（dàn）漫：放纵地逸乐。 ㉕摘僻：拳曲手足，烦屑拘泥的样子。 ㉖纯朴：未经砍雕的原木。 ㉗牺樽：古代酒器。作牺牛形，背上开孔以盛酒。或说于樽腹刻画牛形。 ㉘珪璋：玉制的礼器。古代用于朝聘、祭祀。上锐下方为珪，形似半珪者为璋。 ㉙交颈：颈与颈相互依摩。多为雌雄动物之间的一种亲昵表示。相靡：互相摩擦，表示亲昵。 ㉚踶（dì）：通“踢”，用后脚跟踢。 ㉛衡扼：车辕前的横木和架在马颈上用以拉车的曲木。扼，通“轭”，驾车时套在牲畜脖子上的曲木。 ㉜月题：马额上的佩饰。形状如月。 ㉝闉（yīn）扼：马曲颈企图从轭下逃脱。 ㉞鸷曼：抵突。形容马性猛戾不驯，想要狂突以去其羁勒。 ㉟辔：指套在骡马等头上的笼头。用来系缰绳，有的并挂嚼子。 ㊱態（tài）：此处借作“能”，能够。 ㊲哺：口中所含食物。熙：嬉戏。 ㊳县跂：悬挂于高处而令人仰慕。

〔译文〕

马的四蹄可以践踏霜雪，皮毛可以抵御风寒，饥饿时咬嚼青草，口渴时喝水，举足跳跃，这就是马的真性。即使有高台正殿，对马来说毫无用处。等到伯乐的出现，他说：“我善于管理马。”于是烧炙马身，修剪鬃毛，凿削蹄甲，火烙马身做标记。用马络头和绊马索把马拴连起来，按编次顺序送进马厩，这样，马便死去十分之二三了！随后又使马忍受饥饿和干渴，让它们快速驱驰，急速奔跑，让它们步伐整齐，行动划一，前有口衔饰物的祸患，后有马鞭抽打的威胁，这样一来，马就死掉大半了！陶工说：“我善于烧制陶器，整治细密的黏土。使圆形的合乎圆规的标准，方形的合乎矩尺的规范。”木工说：“我善于制作木器，可使弯曲的木器合乎曲尺的弯度，直的合乎墨绳的直度。”黏土与木料的本性难道要与圆规、矩尺、曲尺、墨绳这些外在标准相合吗？然而世世代代的人们都在称道：“伯乐善于管理马，陶工、木工善于制作黏土和木料。”这也是治理天下的人所犯的过错啊。

我认为善于治理天下的人不是这样。那些民众有自然的天性，纺织衣服来穿，耕种粮食来吃，这是他们共同的本能。浑然一体而不偏私，这就叫作自然放任。所以在盛德的时代，人们的行为稳重，目光专注。在那个时代，山中没有小径和隧道，湖泽上没有舟船和桥梁；宇宙间的一切事物共同生活，居住的地方相互连接，没有分界；飞禽走兽成群结队，花草树木繁茂生长。因此，人可以牵引禽兽到处漫游，也可爬到树上窥望乌鹊的窝巢。在那盛德的时代，人和鸟兽居住在一起，和万物相聚并存。何从区分君子和小人呢！人人都不用智巧，本性就不会离失；人人都没贪欲，所以都质朴无华；纯真朴实便能保持人的本性。等到圣人出现，用尽心力地推行仁义，天下从此开始产生种种疑惑。放纵无节制地制作乐，烦屑拘泥地追求礼仪条文，天下由此开始产生尊卑贵贱的区分。所以，未经砍雕的原木不被破坏，怎么会有牺尊之类酒器？洁白的璞玉不被毁坏，怎么会有珪璋之类的玉器？大道不被废弛，哪里会有仁义？自然本性不被离弃，哪里会用礼乐？五色不被搅乱，怎能有艳丽而错杂的色彩？五声不被错乱，怎能符合六律？毁坏原木制作器具，是工匠的罪过；毁坏道德推行仁义，是圣人的过错。

马生活在陆地上，饿了吃草，渴了饮水，高兴时脖颈相靠，互相摩擦，发怒时背对背互相踢打。马所晓得的仅限于此。等到给它加上车横和颈扼，用月形配饰装饰马额，于是马就懂得折毁车輗、曲颈脱軏、狂突不羁、奸诈吐掉口勒，偷偷挣脱缰绳。所以使马的智力像盗贼一样诡诈，这是伯乐的罪过。在上古帝王赫胥氏时代，人们安居而不知道做什么，游行而不知道去哪里，和婴儿一样口中含着食物嬉戏，和童子一样吃饱肚子去游玩。人们能做的仅限于此。等到圣人出现，使人屈身折体行礼乐，用来匡正天下人的形体，高悬仁义令人仰慕，用来慰藉天下人的心灵，从而人们开始用尽心力于崇尚智力，争夺功利，而不能制止。这也是圣人的过错啊。

# 胠箧

〔题解〕

本篇的宗旨是发挥"绝圣弃知"的政治理想，作者向往的是盛德时代"小国寡民"的原始社会。全篇分为三个部分，首先，作者指出人们为防盗而捆紧口袋、锁牢箱柜，但盗贼们却连箱带柜全都偷走，防盗的手段竟然为盗贼作案提供了方便。作者进而提出圣智之法不足以防患纷乱，反而成为大盗的凭借，用以装饰门面，欺世盗名，以"田成子盗齐国"却身安无事为例证。作者以四位贤人遭杀戮的现象进一步指出圣人之法实在是弊多利少，应当舍弃。其次，作者认为"圣人不死，大盗不止"，我们要摈弃一切聪明智巧，大盗小贼才能消失，百姓才能淳朴和谐，并提出"大巧如拙"的观点。最后，作者批判当时因崇尚智巧而使百姓眩惑、狡黠，天下纷乱不已，万物失去本性的现象。雄辩滔滔，引人深思。

## 一

将为胠箧[①]、探囊、发匮之盗而为守备[②]，则必摄缄縢[3]，固扃鐍[4]，此世俗之所谓知也。然而巨盗至，则负匮、揭箧、担囊而趋[5]，唯恐缄縢扃鐍之不固也。然则乡之所谓知者[6]，不乃为大盗积者也？

故尝试论之：世俗之所谓知者，有不为大盗积者乎？所谓圣者，有不为大盗守者乎？何以知其然邪？昔者齐国，邻邑相望，鸡狗之音相闻，罔罟之所布[7]，耒耨之所刺[8]，方二千余里。阖四竟之内[9]，所以立宗庙社稷，治邑屋州闾乡曲者[10]，曷尝不法圣人哉？然而田成子一旦杀齐君而盗其国[11]。所盗者，岂独其国邪？并与其圣知之法而盗之。故田成子有乎盗贼之名，而身处尧舜之安，小国不敢非，大国不敢诛，十二世有齐国。则是不乃窃齐国并与其圣知之法以守其盗贼之身乎？

尝试论之：世俗之所谓至知者，有不为大盗积者乎？所谓至圣者，有不为大盗守者乎？何以知其然邪？昔者龙逢斩[12]，比干剖[13]，苌弘胣[14]，子胥靡[15]。故四子之贤，而身不免乎戮。故跖之徒问于跖曰："盗亦有道乎？"跖曰："何适而无有道邪？夫妄意室中之藏[16]，圣也；入先，勇也；出后，义也；知可否，知也；分均，仁也。五者不备，而能成大盗者，天下未之有也。"由是观之，善人不得圣人之道不立，跖不得圣人之道不行；天下之善人少而不善人多，则圣人之利天下也少而害天下也多。故曰：唇竭则齿寒[17]，鲁酒薄而邯郸围[18]，圣人生而大盗起。掊击圣人[19]，纵舍盗贼[20]，而天下始治矣。

〔注释〕

①胠箧(qūqiè):从侧面把小箱子打开。胠,从旁打开。箧,小箱子。②发匮(kuì):打开柜子。匮,同“柜”。 ③缄縢(jiānténg):绳索。④扃鐍(jiōngjué):门闩锁钥之类。扃,关钮。鐍,锁钥。 ⑤趋:快步疾走。 ⑥乡:从前。 ⑦罔罟(wǎnggǔ):指渔猎的网具。罔,同“网”,用绳线等结成的捕鱼捉鸟的器具。罟,渔网。 ⑧耒耨(lěinòu):犁与锄。亦泛指农具。 ⑨阖:全部、整个。竟:通“境”,边境、疆界。 ⑩邑屋州闾乡曲:古代不同的行政区划单位。 ⑪田成子:也称田常、陈恒,齐国大夫,“成”是其谥号。鲁哀公十四年杀齐简公,盗取齐国。 ⑫龙逢:即关龙逢,夏桀的贤臣,因直谏被桀所杀。后用为忠臣之代称。 ⑬比干:殷纣王的叔父,官少师。因屡次劝谏纣王,被剖心而死。 ⑭苌弘:春秋末周灵王的贤臣。胣(chǐ):裂腹刳肠。 ⑮子胥:春秋楚大夫伍员的字。伍子胥因向吴王夫差力谏停止攻齐,拒绝越国求和,而渐被疏远。后夫差赐剑命自杀,死后抛尸江中,任其自行糜烂。靡:通“糜”,糜烂。 ⑯妄意:臆测。 ⑰竭:通“揭”,举。或意为亡,失去。二者皆可。 ⑱鲁酒薄而邯郸围:有两种说法:其一,楚宣王会合诸侯,鲁恭公后到,而所献的酒也淡薄。楚宣王就不高兴,想侮辱他,鲁恭公说:“我是周公的后代,行天子的礼乐,现在我送酒已经失礼了,还要怪我的酒不好,这不是太过分了吗?”于是不告而别。楚宣王很生气,遂出兵攻打鲁国。以前,梁惠王一直想攻打赵国,但又怕楚国援助而迟迟不敢出兵,现在正逢楚国和鲁国相争,梁惠王就乘机围攻赵城邯郸。其二,楚国会同诸侯,鲁国和赵国都献酒给楚王。鲁国的酒淡薄而赵国的酒浓。楚国管酒的人向赵国讨酒,赵国不给他,于是管酒的人就把赵国的好酒和鲁国的薄酒相调换,楚王因赵国的酒淡薄,就围攻邯郸。此事说明事物之间的因果关系。 ⑲掊(pǒu)击:打击,抨击。 ⑳纵舍:释放。

〔译文〕

要防备开箱子、掏口袋、翻柜子的盗贼,就必须用绳索扎紧口袋和箱柜，并用锁钥加以固定，这是世俗所说的明智之举。但是大盗一来，便背起柜子、提起箱子、挑起口袋而迅速逃走，唯恐捆扎关锁不够牢固。那么从前所说的明智者，不正是为大盗积聚财物吗？

所以尝试着对此加以论述：世俗所说的智者，有不为大盗积聚财物的吗？所说的圣人，有不为大盗守护财物的吗？如何知道是这样的呢？从前的齐国与附近的城邑互相看得见，鸡鸣狗叫的声音能互相听见，渔猎的网具遍及之处，犁与锄耕种之地，方圆有两千多里。四方疆界之内，凡是建立宗庙社稷，治理大小不同的行政区域，何尝不是效法圣人呢？可是田成子一旦杀掉齐君，就窃取了齐国。所窃取的仅仅是这个国家吗？连同治理国家的圣智之法也一并窃取了。所以，田成子虽有盗贼的名声，但他的处境却能像尧舜一样安稳，小国不敢非议他，大国不敢诛伐他，十二代享有齐国。这不就是窃取齐国，连同它的圣智之法一并窃取，用来守护他那盗贼之身吗？

我们再次尝试做申论：世俗所说的最明智之人，有不替大盗积累财物的吗？所说的最圣明之人，有不为大盗守护财物的吗？怎么知道是这样呢？从前关龙逢被斩杀，比干被剖心，苌弘被裂腹刳肠，伍子胥遭杀后尸体在江中糜烂。像这样的四位贤人，都免不了身遭杀戮。因此盗跖的门徒问他："做盗贼也有道吗？"盗跖回答说："哪里会没有道呢？能臆测到屋子里所藏的财物便是圣明；能率先进屋的便是勇敢；能最后出来的便是义气；能预知计划可行与否便是智慧；能分赃均匀便是仁德。不具备这五种条件，而能成为大盗的，天下没有这样的事。"由此看来，善人如果不懂得圣人之道就不能立身，盗跖不懂得圣人之道就不能横行；天下的善人少而恶人多，那么圣人有利于天下的地方少,而有害天下的地方多。所以说嘴唇张开,牙齿就感到寒冷;鲁国酒味淡薄,邯郸就被围困;圣人出现,大盗随之而起。打倒圣人,释放盗贼,天下便能获得太平。

## 二

夫川竭而谷虚,丘夷而渊实[①]。圣人已死,则大盗不起,天下平而无故矣!圣人不死,大盗不止。虽重圣人而治天下,则是重利盗跖也。为之斗斛以量之[②],则并与斗斛而窃之;为之权衡以称之[③],则并与权衡而窃之;为之符玺以信之[④],则并与符玺而窃之;为之仁义以矫之,则并与仁义而窃之。何以知其然邪?彼窃钩者诛[⑤],窃国者为诸侯,诸侯之门而仁义存焉。则是非窃仁义圣知邪?故逐于大盗,揭诸侯,窃仁义并斗斛权衡符玺之利者,虽有轩冕之赏弗能劝[⑥],斧钺之威弗能禁。此重利盗跖而使不可禁者,是乃圣人之过也。

故曰:“鱼不可脱于渊,国之利器不可以示人[⑦]。”彼圣人者,天下之利器也,非所以明天下也。故绝圣弃知,大盗乃止;擿玉毁珠[⑧],小盗不起;焚符破玺,而民朴鄙[⑨];掊斗折衡,而民不争;殚残天下之圣法[⑩],而民始可与论议;擢乱六律[⑪],铄绝竽瑟[⑫],塞瞽旷之耳,而天下始人含其聪矣[⑬];灭文章,散五采,胶离朱之目,而天下始人含其明矣;毁绝钩绳而弃规矩,攦工倕之指[⑭],而天下始人有其巧矣。故曰:“大巧若拙。”削曾、史之行,钳杨、墨之口[⑮],攘弃仁义,而天下之德始玄同矣。彼人含其明，则天下不铄矣；人含其聪，则天下不累矣[16]；人含其知，则天下不惑矣；人含其德，则天下不僻矣[17]。彼曾、史、杨、墨、师旷、工倕、离朱，皆外立其德而爚乱天下者也[18]，法之所无用也。

子独不知至德之世乎？昔者容成氏、大庭氏、伯皇氏、中央氏、栗陆氏、骊畜氏、轩辕氏、赫胥氏、尊卢氏、祝融氏、伏牺氏、神农氏[19]，当是时也，民结绳而用之，甘其食，美其服，乐其俗，安其居，邻国相望，鸡狗之音相闻，民至老死而不相往来。若此之时，则至治已。今遂至使民延颈举踵[20]，曰"某所有贤者"，赢粮而趣之[21]，则内弃其亲而外去其主之事，足迹接乎诸侯之境，车轨结乎千里之外，则是上好知之过也。

上诚好知而无道，则天下大乱矣。何以知其然邪？夫弓弩、毕弋、机变之知多[22]，则鸟乱于上矣；钩饵、罔罟、罾笱之知多[23]，则鱼乱于水矣；削格、罗落、罝罘之知多[24]，则兽乱于泽矣；知诈渐毒、颉滑坚白[25]、解垢同异之变多[26]，则俗惑于辩矣。故天下每每大乱[27]，罪在于好知。故天下皆知求其所不知，而莫知求其所已知者；皆知非其所不善，而莫知非其所已善者，是以大乱。故上悖日月之明[28]，下烁山川之精，中堕四时之施[29]，惴耎之虫[30]，肖翘之物[31]，莫不失其性。甚矣，夫好知之乱天下也！自三代以下者是已。舍夫种种之民而悦夫役役之佞[32]，释夫恬淡无为而悦夫哼哼之意[33]，哼哼已乱天下矣。

## 〔注释〕

①夷：平　②斗斛（hú）：斗与斛是两种量器。十斗曰斛。　③权衡：称量物体轻重的器具。权，秤锤。衡，秤杆。　④符玺：印信。象征国家最高权力。　⑤钩：腰带环，比喻不值钱的小物件。　⑥轩冕：古时大夫以上官员的车乘和冕服。　⑦国之利器：指圣人所制定的治理天下的法则。　⑧擿（zhì）：通“掷”，投掷。　⑨朴鄙：质朴鄙野。有时用为谦辞。⑩殚残：全部毁弃。　⑪擢（zhuó）乱：搅乱。　⑫铄绝：烧毁。铄，通“烁”。　⑬含：有。　⑭攦（lì）：折断。　⑮钳：封闭。　⑯累：忧患。⑰僻：邪僻。　⑱爚（yuè）乱：熏灼而烧乱。　⑲“容成氏”至“神农氏”：此十二氏皆为传说中的帝王。　⑳遂：竟然。延颈举踵：伸长头颈，踮起脚跟。形容仰慕或企望之切。　㉑赢：裹。趣：通“趋”，奔赴。　㉒毕弋：泛指打猎活动。毕，捕兽网。弋，为射鸟所用的系绳之箭。　㉓罾笱（zēnggǒu）：泛指渔具。罾，一种用木棍或竹竿做支架的渔网。笱，竹制的捕鱼器具，口大窄颈，腹大而长，鱼能入而不能出。　㉔削格：装有机关的捕兽木笼。罗落：截捕禽兽的用具。罝罘（jūfú）：捕兽网。　㉕渐毒：欺诈。颉滑：错乱，混淆。滑，通“汩”，乱。　㉖解垢：诡诈之辞。　㉗每每：昏乱的样子。每，通“昧”。　㉘悖（bèi）：掩蔽。　㉙堕：毁坏。　㉚惴耎（zhuìruǎn）：虫蠕动的样子。㉛肖翘：细小能飞的生物。　㉜种种：淳厚朴实的样子。役役：狡黠的样子。　㉝释：废弃。哼哼：恳切教导。哼，通“谆”。

## 〔译文〕

河流干涸，溪谷就变得空虚；山丘夷平，深渊便被填实。圣人死去，大盗就不再兴起，天下也就太平无事了！圣人不死，大盗就不会止息。虽然倚重圣人来治理天下，却是使盗跖一类大盗获得重利。人们制造出斗斛用来计量物品的多少，盗贼却连斗斛一起偷走；人们制造出秤来称量物品的轻重，盗贼就连秤也一起偷走；人们制造出印章来取信于人，盗贼就连印章也一起偷走；人们提倡仁义等规范来矫正世俗，盗贼就连仁义也一起偷走。怎么知道是这样的呢？那些偷窃腰带环的人遭到诛杀，而盗窃国家的人却成了诸侯，诸侯的家里就有仁义存在。这不就是连仁义圣智也一起盗窃了吗？所以那些追随大盗、高居诸侯之位、窃取仁义、斗斛、秤、符印而谋求利益的人，即使用高官显爵的赏赐也不能劝止他们，用砍头重刑来威慑也不能禁止他们。这样大大有利于盗跖而无法禁止，这正是圣人的过错啊。

所以说："鱼儿不可以脱离深渊，治理国家的利器不能昭示给外人。"那些圣人，就是治理天下的利器，是不能明示给天下人的。因此，彻底摒弃一切聪明智巧，大盗就可休止；丢弃玉器、毁坏珠宝，小盗才不再兴起；焚烧符信、打碎印章，百姓便质朴纯真；打破斗斛、毁折秤杆，百姓就没有争斗；尽数毁弃天下的圣人之法，百姓才可以参与议论；搅乱六律，烧毁竽瑟，堵塞师旷的耳朵，天下人才能保全灵敏的听觉；消除彩色花纹，离散五色，黏合离朱的眼睛，天下人才能保全清楚的视觉；毁绝钩弧和墨线，摒弃圆规和角尺，折断工倕的手指，天下人才能保全高超的技巧。所以说："最大的智巧给人的感觉像是很笨拙一样。"灭除曾参、史鳝的行为，封住杨朱、墨翟的口舌，摒弃仁义，那天下人的德行才能达到浑然一体的境界；若人人都能保有清楚的视觉，天下就不会消损；人人都保有聪敏的听觉，天下就没有忧患；人们都能保全高超的智巧，天下就不会出现迷惑；人人都能保有原本的德行，天下就不会出现邪僻。像曾参、史鳝、杨朱、墨翟、师旷、工倕、离朱这些人，都是向外炫耀自己的德行，用来扰乱天下人心，这些都是圣智之法所不取的。

难道你不知道盛德的时代吗？从前有古帝王容成氏、大庭氏、伯皇氏、中央氏、栗陆氏、骊畜氏、轩辕氏、赫胥氏、尊卢氏、祝融氏、伏牺氏、神农氏，在那个时代，人们结绳来记事，人们满足于自己食物的香甜，满足于自己服装的美丽，满足于自己民风民俗的快乐，满足于自己居所的安适，邻国之间相互看得见，鸡鸣狗叫的声音相互听得见，人们从生到死互相不往来。像那样的时代，就是治理得最好的太平盛世。现在竟然使人们伸长脖子、踮起脚跟地期盼，说“某地方有贤人”，于是带足食粮，奔往贤人所在之处，结果弄得对内抛弃了双亲，对外舍弃了自己所主管的事务，他们的足迹踏遍诸侯国土，车子的辙印交错于千里之外，这都是君主崇尚智巧的过错。

君主诚心喜好智巧而抛弃大道，天下就要大乱了。怎么知道是这样的呢？弓箭、罗网、机关之类的智巧多了，空中的飞鸟就要被扰乱；钓饵、渔网、渔篓之类的智巧多了，水中的鱼类就要被扰乱；捕鸟捕兽的各类网具的智巧多了，草泽中的野兽就要被扰乱；运用智谋欺诈、混淆坚白之辩，诡辩同异之论，这些智巧变多了，世俗之人就会被诡辩所迷惑。所以，天下昏昏大乱，罪过便在于喜好智巧。天下人都知道追求他所不知道的，却不懂得去探索他已经知道的；都知道非议他认为不好的事情，却不知道责备他认为好的事情，因此天下就大乱了。所以上则掩蔽日月的光辉，下则销毁山川的精华，中则毁坏四季的运行；蠕动爬行的小虫，飞在空中的小虫，没有不丧失本性的。喜好智巧而扰乱天下竟然到了这般地步！自从夏、商、周三代以后都是如此。舍弃淳厚朴实的人们而喜好狡黠且忙碌不休的佞民，废弃恬淡无为的风俗而喜好多言不倦的说教，喋喋不休的说教已经扰乱天下了。

# 在　宥（节选）

〔题解〕

《在宥》篇的主旨是反对用任何人为的约束和限制来治理天下，主张从人的本性出发，任性无为、顺其自然。本篇的主要章节：第一节，提出总纲领"闻在宥天下，不闻治天下"，并批评尧、桀治天下，使人不安宁或不愉悦，违背了人的常德；指责自三代以来，以赏罚等外在的制度扰乱天下的行为。第二节，通过崔瞿和老聃的对话，指出黄帝用仁义扰乱人心，尧、舜为规范法度煞费苦心，这些"有为"都无法治理好天下。并反观当下，随着刑罚、礼教的产生，天下日益衰落，人的自然本性散乱。从而提出不要扰乱人心，绝圣弃知才能获得大治。第三节，借黄帝和广成子对话的寓言来探讨至道的精髓在于治身。第四节，通过云将和鸿蒙的故事，讲述了只有"心养"即修养心境，才能神合万物，与自然元气融为一体，万物方可自生自化。第五节，作者指出，拥有国土的诸侯，若以统治国家为手段来谋取个人私利，终将会丧失国家。应不被外物所役使，才能达到至贵。今择取本篇的主体部分予以介绍。

一

闻在宥天下[①]，不闻治天下也。在之也者，恐天下之淫其性也[②]；宥之也者，恐天下之迁其德也[③]。天下不淫其性，不迁其德，有治天下者哉？昔尧之治天下也，使天下欣欣焉人乐其性[4]，是不恬也[5]；桀之治天下也，使天下瘁瘁焉人苦其性[6]，是不愉也。夫不恬不愉，非德也；非德也而可长久者，天下无之。

人大喜邪，毗于阳[7]；大怒邪，毗于阴。阴阳并毗，四时不至，寒暑之和不成，其反伤人之形乎！使人喜怒失位[8]，居处无常[9]，思虑不自得，中道不成章[10]。于是乎天下始乔诘卓鸷[11]，而后有盗跖、曾、史之行。故举天下以赏其善者不足，举天下以罚其恶者不给[12]。故天下之大不足以赏罚。自三代以下者，匈匈焉终以赏罚为事[13]，彼何暇安其性命之情哉！

而且说明邪[14]，是淫于色也[15]；说聪邪，是淫于声也；说仁邪，是乱于德也；说义邪，是悖于理也[16]；说礼邪，是相于技也[17]；说乐邪，是相于淫也；说圣邪，是相于艺也；说知邪，是相于疵也[18]。天下将安其性命之情，之八者，存可也，亡可也；天下将不安其性命之情，之八者，乃始脔卷𤡪囊而乱天下也[19]。而天下乃始尊之惜之，甚矣，天下之惑也！岂直过也而去之邪！乃齐戒以言之[20]，跪坐以进之，鼓歌以儛之[21]，吾若是何哉！

故君子不得已而临莅天下[22]，莫若无为。无为也，而后安其性命之情。故贵以身于为天下，则可以托天下；爱以身于为天下，则可以寄天下。故君子苟能无解其五藏[23]，无擢其聪明[24]，尸居而龙见[25]，渊默而雷声[26]，神动而天随，从容无为而万物炊累焉[27]。吾又何暇治天下哉！

〔注释〕

①在宥:任物自在,无为而化。多用以赞美帝王的“仁政”“德化”。在,悠游自在。宥,宽容自得。 ②淫:扰乱。 ③迁:改变。 ④欣欣焉:欣喜欢乐的样子。 ⑤恬:安静。 ⑥瘁瘁(cuì)焉:忧愁的样子。 ⑦毗(pí):损坏。 ⑧失位:没有处于自己应处的位次。 ⑨居处:指平日的仪容举止。 ⑩中道:半途、中途。 ⑪乔诘:诈伪诘责。乔,诈伪。诘,责问。卓鸷:行为乖戾独特。 ⑫给(jǐ):充足。 ⑬匈匈焉:喧哗吵嚷的样子。 ⑭说(yuè):通“悦”,喜好。 ⑮淫:惑乱。 ⑯悖:违背。 ⑰相:助长。 ⑱疵:吹毛求疵的毛病。 ⑲脔(luán)卷:屈曲不舒服的样子。狯(cāng)囊:匆忙纷乱的样子。 ⑳齐(zhāi)戒:古人在祭祀或举行典礼之前,常沐浴更衣,戒绝嗜欲,使身心洁净,以示虔敬。齐,通“斋”。 ㉑僻(wǔ):通“舞”。用歌舞来表达爱惜之意。 ㉒临莅(lì):指皇帝即位理政。 ㉓解:消除。藏:通“脏”。 ㉔擢(zhuó):拔高,显耀。 ㉕尸居:像死尸一样不动,形容安居而无为。 ㉖渊默:深沉静默。 ㉗炊累:形容游尘浮动升腾。炊,通“吹”。

〔译文〕

只听说使天下人安然自在,没听说要对天下人加以治理。所谓悠游自在,唯恐天下扰乱他的本性;所谓宽宥自得,唯恐天下改变他的常德。如果天下人不扰乱本性,不改变常德,又哪里需要管治天下的人呢?从前尧治理天下,使天下人喜乐,各乐其本性,这是使本性不得安宁;从前桀治理天下,使天下人忧愁,各苦其本性,这是使本性不得愉悦。不论是使本性不安宁或不愉悦,都是违背了常德;违背常德还可以维持长久的,天下没有这种事。

人过度高兴,就会损坏阳气;过度愤怒,就会损伤阴气。阴气和阳气都被损伤，四时便不能按序而至，寒暑不能调和而成，岂不是反过来伤害人的身体吗？使人喜怒失常，仪容举止变化不定，思虑不能自得于本性，行事中途缺乏条理。于是天下人开始狡黠乖戾，而后产生盗跖、曾参、史鳍那样的行为。因此用尽天下之力用于奖赏也不足以劝善，用尽天下之力用于惩罚也不足以止恶。所以天下再大也不能够施行奖赏惩罚的事。自夏商周三代以来，人们喧哗不宁，始终以受赏免罚为能事，他们哪里还有闲暇来安定自己的自然本性呢！

而且，喜好目明，却是会迷乱于颜色；喜好耳聪，却是会迷乱于声音；喜好仁，却是会扰乱德行；喜好义，却是会违背常理；喜好礼，却是助长了技巧；喜好乐章，却是助长了淫乱之声；喜好圣者，却是助长了技艺；喜好智慧，却是助长了吹毛求疵。如果天下人想要安于自然本性，这八个方面，可以保存，也可以失去；如果天下人不想安于自然本性，这八个方面，就会使人拘束纠结，匆忙多事而扰乱天下。可是天下人反而开始尊崇、爱惜它们，天下人的迷惑达到这般地步！对于这八条，他们岂止是经历过之后就抛弃啊！竟然还要斋戒来谈论它，毕恭毕敬地传授它，载歌载舞地赞颂它，对此我是无可奈何了！

所以君子如果不得已要即位理政，治理天下，最好是顺任自然、无为而治。任性无为，然后才能安定本性。因此以尊重生命的态度为天下的人，就可以把天下托付给他；以珍爱生命的态度去为天下，才可以把天下寄托给他。因此如果君子能够不消除五脏本性，不显耀聪明，安居无为却神采奕奕，深沉静默却蕴含巨响，精神活动都合乎自然，从容无为而万物如空中游尘浮动升腾，自作自息。我又哪里需要治理天下呢！

# 二

崔瞿问于老聃曰①:“不治天下,安藏人心②?”老聃曰:“女慎,无撄人心③。人心排下而进上,上下囚杀④,淖约柔乎刚强⑤,廉刿雕琢⑥,其热焦火,其寒凝冰,其疾俯仰之间而再抚四海之外。其居也,渊而静;其动也,县而天⑦。偾骄而不可系者⑧,其唯人心乎!昔者黄帝始以仁义撄人之心,尧、舜于是乎股无胈,胫无毛⑨,以养天下之形,愁其五藏以为仁义,矜其血气以规法度⑩。然犹有不胜也。尧于是放讙兜于崇山⑪,投三苗于三峗⑫,流共工于幽都⑬,此不胜天下也。夫施及三王而天下大骇矣⑭。下有桀、跖,上有曾、史,而儒、墨毕起。于是乎喜怒相疑,愚知相欺,善否相非⑮,诞信相讥,而天下衰矣;大德不同,而性命烂漫矣⑯;天下好知,而百姓求竭矣。于是乎釿锯制焉⑰,绳墨杀焉⑱,椎凿决焉⑲。天下脊脊大乱⑳,罪在撄人心。故贤者伏处大山嵁岩之下㉑,而万乘之君忧栗乎庙堂之上。今世殊死者相枕也㉒,桁杨者相推也㉓,形戮者相望也,而儒、墨乃始离跂攘臂乎桎梏之间㉔。意,甚矣哉!其无愧而不知耻也甚矣!吾未知圣知之不为桁杨椄槢也㉕,仁义之不为桎梏凿枘也㉖,焉知曾、史之不为桀、跖嚆矢也㉗!故曰:绝圣弃知,而天下大治㉘。”

〔**注释**〕

①崔瞿:虚拟人物。 ②藏:“臧”字之误,善。 ③女:通“汝”,你。

撄：扰乱。 ④囚杀：如同拘囚般被牵制困扰。 ⑤淖约：物性柔弱。淖，通“绰”。 ⑥廉刿(guì)：尖利，指锐利之物。廉，棱角。刿，锋利。 ⑦县：通“悬”，悬腾。 ⑧偾(fèn)骄：偾发骄矜，不可禁之势。 ⑨胈(bá)：人腿上的毛，这里指大腿上的肉。胫(jìng)：小腿，从膝盖到脚跟的一段。 ⑩矜：苦，劳困。 ⑪讙(huān)兜：人名，尧时佞臣。崇山：在今湖南大庸县境。 ⑫三苗：古国名。今江州、鄂州、岳州，三苗之地。三峗(wēi)：古代西部山名，在今甘肃敦煌东南。 ⑬共工：古史传说人物，是尧时的水官，名穷奇。幽都：在今北京密云县境。 ⑭施(yì)：延续。⑮否(pǐ)：恶。 ⑯烂漫：散乱。 ⑰斤(jīn)：通“斤”，斧头。 ⑱绳墨：本义是木工画直线用的工具，此处喻礼法。 ⑲椎凿：槌子和凿子，执行肉刑的工具。决：凿断。 ⑳脊脊：混乱，互相践踏。 ㉑伏处：隐居。嵁岩：高峻的山岩。 ㉒殊死：即斩首之刑。相枕：彼此枕藉，形容死者很多。 ㉓桁(háng)杨：加在囚犯脚上或颈上的刑具。相推：彼此推背而行。形容非常拥挤。 ㉔离跂：踮起脚跟，形容用力的样子。攘臂：捋起衣袖，伸出胳膊，形容激奋的样子。桎梏：刑具，脚镣手铐。 ㉕椄槢(jiéxí)：接合桎梏的小梁。 ㉖凿枘(ruì)：卯眼和榫头。用来固定桎梏的榫眼。 ㉗嚆(hāo)矢：响箭。因发射时声先于箭而到，故常用以比喻事物的开端。此处指先声。 ㉘大治：政治修明，局势安定。

〔译文〕

崔瞿问老聃说："不治理天下，如何使人心向善呢？"老聃说："你要谨慎，不要扰乱人心。人心遭受排挤压抑就会情绪低下，受到推崇器重就会情绪高涨，心志向上趋下如同被牵制困扰，则能化刚强为柔顺，雕刻琢磨尖锐之物，急躁如烈火，忧恐如寒冰，变化的速度，顷刻之间像往来于四海之外。人们安稳时，深沉而寂静；跃动时，悬腾而高飞。骄矜逞强而不可系缚的，就是人心啊！从前黄帝开始用仁义扰乱人心，于是尧、舜劳精伤身，累得大腿上不长肉，小腿上不长毛，以此供养天下的形体，为施行仁义使五脏忧愁，为规范法度而苦费心血。然而还是有不能胜任的。于是尧把讙兜放逐到崇山，把三苗投置到三峗，把共工流配到幽都，这也无法治理好天下。延续到夏、商、周三代，天下人受到更大的惊扰。下有夏桀、盗跖之类的暴君大盗，上有曾参、史鳍之类的仁者，而且儒家、墨家都兴起了。于是快乐的人与愤怒的人互相猜疑，愚者和智者互相欺骗，行善者与行恶者互相非议，荒诞之人与信实之人互相讥讽，从而使天下日益衰落了。大德产生分歧，那性命中的自然之情便散乱了；天下人都喜好智巧，百姓则贪求满足而竭尽心力。于是用斧锯来裁断，用礼法来击杀，用肉刑来处决。天下因人们互相践踏而大乱，罪过在于扰乱了人心。所以贤者隐居在大山深岩之中，而万乘之君忧愁惊惧于朝廷之上。当今之世，被砍头的死者尸体相互堆叠，戴上镣铐的人拥挤在路上，受刑戮的人满目皆是，而儒墨之徒才开始奋力地在戴枷锁的囚徒中间高谈阔论。唉，太过分了！他们不觉得惭愧、不知羞耻到了极点！我尚且不知圣智是否为刑具上的楔木，仁义是否为镣铐上的卯眼和榫头，又怎么能知道曾参、史鳍是否为夏桀、盗跖出现的先声呢！所以说：抛弃聪明智巧，天下才能政治修明，局势安定。”

## 三

黄帝立为天子十九年，令行天下，闻广成子在于空同之上①，故往见之，曰：“我闻吾子达于至道，敢问至道之精②。吾欲取天地之精③，以佐五谷，以养民人；吾又欲官阴阳④，以遂群生⑤，为之奈何？”广成子曰：“而所欲问者⑥，物之质也；而所欲官者，物之残也。自而治天下，云气不待族而雨[7]，草木不待黄而落，日月之光益以荒矣，而佞人之心翦翦者[8]，又奚足以语至道！”

黄帝退，捐天下[9]，筑特室[10]，席白茅[11]，闲居三月，复往邀之。广成子南首而卧，黄帝顺下风膝行而进，再拜稽首而问曰：“闻吾子达于至道，敢问，治身奈何而可以长久？”广成子蹶然而起[12]，曰：“善哉问乎！来！吾语女至道[13]。至道之精，窈窈冥冥[14]；至道之极，昏昏默默[15]。无视无听，抱神以静[16]，形将自正。必静必清，无劳女形，无摇女精，乃可以长生。目无所见，耳无所闻，心无所知，女神将守形，形乃长生。慎女内[17]，闭女外[18]，多知为败。我为女遂于大明之上矣[19]，至彼至阳之原也；为女入于窈冥之门矣，至彼至阴之原也。天地有官[20]，阴阳有藏[21]，慎守女身，物将自壮。我守其一以处其和，故我修身千二百岁矣，吾形未常衰[22]。”黄帝再拜稽首曰：“广成子之谓天矣！”广成子曰：“来！余语女。彼其物无穷，而人皆以为有终；彼其物无测，而人皆以为有极。得吾道者，上为皇而下为王；失吾道者，上见光而下为土。今夫百昌皆生于土而反于土[23]，故余将去女，入无穷之门，以游无极之野。吾与日月参光[24]，吾与天地为常。当我，缗乎[25]！远我，昏乎！人其尽死，而我独存乎！”

〔注释〕

①广成子：古代传说中的仙人。空同：虚构的山名。“之上”，有版本

作“之山”。 ②精：精髓。 ③精：精气。 ④官：掌管。 ⑤遂：顺应。 ⑥而：通“尔”，你。 ⑦族：聚集。 ⑧佞人：善于花言巧语、阿谀奉承的人。翦翦：狭隘、浅薄。 ⑨捐：抛弃。 ⑩特室：斋戒修身之室。 ⑪白茅：植物名。多年生草本，花穗上密生白色柔毛。 ⑫蹶（jué）然：疾起的样子。 ⑬语（yù）：告诉。 ⑭窈窈冥冥：微妙精深的样子。 ⑮昏昏默默：昏暗静默的样子。 ⑯抱神：持守精神。 ⑰内：内在精神。 ⑱外：外在事物。 ⑲遂：到达。 ⑳官：官职。 ㉑藏：府，居所。 ㉒常：通“尝”。 ㉓百昌：各自生物。 ㉔参光：同光。 ㉕缗（mín）：通“冥”，昏暗。

〔译文〕

黄帝在位为天子十九年，其政令通行天下，听说广成子住在空同山上，特地前去拜见，对他说：“我听说先生通达至道，请问至道的精髓是什么。我想取用天地的精气，来佐助五谷生长，用来养育人民；我还想掌管天地阴阳的变化，来顺应万物，我应当怎么做呢？”广成子说：“你想问的，是至道的精髓；你想掌握的，是阴阳二气。自从你治理天下，云气不待积聚就下雨，草木未等枯黄就凋落，日月的光辉也越发昏暗，你这个谄佞之人心思如此浅薄，怎么能够谈至道呢！”

黄帝回去以后，抛弃政事，修建了一间斋戒修身的别室，坐在白茅草铺上，清闲地住了三个月，再去求请广成子。广成子头朝南躺着，黄帝从下方跪行走近广成子，再次叩拜后问道：“听说先生通达至道，请问如何修身才能长寿？”广成子迅速坐起身，说：“你问得好啊！来！我告诉你何为至道。至道的精髓，微妙精深；至道的极致，昏暗静默。不外视，不外听，持守精神的宁静，形体自会康健。心静神清，不要劳累你的形体，不要动摇你的精神，就可以长生。眼睛不被眩惑，耳朵不被骚扰，内心不作思虑，你的精神将会守护形体，形体才能够长生。谨守你内在的宁静,防守你外在的纷扰,智巧多了就会衰败。我帮助你达到大明的境界,到达那至阳的根源;帮助你进入深远暗昧的门径,到达那至阴的根源。天地各司其职,阴阳各居其所,谨慎守护你的身体,万物会自然昌盛。我执守至道的纯一而处于阴阳和谐的境界,所以我修身一千二百年了,我的形体却还没有衰老。”黄帝再拜叩头说:“广成子可说和天合一了!”广成子说:“来吧!我告诉你。至道没有穷尽,但人们都认为它有终结;至道深不可测,但人们都认为它有极限。得到我所说至道的人,上可为皇,下可为王;丧失我所说至道的人,生时只能看见日月浮光,死时化作尘土。现在各种生物都生于土而又复归于土,所以我将要离开你,进入无穷的门径,遨游于无极的旷野。我和日月同光,我和天地恒长。迎我来的,我不知其来!背我而去的,我不知其去!人人都将死去,而我却独自存在!”

## 天　地(节选)

〔题解〕

《天地》以篇首二字名篇,主旨在发挥无为而治的政治理想。首先,作者提出天德就是无为,人君应顺应天地自然无为的规律行事。君子求道,要摒弃内心的杂念,以无为的方式,任物随性自化,并阐明大道的深奥含义。其次,作者以黄帝寻找玄珠的故事,譬喻道无法通过感官和言辩求得,说明无为才能求得大道;通过许由告诫尧的话,说明聪慧和才智等“有为”的行为都将危及天下,指出“治”是乱的先导;通过华封人之口,讲述圣人要随遇而安，无心任自然，像飞鸟般不留形迹。借伯成子高批评禹行刑政治天下，导致后世祸乱的故事，说明有为而治必然留下祸患。接着，作者讲述宇宙万物的创生历程，提出要加强本性的修养，返于虚无，达于玄德。通过孔子与老聃的对话，指出技艺智巧只会“劳形怵心”，圣人当“忘己”才能“入于天”，与天道融为一体。通过将闾葂与季彻对话，指出“有为而治”如同螳臂当车一样不能胜任，还使自己处于危境。提出为政者要纵任民心，化除残害本性的心智，增进人们独立的人格意志。然后，作者借种菜老人之口，申说为政者当去其“机心”，保持纯真质朴的本性。通过孔子的评论，主张我们要“无为复朴，体性抱神”。从谆芒与苑风对话中，作者向人们介绍“圣治”“德人”和“神人”，按照无为的精神去治理社会，能达到不治而治的效果。通过门无鬼与赤张满稽对话，描述“至德之世”百姓淳朴顺性的状态，称誉无为而治的盛德时代。最后，作者讽刺谄媚之人的愚蠢和迷惑，哀叹无为之道不被世人理解。并指出追逐功名利禄和声色，貌似有所得，其实是为自己设下了绳索，无论“得”和“失”都丧失了人的本性。今择取本篇的主体部分予以介绍。

## 一

天地虽大，其化均也①；万物虽多，其治一也②；人卒虽众，其主君也③。君原于德而成于天④，故曰：玄古之君天下⑤，无为也，天德而已矣⑥。以道观言⑦，而天下之君正；以道观分⑧，而君臣之义明；以道观能⑨，而天下之官治⑩；以道泛观⑪，而万物之应备。故通于天地者，德也；行于万物者，道也；上治人者，事也；能有所艺者⑫，技也。技兼于事[13]，事兼于义，义兼于德，德兼于道，道兼于天。故曰：古之畜天下者[14]，无欲而天下足，无为而万物化，渊静而百姓定[15]。《记》曰："通于一而万事毕，无心得而鬼神服。"

夫子曰："夫道，覆载万物者也，洋洋乎大哉[16]！君子不可以不刳心焉[17]。无为为之之谓天，无为言之之谓德，爱人利物之谓仁，不同同之之谓大，行不崖异之谓宽[18]，有万不同之谓富。故执德之谓纪[19]，德成之谓立[20]，循于道之谓备[21]，不以物挫志之谓完[22]。君子明于此十者，则韬乎其事心之大也[23]，沛乎其为万物逝也[24]。若然者，藏金于山，藏珠于渊；不利货财，不近贵富[25]；不乐寿，不哀夭；不荣通[26]，不丑穷[27]。不拘一世之利以为己私分[28]，不以王天下为己处显，显则明。万物一府，死生同状。"

夫子曰："夫道，渊乎其居也[29]，漻乎其清也[30]。金石不得无以鸣。故金石有声，不考不鸣[31]。万物孰能定之[32]！夫王德之人[33]，素[34]逝[35]而耻通于事，立之本原而知通于神，故其德广。其心之出，有物采之[36]。故形非道不生，生非德不明[37]。存形穷生，立德明道，非王德者邪？荡荡乎[38]，忽然出，勃然动，而万物从之乎！此谓王德之人。视乎冥冥，听乎无声。冥冥之中，独见晓焉；无声之中，独闻和焉。故深之又深，而能物焉；神之又神，而能精焉。故其与万物接也，至无而供其求，时骋而要其宿[39]，大小、长短、修远[40]。"

〔注释〕

①均:均等。 ②治:指循性自得,不靠外力强制。 ③主:主宰者。 ④原:本。德:天德,本性。天:自然无为的天道。 ⑤玄古:远古。指三皇以前行无为而治的至德之世。 ⑥天德:天道的自然无为之德。 ⑦言:名称。 ⑧分:职分。 ⑨能:能力。 ⑩治:称职。 ⑪泛观:广泛的观察。 ⑫艺:技艺、专长。 ⑬兼:统属、支配。 ⑭畜:养也,引申为治理、管理。 ⑮渊静:像深渊一样沉静恬淡。 ⑯洋洋:辽阔盛大的样子。 ⑰刳(kū)心:摒弃杂念。 ⑱崖异:乖异。指人的性情、言行不合常理。 ⑲执:持守。纪:纲纪。 ⑳立:建树,成就。 ㉑循:遵循。备:完备。 ㉒挫:毁损。 ㉓韬:包容、蕴含。 ㉔沛:德泽盛大的样子。 ㉕近:追求。 ㉖荣:感到荣耀。通:处境通达。 ㉗丑:感到羞愧。穷:处境困厄。 ㉘拘:通“钩”,取。 ㉙渊:幽深静默。居:静止不动。 ㉚漻(liáo):清澈的样子。 ㉛考:叩击。 ㉜定:确定。 ㉝王德之人:盛德之人。王,盛大。 ㉞素:真。 ㉟逝:往。 ㊱采:交感,触动。 ㊲生:通“性”,本性。 ㊳荡荡:浩大的样子。 ㊴骋:驰纵。 ㊵修远:长远。

〔译文〕

天地虽然广大,但其变化却是均等的;万物虽然繁多,但其循性自得却是一样的;民众虽然众多,但他们的主宰只有君主。君主统治天下出自德性而成于自然无为的天道,所以说,远古的君主治理天下,无为而治,顺应天道自然而已。以道的观点来看待名称,那么天下君主的名号都是恰当的;以道的观点来观察职分,那么君臣的区分就很明显;以道的观点看待才能,那么天下的官员都各称其职;以道的观点来博观万物,那么万物的对应都齐备。所以贯通天地的,是德;通行于万物的,是道;居上位统治人民的，是各任其事；能力有所专精的，是技艺。技艺统属于事，事统属于义理，义理统属于德，德统属于道，道统属于自然。所以说：古代统治天下的君主，没有私欲而使天下人富足，自然无为而万物自生自化，沉静恬淡而百姓安定。《记》说："通达大道则万事成功，心无贪欲则鬼神敬服。"

先生说："道是覆盖和承载万物的，辽阔广大而无边际啊！君子不可不摒弃内心的杂念。不加外力干扰，任物循性自化就叫作天，以无为的方式表达就叫作德，爱护人民，力求有利于人民便叫作仁，万物不同而能融合统一就叫作大，行为不乖异就叫作宽，包举千差万别的物类就叫作富。所以说持守德性叫作纲纪，德行修行完成叫作有所建树，遵循大道叫作完备，不被外物损伤心志叫作德性完全。君子明白这十项，则将包藏万物，心胸广大，德泽广大而为万物归往之所。若能这样，便能在深山中埋藏黄金，在深潭中隐藏宝珠；不贪求货物钱财，不追求富贵；不因长寿而快乐，不因夭折而悲哀；不因通达而觉得光荣，不因穷困而觉得耻辱；不揽取世上全部利益作为自己的私有，不因成为天下之王而自以为处在显赫地位，彰显便是炫耀。万物与我齐一，死生本无两样。"

先生说："道在静止时是幽深静默的，又是澄澈透明的。金石之器不得道就不能鸣响。所以金石有声，不敲击则不鸣响。谁能判定万物是否都是如此！那盛德的人，怀抱真性行事，而以通达俗务为耻辱，立身于本原，智慧与神明相通，所以他的德性广大。他的心志外显，是由于外物的交感。所以形体没有道就不能产生，本性没有德就不能彰明。保存形体而穷尽天年，树立德行而明晓大道，岂不是盛德之人的行为吗？浩大啊，忽然出现，勃然而动，而万物却跟随它！这就是盛德之人。大道看起来昏暗不明，听起来寂然无声。昏暗之中，独能看见光明；无声之中，独能听见和谐的声音。所以大道深而又深，却能主宰万物；神妙而又神妙，却能凝成精气。所以大道和万物相交接时，虽然绝对虚无却能满足万物的需求，时时运动却能聚合使得万物有其归宿，它时大时小，可长可短，恒长久远。”

## 二

黄帝游乎赤水之北①，登乎昆仑之丘而南望②。还归，遗其玄珠③。使知索之而不得④，使离朱索之而不得，使喫诟索之而不得也⑤。乃使象罔⑥，象罔得之。黄帝曰：“异哉！象罔乃可以得之乎？”

尧之师曰许由⑦，许由之师曰啮缺，啮缺之师曰王倪，王倪之师曰被衣⑧。

尧问于许由曰：“啮缺可以配天乎⑨？吾藉王倪以要之⑩。”许由曰：“殆哉圾乎天下⑪！啮缺之为人也，聪明睿知⑫，给数以敏⑬，其性过人⑭，而又乃以人受天⑮。彼审乎禁过⑯，而不知过之所由生。与之配天乎？彼且乘人而无天⑰。方且本身而异形，方且尊知而火驰⑱，方且为绪使⑲，方且为物絯⑳，方且四顾而物应，方且应众宜，方且与物化而未始有恒。夫何足以配天乎？虽然，有族有祖，可以为众父㉑，而不可以为众父父㉒。治，乱之率也㉓，北面之祸也，南面之贼也㉔。”

〔注释〕

①赤水：古代神话传说中的水名。　②南望：向南眺望。此处有企求

显明闻达之意。 ③玄珠：道家比喻道的实体。 ④知：虚构的人名，取其多智多巧之义。 ⑤喫(chī)诟：虚构的人名，代表能言善辩的人。 ⑥象罔：虚构的人名，含无心、无形迹之意。 ⑦许由：传说中的隐士。相传尧让以天下，不受，遁居于颍水之阳箕山之下。 ⑧啮(niè)缺、王倪、被衣：皆为虚构的人名。 ⑨配天：与天德相配，任天子之位。 ⑩藉：借助。要：同“邀”，请。 ⑪殆：接近。圾：通“岌”，危险。 ⑫睿(ruì)：明智。 ⑬给(jǐ)数以敏：形容人机智敏捷，应对迅速。给，敏捷。数，快速。 ⑭性：才性。 ⑮受：通“授”。 ⑯审：详查，细究。禁过：阻止人犯过失。 ⑰乘：凭借。 ⑱火驰：形容敏捷，迅速，像火势蔓延一样快。 ⑲绪使：被细事役使。 ⑳絯(gāi)：拘束。 ㉑众父：百姓之长。指国君。 ㉒众父父：天子。 ㉓率：先导。 ㉔贼：危害。

〔译文〕

黄帝在赤水的北岸游玩，登上昆仑山而向南眺望。返回时，遗失了玄珠。派知去寻找却没有找到，派离朱去寻找也没有找到，派喫诟去寻找，还是没有找到。于是派象罔去寻找，象罔找到了。黄帝说：“多么奇怪啊！象罔怎么就能找到呢？”

尧的老师叫许由，许由的老师叫啮缺，啮缺的老师叫王倪，王倪的老师叫被衣。

尧问许由说：“啮缺可以和天德相配吗？我要借助王倪去邀请他做天子。”许由说：“危险啊！那就会使天下岌岌可危了！啮缺为人，聪明有才智，机警敏捷，天赋超过常人，而且竟能把人的聪明才智强加给自然。他精于制止别人做错事，却不懂得过失产生的根由。能让他做天子吗？他将会凭借人的心智去治理天下，而摒弃自然天理。将会以自身为本而以外物为异，将会尊崇才智并谋急用，将会被琐事所役使，将会为外物所拘束，将会顾盼四周而使万物顺应自己，将会追求事事合宜，将会随外物迁变而没有恒久的准则。他怎么能与天德相配而做天子呢？虽然如此，但他与得道之人为同一族类、同一始祖，他可以做国君，却不能做天子。治理国家，是动乱的先导，祸害君主，危害大臣。”

## 三

尧观乎华[①]。华封人曰[②]：“嘻，圣人！请祝圣人[③]。”“使圣人寿。”尧曰：“辞[④]。”“使圣人富。”尧曰：“辞。”“使圣人多男子[⑤]。”尧曰：“辞。”封人曰：“寿，富，多男子，人之所欲也。女独不欲，何邪？”尧曰：“多男子则多惧，富则多事，寿则多辱。是三者，非所以养德也，故辞。”封人曰：“始也我以女为圣人邪，今然君子也[⑥]。天生万民，必授之职。多男子而授之职，则何惧之有？富而使人分之，则何事之有？夫圣人，鹑居而鷇食[⑦]，鸟行而无彰[⑧]。天下有道，则与物皆昌；天下无道，则修德就闲[⑨]；千岁厌世，去而上仙；乘彼白云，至于帝乡[⑩]。三患莫至，身常无殃，则何辱之有？”封人去之，尧随之，曰：“请问。”封人曰：“退已！”

尧治天下，伯成子高立为诸侯[⑪]。尧授舜，舜授禹，伯成子高辞为诸侯而耕。禹往见之，则耕在野。禹趋就下风[⑫]，立而问焉，曰：“昔尧治天下，吾子立为诸侯。尧授舜，舜授予，而吾子辞为诸侯而耕。敢问其故何也？”

子高曰：“昔尧治天下，不赏而民劝，不罚而民畏。今子赏罚而民且不仁，德自此衰，刑自此立，后世之乱自此始矣！夫子阖行邪[⑬]？无落吾事[⑭]！”俋俋乎耕而不顾[15]。

泰初有无[16]，无有无名；一之所起[17]，有一而未形。物得以生，谓之德；未形者有分[18]，且然无间[19]，谓之命；留动而生物，物成生理，谓之形；形体保神，各有仪则，谓之性。性修反德，德至同于初。同乃虚，虚乃大。合喙鸣，喙鸣合，与天地为合。其合缗缗[20]，若愚若昏，是谓玄德[21]，同乎大顺[22]。

夫子问于老聃曰："有人治道若相放[23]，可不可，然不然。辩者有言曰：'离坚白，若县寓[24]。'若是，则可谓圣人乎？"

老聃曰："是胥易技系，劳形怵心者也。执留之狗成思[25]，猿狙之便自山林来[26]。丘，予告若，而所不能闻与而所不能言，凡有首有趾[27]、无心无耳者众[28]，有形者与无形无状而皆存者尽无[29]。其动止也，其死生也，其废起也，此又非其所以也。有治在人，忘乎物，忘乎天，其名为忘己；忘己之人，是之谓入于天。"

〔注释〕

①华：地名，即华州，今陕西华县。 ②封人：古官名，看守边疆的人。③祝：祝愿，祝福。 ④辞：推辞，辞谢。 ⑤多男子：多生男子。 ⑥然：为"乃"。 ⑦鹑（chún）居：像鹑鸟一样居无定所，即无意求安。鷇（kòu）食：像幼鸟一样靠母喂食，即无心求食。 ⑧无彰：不留下痕迹。 ⑨就闲：闲居。 ⑩帝乡：天宫，仙乡。 ⑪伯成子高：传说中的隐士，或为虚构的人物。 ⑫下风：下方。比喻处于下位，此作自谦之词。 ⑬阖：通"盍"，何不。 ⑭落：妨碍。 ⑮俋俋（yì）：用力耕作的样子。 ⑯泰初：

即“太初”，元气刚刚萌动之时。 ⑰一：即道。 ⑱未形：未有形质。有分：分阴阳。 ⑲无间：浑然一体。 ⑳缗缗（mín）：昏昧无心的样子。 ㉑玄德：自然无为的德性。 ㉒大顺：即太初自然之理。 ㉓相放：相背驰。放，即方，意为逆。 ㉔县：通“悬”，悬挂。寓（yǔ）：通“宇”，天空。 ㉕思：“田”之讹误，田猎。 ㉖便：敏捷。 ㉗首、趾：代指人的整个躯体。 ㉘无心无耳：无知无闻。 ㉙无形无状：指道。

〔译文〕

尧到华地巡视。华地看守封疆的人说：“啊，圣人！请让我为圣人祝福。”“祝愿圣人长寿。”尧说：“不需要。”“祝愿圣人富有。”尧说：“不需要。”“祝愿圣人多生儿子。”尧说：“不需要。”看守封疆的人说：“长寿、富有、多生儿子，是人们所想要的。唯独您不愿得到，为什么呢？”尧说：“多生儿子就会使人有更多畏惧，富有就会多麻烦事，长寿就会增加困辱。这三项，都不能用来培养无为之德，所以我辞谢了。”看守封疆的人说：“开始我以为您是位圣人，现在看来只是位君子。上天生出万民，必定要授给职事。多生儿子而授给他们职事，那样还有什么可以畏惧呢！富有而使大家分享，那样还有什么麻烦事呢！作为圣人，像鹑鸟一样无意求安，像幼鸟一样无心求食，像飞鸟一样行动不留下形迹。天下有道时，就与万物一起昌盛；天下无道时，就修养德行遁世隐居；千岁之后，对世俗厌倦了，就升天成为神仙；驾着白云，到达天宫。三种祸患不来，身体永远无灾殃；那样还有什么困辱呢！”看守封疆的人离去，尧跟随着他，说：“请求教诲。”看守封疆的人说：“回去吧！”

尧治理天下时，伯成子高被立为诸侯。尧传帝位给舜，舜传帝位给禹，伯成子高辞去诸侯职位而去耕作。禹前去拜见他，他正在田野里耕地。禹快步走近他，恭敬地站着问道：“从前尧治理天下，您被立为诸侯。尧传位给舜，舜传位给我，而您却辞去诸侯职位来耕地。请问这是什么缘故呢？”

子高说：“从前尧治理天下，不用奖赏而人民勉励向善，不用惩罚而人民畏惧行恶。现在你奖赏惩罚并用而人民却不仁爱，德行从此衰落，刑罚从此建立，后世的祸乱从此开始了。先生何不走开呢？不要妨碍我的耕作。”说罢，用力耕地而不再理睬禹。

宇宙的初始状态只有虚无，没有“有”也没有名称；元气萌动之后，大道开始创生却没有形体。万物得一而生，称之为德；没有形状的混沌中含有阴阳之分，但又浑然一体，称之为命；元气流动稍有停留就会产生物，万物生成便各自具备不同的生理形态，称之为形；形体保守精神，各有各的法则，称之为性。加强本性的修养，就可以返归德，德同于太初。同于太初便是虚无，虚无便包容广大。浑合无心之言，无心之言的浑合，便和天地融合。这种融合浑然无迹，既如憨直又如昏昧，这就叫作自然无为的德性，与太初自然之理相同一。

孔子问老聃说：“有人治道好像与众说相背驰，把不可以说成是可以的，把不是说成是。公孙龙之徒说：‘坚白相离，像高悬在空中那样明晰。’像这样可以成为圣人吗？”

老聃说：“这样的人如同官府小吏和为工巧系累的工匠那样，形体劳苦而心神不宁。捕狸的狗被人拘系而用于田猎，猿猴因其敏捷被人从山中捉来。孔丘，我告诉你，你所不能够听到和你所不能够说出的，凡是具有完全形体的人，无知无闻的多，有形的人和无形无状的道共同存在是绝对没用的。起居、生死、穷达，这些都是自然而然的，却不知所以然。有为之治靠的是人为，忘记外物，忘记自然，这就叫作忘掉自己；忘掉了自己，这就叫作与天道融为一体。”

# 天 道

〔题解〕

《天道》篇的中心思想是无为而治,遵循天道。作者首先阐述天道虚静无为,与圣道、帝道相通。能以虚静无为为宗本,则可"推于天地,通于万物",得"天乐",与天相合。其次,作者通过尧舜的对话,写治理天下应以自然之德治世,顺应天地那样虚静无为。然后,作者通过孔子和老聃的对话,阐述天地万物都有自然的规律,"放德而行,循道而趋",即仿效天理行事,遵循大道前进便能到达理想的境界。并批评仁义会扰乱人的本性。接着,作者借士成绮和老子的对话,描写老子顺其自然的态度,体现出得道之人已经摆脱对智巧神圣的追求,不因外界的损誉而影响心情,并抨击智巧骄恣之人,提出修身当顺应自然本性。最后,作者阐述道无所不包又幽深莫测,圣人体道治世,亦当"外天地,遗万物",斥退仁义,摒弃礼乐,持守本真而内心宁静。通过齐桓公和轮扁的故事,作者指出真意是不可言传的,道超越了形状、颜色、名称和声音,不在文字语言之中。所谓圣人之言,不过是古人留下的糟粕。

一

天道运而无所积[①],故万物成;帝道运而无所积,故天下归;圣道运而无所积,故海内服。明于天,通于圣,六通四辟于帝王之德者[②],其自为也,昧然无不静者矣。

圣人之静也，非曰静也善，故静也。万物无足以铙心者[3]，故静也。水静则明烛须眉[4]，平中准[5]，大匠取法焉。水静犹明，而况精神？圣人之心静乎！天地之鉴也[6]，万物之镜也。夫虚静、恬淡、寂漠、无为者，天地之平而道德之至[7]，故帝王、圣人休焉。休则虚，虚则实，实则备矣。虚则静，静则动，动则得矣。静则无为，无为也，则任事者责矣[8]。无为则俞俞[9]，俞俞者忧患不能处[10]，年寿长矣。夫虚静、恬淡、寂漠、无为者，万物之本也。明此以南乡[11]，尧之为君也；明此以北面[12]，舜之为臣也。以此处上，帝王、天子之德也；以此处下，玄圣素王之道也。以此退居而闲游，江海、山林之士服；以此进为而抚世[13]，则功大名显而天下一也。静而圣，动而王，无为也而尊，朴素而天下莫能与之争美[14]。

夫明白于天地之德者，此之谓大本大宗[15]，与天和者也；所以均调天下[16]，与人和者也。与人和者，谓之人乐；与天和者，谓之天乐。

庄子曰："吾师乎，吾师乎！𩐁万物而不为戾[17]；泽及万世而不为仁；长于上古而不为寿，覆载天地、刻雕众形而不为巧[18]。此之谓天乐。故曰：'知天乐者，其生也天行[19]，其死也物化。静而与阴同德，动而与阳同波。'故知天乐者，无天怨，无人非，无物累，无鬼责。故曰：'其动也天，其静也地，一心定而王天下；其鬼不祟，其魂不疲，一心定而万物服。'言以虚静，推于天地，通于万物，此之谓天乐。天乐者，圣人之心，以畜天下也[20]。"

〔注释〕

①运:运转。 ②六通:上下四方。四:四时,一指时间,一指空间。辟:发,通达。 ③铙(náo):通“挠”,扰乱。 ④烛:照。 ⑤中准:符合水准。 ⑥鉴:镜子。 ⑦平:准则。 ⑧责:各尽其责。 ⑨俞俞:和乐愉快的样子。俞,通“愉”。 ⑩处:存在。 ⑪南乡:面朝南,指居帝王之位。 ⑫北面:面向北,指居臣下之位。 ⑬抚世:治理天下。 ⑭朴素:质朴,无文饰。 ⑮大本:根本,事物的基础。大宗:本原。 ⑯均调:均平调顺。 ⑰齑(jī):粉碎。戾:暴戾。 ⑱覆载:覆育包容。刻雕:雕刻。 ⑲天行:顺乎自然运行。 ⑳畜:养育。

〔译文〕

自然之道运转而不停滞,所以万物得以生成;帝王之道运转而不停滞,所以天下之民都来归附;圣人之道运转而不停滞,所以全国人民都信服。明于天道,通于圣道,对帝王之德无所不通的人,任万物自由发展,万物无不静悄悄地自生自长。圣人内心平静,不是因为平静是好的才平静,而是万物不能够搅乱他的内心,所以才平静。水面平静就可以清楚地照见人的胡须眉毛,其平面符合水准,高明的工匠就是取法于此。水平静时尚能如此明澈,何况是人的精神呢?圣人的内心平静,可以成为天地的镜子,万物的镜子。虚静、恬淡、寂寞、无为,就是天地的准则和道德的最高境界,因此,帝王、圣人都栖心于此。心神休静便是空明,空明便是充实,充实便是完备。心境空明即得平静,平静又转化为运动,运动与天道合,那么万物各有所得。内心宁静便能无为,无为就能使百官各尽职责。无为就能和乐愉快,和乐愉快的人心中不存在忧患,寿命就长了。虚静、恬淡、寂寞、无为,是万物的本原。明晓这个道理就能居帝王之位,成为像尧一样的国君；明晓这个道理就能居人臣之位，成为像舜一样的臣子。凭此道处于上位，就是帝王、天子的最高德行；凭此道处于下位，就是玄圣素王的修养。凭此道退隐闲游，江河、山林中的隐士都会敬服；凭此道出仕做官治理天下，就能建功立业，名声显扬而使天下统一。虚静则为玄圣，行动则为帝王，无为而受尊崇，淳朴素质，天下没有什么能与之相争美的。

明白虚静无为是天地常德，就是把握了万物的根本和本原，就是与天道协和；因此就能均平调顺天下之事，而与人协和。与人协和，称之为人乐；与天协和，称之为天乐。

庄子说："我的大宗师呀！我的大宗师呀！粉碎万物不算作暴戾；恩泽施及千万代不叫作仁慈；比上古更年长不认为是长寿，覆育包容天地、雕刻万物的形态而不认为是技巧。这就叫作天乐。所以说：'知晓天乐的人，活着的时候顺乎自然而运行，死后随物而幻化。虚静时与阴气相一致，运动时与阳气相符合。'因此知晓天乐的人，没有上天怨怒，没有他人非议，不受外物牵累，没有鬼神责备。所以说：'动时如天运转，静时如地虚静，一心安定就可以统治天下；鬼神不会作祟，精神不会疲劳，一心安定就可以使万物顺服。'这就是说，把虚静无为推及天地，通达万物，这就叫天乐。天乐，是圣人用来养育天下的。"

## 二

昔者舜问于尧曰："天王之用心何如①？"尧曰："吾不敖无告②，不废穷民③，苦死者④，嘉孺子而哀妇人⑤，此吾所以用心已。"舜曰："美则美矣，而未大也。"尧曰："然则何如？"舜曰："天德而出宁，日月照而四时行，若昼夜之有经，云行而雨施矣。”尧曰：“胶胶扰扰乎[6]！子，天之合也；我，人之合也。”

夫天地者，古之所大也，而黄帝、尧、舜之所共美也。故古之王天下者，奚为哉？天地而已矣！

〔注释〕

①天王：帝王。 ②敖：通“傲”，傲慢。 ③废：抛弃。 ④苦：悲悯。 ⑤嘉：喜爱。哀：怜悯。 ⑥胶胶扰扰：扰乱的样子。

〔译文〕

从前舜问尧说：“帝王的用心怎样呢？”尧说：“我对孤苦无处投诉的人不傲慢，不抛弃贫穷的百姓，悲悯死者，喜爱孩子又怜悯妇女，这就是我用心之处。”舜说：“好是很好，却不是最好的。”尧说：“那么应该怎么样呢？”舜说：“以自然之德治世，那么万物皆得安宁，就像日月的运转，四时的变化，就像昼夜有常规，云行而雨降一样。”尧说：“扰乱多事啊！你与天道相合，我只是与人道相合。”

天地，自古以来被认为是宏大的，为黄帝、尧、舜所共同赞美的。所以古代统治天下的人，还要做什么呢？顺应天地那样虚静无为就是了！

## 三

孔子西藏书于周室，子路谋曰：“由闻周之征藏史有老聃者[1]，免而归居[2]，夫子欲藏书，则试往因焉[3]。”孔子曰：“善。”

往见老聃，而老聃不许，于是缗十二经以说[④]。老聃中其说，曰："大谩[⑤]，愿闻其要。"孔子曰："要在仁义。"老聃曰："请问：仁义，人之性邪？"孔子曰："然。君子不仁则不成，不义则不生。仁义，真人之性也，又将奚为矣？"老聃曰："请问：何谓仁义？"孔子曰："中心物恺[⑥]，兼爱无私，此仁义之情也。"老聃曰："意，几乎后言[⑦]！夫兼爱，不亦迂乎[⑧]！无私焉，乃私也。夫子若欲使天下无失其牧乎？则天地固有常矣，日月固有明矣，星辰固有列矣，禽兽固有群矣，树木固有立矣。夫子亦放德而行[⑨]，循道而趋，已至矣！又何偈偈乎揭仁义[⑩]，若击鼓而求亡子焉[⑪]！意，夫子乱人之性也！"

〔注释〕

①征：掌管。②免：辞职。归居：回家闲住。③因：依靠。④缗(fán)：反复。⑤大：通"太"。谩：通"漫"，冗长。⑥恺：乐。⑦几：危殆。⑧迂：迂曲。⑨放：通"仿"，仿效。⑩偈偈(jié)：用力的样子。⑪亡子：逃亡的人。

〔译文〕

孔子想去西边把经书藏在周王室，子路计议说："我听说周王室有位掌管典籍的史官叫老聃，现已辞官回家闲住，先生想要藏书，可前往试试依靠他。"孔子说："好吧。"

孔子前往拜见老聃，老聃却不答应，于是孔子反复申说六经内容，想说服老聃。老聃打断他的话，说："太冗长了，我想听听要点。"孔子说："要点在仁义。"老聃说："请问，仁义是人的本性吗?”孔子说:“是的。君子没有仁就不能成长,没有义就不能生存。仁义,确实是人的本性,还有什么可值得怀疑的呢?”老聃说:“请问,什么叫仁义?”孔子说:“心中正无偏私,愿各物安乐,兼爱无私,这就是仁义的实情。”老聃说:“唉,你后面所说的话危险啊!谈论兼爱,不是太迂曲了吗?无私就包含了偏私。先生想要使天下不失去其养育吗?那么天地原本就有常规,日月本来就是光明的,星辰本来就有序列,禽兽本来就是群居的,树木本来就能直立生长。先生也仿效天理行事,遵循大道前进,这样做就是最好的了!又何必用力去标举仁义,好像敲着鼓去寻找逃亡的人呢?唉,先生是在扰乱人的本性啊!”

## 四

士成绮见老子而问曰[①]:“吾闻夫子圣人也。吾固不辞远道而来愿见,百舍重趼而不敢息[②]。今吾观子,非圣人也。鼠壤有余蔬,而弃妹之者[③],不仁也;生熟不尽于前[④],而积敛无崖。”老子漠然不应[⑤]。

士成绮明日复见,曰:“昔者吾有刺于子[⑥],今吾心正郤矣[⑦],何故也?”老子曰:“夫巧知神圣之人,吾自以为脱焉[⑧]。昔者子呼我牛也而谓之牛;呼我马也而谓之马。苟有其实,人与之名而弗受,再受其殃。吾服也恒服[⑨],吾非以服有服。”

士成绮雁行避影[⑩],履行遂进而问:“修身若何?”老子曰:“而容崖然[⑪],而目冲然[⑫],而颡頯然[⑬],而口阚然[⑭],而状义然[⑮],似系马而止也;动而持[⑯],发也机,察而审，知巧而睹于泰[17]，凡以为不信。边竟有人焉[18]，其名为窃[19]。”

〔注释〕

①士成绮：虚拟人物。②百舍：百里一宿。形容长途跋涉。重：多层。趼（jiǎn）：通“茧”，脚上因长时间走路摩擦产生的硬皮。③鼠壤：老鼠做穴排出的泥土。蔬：谷物。妹：通“昧”，蔑。④生熟：指吃穿之物。生，粟帛；熟，饮食。⑤漠然：清虚淡泊的样子。⑥刺：讥刺。⑦卻：“却”的异体字，意谓退，引申为躬身自省。“正卻”就是方才领悟到自己的过错。一说为“郤（xì）”字之误，通“隙”，意谓嫌隙。“正郤”就是改变了先前的恶感。二者皆通。⑧脱：脱免。⑨服：接受。⑩雁行：侧身而进，形容恭谨。避影：避开身影。⑪崖然：傲岸矜持的样子。⑫冲然：突出的样子。⑬颡（sǎng）：额头。頯（kuí）然：高亢显露的样子。⑭阚（hǎn）然：口大张的样子。⑮义然：高大的样子。⑯持：矜持。⑰泰：骄纵，傲慢。⑱竟：通“境”。⑲窃：盗贼。

〔译文〕

士成绮见到老子问道：“我听说先生是圣人，因此我不辞路途遥远而来，期望见到您，长途跋涉，脚上磨出厚茧也不敢停下。现在我看您，不是圣人，您这儿鼠穴旁边的泥土里有残余的谷物，却不爱惜而弃之不理，这是不仁！吃穿之物堆满在面前，还在不停地屯积聚敛。”老子听到不介意，没有回答。

士成绮第二天再去见老子，说：“昨天我讽刺了您，今天我的这种心情正在逐渐消失，这是什么原因呢？”老子说：“巧智神圣那样的人，我自认为已经脱免出来了。以前你称呼我为牛我也自认为牛；称呼我为马我也自认为马。假如确有那样的事实，别人给予名称来讥讽而我不肯接受，这是再次犯错。我接受别人给予的名称常常是顺其自然地接受，并不是有心接受才去接受。”

士成绮恭谨地侧身而行，蹑步向前，问道：“如何修身呢？”老子说：“你的仪容傲岸矜持，你的眼睛鼓目突出，你的前额高亢显露，你的嘴巴大张，你的体形巍峨高大，身体虽然被系缚心却在驰骛，就像奔马被系缚而停止下来一样；蠢蠢欲动而矜持地抑制自己，行动疾速就像弩箭离机，对事物明察而又精审，智巧过人而显现骄泰之色，以上这些都出于矫揉，与自然本性不相应。边境上如果有这样的人，他的名字就叫盗贼。”

## 五

夫子曰：“夫道，于大不终[①]，于小不遗[②]，故万物备。广广乎其无不容也[③]，渊渊乎其不可测也[④]。形德仁义[⑤]，神之末也，非至人孰能定之！夫至人有世，不亦大乎，而不足以为之累；天下奋棅而不与之偕[⑥]，审乎无假而不与利迁，极物之真，能守其本。故外天地[⑦]，遗万物[⑧]，而神未尝有所困也[⑨]。通乎道，合乎德，退仁义[⑩]，宾礼乐[⑪]，至人之心有所定矣！”

世之所贵道者，书也。书不过语，语有贵也。语之所贵者意也，意有所随。意之所随者，不可以言传也，而世因贵言传书。世虽贵之，我犹不足贵也，为其贵非其贵也。故视而可见者，形与色也；听而可闻者，名与声也。悲夫，世人以形色名声为足以得彼之情！夫形色名声果不足以得彼之情，则知者不言，言者不知，而世岂识之哉！

桓公读书于堂上，轮扁斫轮于堂下[12]，释椎凿而上[13]，问桓公曰："敢问：公之所读者，何言邪？"公曰："圣人之言也。"曰："圣人在乎？"公曰："已死矣。"曰："然则君之所读者，古人之糟魄已夫[14]！"桓公曰："寡人读书，轮人安得议乎[15]！有说则可，无说则死。"轮扁曰："臣也以臣之事观之。斫轮，徐则甘而不固[16]，疾则苦而不入[17]，不徐不疾，得之于手而应于心，口不能言，有数存焉于其间[18]。臣不能以喻臣之子[19]，臣之子亦不能受之于臣，是以行年七十而老斫轮。古之人与其不可传也死矣，然则君之所读者，古人之糟魄已夫！"

〔注释〕

①终：穷尽。 ②遗：遗漏。 ③广广乎：空旷的样子。 ④渊渊乎：深广的样子。 ⑤德：庆赏。 ⑥奋棅（bǐng）：奋争柄权。棅：通"柄"，权柄。 ⑦外：忘怀。 ⑧遗：遗忘。 ⑨困：困扰。 ⑩退：斥退。 ⑪宾：通"摈"，摈弃。 ⑫轮扁：制作车轮的匠人，名扁。斫（zhuó）轮：砍削木头制造车轮。 ⑬释：放下。椎凿：槌子和凿子。 ⑭糟魄：糟粕。魄，通"粕"。 ⑮轮人：制作车轮的工匠。 ⑯徐：缓慢。甘：松缓。 ⑰苦：涩滞。 ⑱数：术数，技艺。 ⑲喻：晓谕，明确地告诉。

〔译文〕

先生说："道，对于任何大的东西都不会穷尽，对于任何小的东西都不会遗漏，所以万物之中都存在道。空旷啊它无不包容，深广啊它不可测知。刑戮、庆赏和仁义，是精神的末节，若不是至人，谁能确定它们！至人据有天下，责任不是很重大吗，但却不足以成为他的牵累；天下人都在奋力争夺统治权柄，而至人不与他们一起，知道自己无所假借也不被外利引诱迁变，穷极事物的真性，持守本根。所以能够忘怀天地，遗忘万物，而精神却未曾受到困扰。能够贯通大道，融合天德，斥退仁义，摒弃礼乐，至人的心就能宁静了！”

世俗之人所珍视的道，载见于书。书籍不过是语言，语言有它的可贵之处。语言所可贵的是它的意思，意思是寄寓在外的。寄寓在外的意思，无法用语言来表达，可世俗之人却因为珍视语言文字，便把书籍流传下来。世人虽珍视它，我却认为它不足珍视，因为他们所珍视的并不真正值得珍视。所以看得见的是形状和颜色；听得见的是名称和声音。可悲呀！世俗之人认为根据形状、颜色、名称和声音就足以获得大道的实质！依据形状、颜色、名称和声音确实不足以得到大道的实质，所以真正聪明的人并不言说，言说的人并不聪明，而世俗之人又怎能懂得啊！

齐桓公在堂上读书，轮扁在堂下砍削木头制造车轮，他放下手中的椎子和凿子走上堂来，问齐桓公说：“请问，您所读的是什么样的书？”桓公说：“是圣人之言。”轮扁问：“圣人还在世吗？”桓公说：“已经死了。”轮扁说：“既然这样，那么您所读的书，不过是古人的糟粕罢了！”桓公说：“我在读书，制作车轮的工匠怎能随便议论！能说出道理就算了，说不出就处死。”轮扁说：“我是从我做的事来观察的。砍削车轮，动作徐缓就会使车轮松动而不牢固，动作快了就会使车轮部件滞涩难入，动作不快不慢，就能心手相应，运用自如，这种得心应手的感受，口里无法说出来，但有奥妙技艺存在制作的过程中。我不能把它明确地告诉我的儿子，我的儿子也不能从我这里接受过去，所以我已经七十岁了还在砍制车轮。古人和他们所不能传授的都消失了，那么您所读的书，不过是古人的糟粕罢了！”

# 天　运（节选）

〔题解〕

《天运》主要阐述的是天道的不断变化，是自然进行的，没有谁在主宰，人世的帝王需要与之相顺应。在所选第一章节中，讲述了宇宙万物的运行，是“六极五常”的作用，借巫咸之口，表达了帝王应顺应它才能使天下得到治理的思想。在所选第二章节中，借师金评价孔子，认为讲礼义法度是随着时代而不断变化的，孔子用先王陈旧的政教礼法在当代推行，就如同推舟于陆地，是根本行不通的。在所选第三章节中，老聃告诉孔子六经是先王的陈迹，不是踩出足迹的鞋子，只有领悟了大道，才能与天道变化一体，无所不通。

## 一

“天其运乎？地其处乎①？日月其争于所乎②？孰主张是③？孰维纲是④？孰居无事推而行是？意者其有机缄而不得已邪⑤？意者其运转而不能自止邪？云者为雨乎？雨者为云乎？孰隆施是⑥？孰居无事淫乐而劝是⑦？风起北方，一西一东，在上彷徨⑧，孰嘘吸是⑨？孰居无事而披拂是⑩？敢问何故？”

巫咸祒曰⑪：“来，吾语女。天有六极五常⑫，帝王顺之则治，逆之则凶。九洛之事⑬，治成德备⑭，监照下土，天下戴之，此谓上皇⑮。”

〔注释〕

①处:静止。 ②所:处所,轨道。 ③孰:谁。主张:主宰施行。④维纲:维持纲纪。 ⑤意者:推测。机:机关。缄:关闭。 ⑥隆:兴起,指兴云。施:降,指降雨。 ⑦淫乐:过度的快乐。劝:助长。 ⑧在:通行本误作"有",据陈碧虚《庄子阙误》引张君房本改。 ⑨嘘吸:呼吸。嘘:吐气。 ⑩披拂:摇荡。 ⑪巫咸:神巫名咸。袑:通"招",招呼。 ⑫六极:即"六合",指四方和上下。五常:即"五行",指金、木、水、火、土。 ⑬九洛:指九州。 ⑭治成德备:治定功成,道圆德备。 ⑮上皇:上古帝王。

〔译文〕

"天是自己在运行吗?地是自己在静止吗?日月是自己在争夺运行的轨道吗?是谁主宰这些现象?是谁维持着纲纪而使它们成为这样?是谁闲居无事推动着它们如此运行呢?莫非是有机关控制着它们而使它们不能停止吗?莫非是它们自己运行而不能停止吗?是云变成了雨呢?还是雨变成了云呢?是谁在兴云降雨呢?是谁闲居无事,为了追求过度的享乐而助长此事呢?风从北方兴起,一会儿吹向东,一会儿吹向西,在空中不断地盘旋环绕,这是谁吸气吐气而造成的呢?是谁闲居无事而鼓动出来的呢?请问这些都是什么原因呢?"

巫咸招了招手说:"过来,我告诉你。天有六极五常,帝王顺应它则天下得到治理,违背它就会有灾祸。(顺应着这自然之理,)九州百姓安居的事情,就会大功告成而道德完备,光辉照临天下,天下百姓都会拥戴他,这才叫作上古帝王。"

## 二

孔子西游于卫,颜渊问师金曰①:"以夫子之行为奚如?”师金曰:“惜乎,而夫子其穷哉[②]!”颜渊曰:“何也?”

师金曰:“夫刍狗之未陈也[③],盛以箧衍[④],巾以文绣[⑤],尸祝齐戒以将之[⑥]。及其已陈也,行者践其首脊,苏者取而爨之而已[⑦]。将复取而盛以箧衍,巾以文绣,游居寝卧其下,彼不得梦,必且数眯焉[⑧]。今而夫子亦取先王已陈刍狗[⑨],聚弟子游居寝卧其下。故伐树于宋[⑩],削迹于卫[⑪],穷于商周[⑫],是非其梦邪?围于陈蔡之间[⑬],七日不火食,死生相与邻,是非其眯也?夫水行莫如用舟,而陆行莫如用车。以舟之可行于水也,而求推之于陆,则没世不行寻常[⑭]。古今非水陆与?周鲁非舟车与?今蕲行周于鲁[⑮],是犹推舟于陆也!劳而无功,身必有殃。彼未知夫无方之传[⑯],应物而不穷者也。且子独不见桔槔者乎[⑰]?引之则俯,舍之则仰。彼,人之所引,非引人者也,故俯仰而不得罪于人。故夫三皇五帝之礼义法度[⑱],不矜于同而矜于治[⑲]。故譬三皇五帝之礼义法度,其犹柤梨橘柚邪[⑳]!其味相反而皆可于口。故礼义法度者,应时而变者也。今取猿狙而衣以周公之服[㉑],彼必龁啮挽裂[㉒],尽去而后慊[㉓]。观古今之异,犹猿狙之异乎周公也。故西施病心而矉其里[㉔],其里之丑人见之而美之,归亦捧心而矉其里。其里之富人见之,坚闭门而不出;贫人见之,挈妻子而去走。彼知矉美而不知矉之所以美。惜乎,而夫子其穷哉!”

〔注释〕

①师金:鲁国太师,名金。 ②而:通“尔”,你。穷:困窘。 ③刍狗:用茅草扎成的狗,用于祭祀。陈:陈列。 ④箧(qiè):小箱子。衍:小方竹箱。 ⑤巾:覆盖。文绣:刺有花纹的巾帛。 ⑥尸祝:主持祭祀的巫师。齐,通“斋”。将:送。 ⑦苏者:割草的人。爨(cuàn):烧火做饭。⑧且:将。数:屡次。眯(mì):被妖魔惊吓,指梦魇。 ⑨先王:指尧、舜、禹、汤等儒家推崇的帝王。 ⑩伐树于宋:孔子途经宋国,在大树下与弟子们讲习礼法。宋司马桓魋想杀孔子,孔子逃走后,桓魋把那棵大树砍掉了。 ⑪削迹于卫:孔子曾到卫国做官,因怕被人谋害而转去陈国。后在途经卫国匡地时,受到围困。削迹,绝迹。 ⑫穷于商周:指不得志于宋、卫两国。 ⑬围于陈蔡:孔子出游陈、蔡的时候,楚昭王派使者聘请孔子做官。陈、蔡两国怕孔子到楚国做官对自己不利,于是出兵围困他。⑭寻常:古代长度单位,八尺为寻,二寻为常。 ⑮蕲(qí):祈求。 ⑯无方之传:指运转无常规。 ⑰桔槔:一种原始的汲水器具。 ⑱三皇:指燧人、伏羲、神农。亦指伏羲、神农、黄帝。五帝:有三种说法,一指黄帝、颛顼、帝喾、唐尧、虞舜;二指太皞、炎帝、黄帝、少皞、颛顼;三指少皞、颛顼、高辛、唐尧、虞舜。 ⑲矜:崇尚。 ⑳柤(zhā):通“楂”,即山楂,味酸。 ㉑猿狙:猴子。 ㉒龁(hé):啃。啮(niè):咬。挽裂:撕裂。㉓慊(qiè):满足,满意。 ㉔矉(pín):通“颦”,皱眉。

〔译文〕

孔子往西到卫国去游说,颜渊问师金道:“您认为我的老师这次出行会怎么样呢?”师金说:“可惜呀!你的老师将要遭受困厄!”颜渊说:“为什么呢?”

师金说:“在刍狗还没有用于祭祀之前,用竹箱子装起来,用刺有花纹的巾帛包裹着,主持祭祀的巫师斋戒之后将它送上祭坛。等到陈列献祭之后,(刍狗)被丢弃,路人可以随意地践踏它的头与脊背，打柴的人捡去烧火做饭用了。如果有人把它捡回来，（重新）用竹箱装起，用刺有花纹的巾帛包起来，漫游归来还要睡在它的旁边，这样的人即使不做噩梦，也一定会屡次被梦魇困扰。现在你的老师不也是取用先王陈列过的（政教礼法的）刍狗，聚集弟子们漫游归来睡在它的旁边。所以在宋国受到伐树之辱，在卫国被禁止居留，不得志于宋、卫等国，这些难道不是噩梦吗？被围困在陈蔡之间，七天没有烧火做饭，临近死亡的边缘，这难道不是梦魇吗？在水上通行没有比乘船更方便的了，而在陆上通行没有比乘车更方便的了。以为舟船可以行于水上，便希望把它推行到陆地上来，那么一辈子也走不了多远。古代与今天的不同，不就像河水与陆地的不一样吗？西周与鲁国的不同，不就像船与车的不一样吗？现在希望把西周的典章制度搬到鲁国施行，这就好比把船推行到陆地上一样！只能劳而无功，自身也必定遭遇灾祸。孔子不懂得运转的无常，只能不断地顺应万物的变化。况且你难道没见过用桔槔汲水的情形吗？人们牵引绳子它就落下来，人们松开绳子它就仰起来。它是被人牵引的，不是牵引人的，所以它任人俯仰而不会得罪人。所以三皇五帝的礼义法度，不崇尚相同，而是崇尚能够使天下得到治理。因而三皇五帝的礼义法度，就好比是山楂、梨、橘和柚呀！它们味道不同但都很可口。可见礼义法度，是随着时代变化而改变的。现在如果让猴子穿上周公的衣服，它一定会将其咬破撕碎，完全脱去而后才满足。观察古与今的不同，就像猿猴不同于周公一样。所以美女西施有心病而皱眉头，邻里的丑女看了觉得很美，回去也模仿西施的样子，双手捂着胸口而皱起眉头。里巷中的富人见了她，赶紧关上房门，不敢出来；穷人见了她，带着妻子儿女急忙逃走。丑女只知道皱眉好看，却不知道皱眉好看的原因。可惜呀，你的老师将遭受困厄啊！”

## 三

孔子谓老聃曰：“丘治《诗》《书》《礼》《乐》《易》《春秋》六经①，自以为久矣，孰知其故矣②，以奸者七十二君③，论先王之道而明周、召之迹④，一君无所钩用⑤。甚矣夫，人之难说也？道之难明邪？”

老子曰：“幸矣，子之不遇治世之君也！夫六经，先王之陈迹也⑥，岂其所以迹哉！今子之所言，犹迹也。夫迹，履之所出，而迹岂履哉！夫白鶂之相视⑦，眸子不运而风化⑧；虫，雄鸣于上风⑨，雌应于下风而风化。类自为雌雄，故风化⑩。性不可易，命不可变，时不可止，道不可壅⑪。苟得于道，无自而不可；失焉者，无自而可。”

孔子不出三月，复见曰：“丘得之矣。乌鹊孺⑫，鱼傅沫⑬，细要者化⑭，有弟而兄啼。久矣，夫丘不与化为人⑮！不与化为人，安能化人。”老子曰：“可。丘得之矣！”

〔注释〕

①治：研习。　②孰：通“熟”，熟知。故：要义。　③奸：同“干”，干求，干谒。七十二君：泛指孔子干谒国君之多。　④周、召之迹：即周公旦、召公奭，都是周初的功臣。　⑤钩用：取用，采纳。　⑥陈迹：陈旧足迹。⑦白鶂（yì）：“鶂”通“鹢”，水鸟的一种。　⑧眸子：瞳仁。风化：指雄雌相

诱相感而成孕。 ⑨上风:风向的上方。 ⑩类:一种传说中的一身两性之兽。 ⑪壅:滞塞。 ⑫乌:乌鸦。鹊:喜鹊。孺:孵化而生。 ⑬傅沫:以沫相育,指鱼濡沫而生。 ⑭细要:即细腰,蜂名。 ⑮化:造化。为人:为偶,为友。

〔译文〕

孔子对老聃说:“我研究《诗》《书》《礼》《乐》《易》《春秋》六经,自以为很久了,熟知了其中的要义,以此去求见游说七十二位国君,讲述先王治国的策略,阐明周公、召公的政绩情况,却没有一个君主采纳我的主张。太难了,不知道是人君难以劝说,还是道理难以讲明呢?”

老子说:“太幸运了,你恰巧没有碰到懂得治世的明君!那六经,只是先王留下的陈旧足迹,哪里是踩出足迹的鞋子呢!现在你所说的话,就好像是足迹。足迹,是由鞋子踩出来的,足迹岂能当作鞋子呢!白鹢鸟雌雄互相对视,定睛注视便能相诱相感而受孕。有一种虫子,雄的在上风处鸣叫,雌的在下风处应和而受孕生子。有一种叫类的动物,身怀雌雄两性,所以能够自我交感而受孕。本性是不可以改变的,天命是不可以变更的,时间的流动是不能停止的,大道的运行是不能阻塞的。如果能得到大道,怎样都可行,失去了大道,怎样都不可行。”

孔子三个月没有出门,然后再去见老聃说:“我已经领悟了大道。乌鸦喜鹊孵化而生,鱼是以口沫相濡而受孕,细腰蜂不交不生而抚养桑虫幼虫为己子,有了弟弟,哥哥怕失去宠爱而哭泣。很久了,我没有和造化为友!不和造化为友,怎么能去感化人呢!”老子说:“可以了。孔丘已经领悟大道了!”

# 刻 意

〔题解〕

本篇主旨是阐述养神,提出养神之道最重要的是顺应自然天理,做到不怒不惜,不悲不乐,放弃所有的名声、功业、财富,不去期待和追求,真正做到与世无争,完成精神与形体的合一,才能感悟到纯朴的自然天理,成为一个拥有自我天性的真人。文中列举出世间五类不同追求的人,批评他们的追求都是庸俗的,是违背自然天理的,同时列出圣人来做对比,指出圣人虽然无所追求,无所挂心,却拥有五类俗人所追求的一切。而对于养神之道,作者提出要恬淡寂寞,无所追求,要不悲不喜,无所偏好,达到心神纯粹。最后又举出水、藏剑的例子再次强调要保持精神的纯粹,不可让它枯竭,如此才能成为得道真人。

刻意尚行①,离世异俗,高论怨诽②,为亢而已矣③。此山谷之士④,非世之人⑤,枯槁赴渊者之所好也⑥。语仁义忠信,恭俭推让,为修而已矣⑦。此平世之士⑧,教诲之人⑨,游居学者之所好也⑩。语大功,立大名,礼君臣,正上下,为治而已矣。此朝廷之士,尊主强国之人,致功并兼者之所好也⑪。就薮泽⑫,处闲旷⑬,钓鱼闲处,无为而已矣。此江海之士,避世之人,闲暇者之所好也。吹呴呼吸⑭,吐故纳新⑮,熊经鸟申⑯,为寿而已矣。此道引之士⑰,养形之人,彭祖寿考者之所好也⑱。若夫不刻意而高，无仁义而修，无功名而治，无江海而闲，不道引而寿，无不忘也，无不有也，澹然无极而众美从之[19]。此天地之道，圣人之德也。

故曰，夫恬惔寂漠[20]、虚无无为，此天地之平而道德之质也[21]。故曰，圣人休休焉则平易矣[22]，平易则恬惔矣。平易恬惔，则忧患不能入，邪气不能袭，故其德全而神不亏。故曰，圣人之生也天行[23]，其死也物化[24]；静而与阴同德，动而与阳同波；不为福先，不为祸始；感而后应，迫而后动，不得已而后起；去知与故[25]，循天之理。故无天灾，无物累，无人非，无鬼责。其生若浮，其死若休；不思虑，不豫谋[26]；光矣而不耀，信矣而不期；其寝不梦，其觉无忧；其神纯粹，其魂不罢[27]；虚无恬惔，乃合天德。故曰，悲乐者，德之邪也；喜怒者，道之过也；好恶者，德之失也。故心不忧乐，德之至也；一而不变[28]，静之至也；无所于忤[29]，虚之至也；不与物交，惔之至也；无所于逆，粹之至也。故曰，形劳而不休则弊[30]，精用而不已则劳[31]，劳则竭。水之性，不杂则清，莫动则平，郁闭而不流[32]，亦不能清，天德之象也。故曰，纯粹而不杂，静一而不变，惔而无为，动而以天行，此养神之道也。

夫有干越之剑者[33]，柙而藏之[34]，不敢用也，宝之至也。精神四达并流，无所不极[35]，上际于天[36]，下蟠于地[37]，化育万物，不可为象，其名为同帝[38]。纯素之道，唯神是守。守而勿失，与神为一。一之精通[39]，合于天伦[40]。野语有之曰[41]：“众人重利，廉士重名，贤士尚志，圣人贵精。”故素也者，谓其无所与杂也；纯也者，谓其不亏其神也。能体纯素[42]，谓之真人。

〔注释〕

①刻意：磨炼意志。尚行：崇尚品行。 ②高论：不切实际的讨论。怨诽：对现实不满，讥讽时势。 ③亢（kàng）：清高。 ④山谷之士：隐居在深山岩穴的隐士。 ⑤非世：诋毁世俗，讥讽世事。 ⑥枯槁：身体被损坏，如鲍焦、介之推等人。赴渊：投河自尽。如申徒狄、务光等人。上述两者都是为了逃避现实，选择放弃自己的生命。 ⑦修：修身。 ⑧平世之士：平治天下的人。 ⑨教诲之人：教诲世人的人。 ⑩游居学者：有时四处游学，有时在家讲学的人。例如孔子。 ⑪致功：建立大功业。并兼：兼并其他国家。 ⑫薮（sǒu）泽：湖泊草野。 ⑬处闲旷：居住在静谧空旷的地方。 ⑭吹呴（xǔ）：道家呼吸吐纳之术。 ⑮吐故纳新：道家养生之术，吐出浊气，吸纳清气。 ⑯熊经：指熊攀到树上，使身体悬空。鸟申：舒展肢体如同飞鸟的伸脚。都是指古代的养生之术。 ⑰道引：一种传统的养生方法，运用呼吸俯仰等各种方法使体内血气畅通，肢体柔软。⑱寿考：长寿。考，老。 ⑲澹（dàn）然：恬淡的样子。无极：不刻意追求哪一方面。 ⑳惔：通“淡”。 ㉑平：标准。质：本质。 ㉒休休焉：据陈碧虚《庄子阙误》引张君房本，应当作“圣人休焉，休则平易矣”。休：息心，排除杂念。 ㉓天行：顺应自然而行动。 ㉔物化：像其他事物一样变化无所牵挂。 ㉕知：智谋。故：诈伪造作之类。 ㉖豫：通“预”。 ㉗罢：通“疲”，疲惫。 ㉘一：虚无之道。 ㉙忤（wǔ）：违背，抵触。 ㉚弊：疲困。 ㉛精：精神。 ㉜郁闭：滞塞不流动。 ㉝干、越：指吴国和越国，为春秋时两个强国。因以铸剑闻名于世。 ㉞柙（xiá）：通“匣”，这里指放在匣子里。 ㉟极：到达顶点。 ㊱际：交接，接近。 ㊲蟠（pán）：遍及。 ㊳同帝：与天帝的效用一样。 ㊴精通：身心结合的玄妙境界。㊵天伦：自然天理。 ㊶野语：俗语。 ㊷体：体会，领悟。

〔译文〕

磨炼心志使(人)行为(变得)高尚,超然脱俗与世人不一样,高谈阔论来抨击无道的天下,(这只是)为了展示自己的清高。这是住在深林山谷中的隐者,诋毁世俗的人,因为不满现实而毁掉自己身体或者结束自己生命的人喜好的。讲究仁义忠信,注意恭敬、节俭、推辞、礼让,都是为了修身罢了。这是平定天下的人,教诲世人的人,有时四处游说,有时在家中讲学的人喜好的。谈论建立大功业,得到大名声,制定君臣礼仪,维护上尊下卑的制度,都是为治理天下罢了。这是在朝中做官的人,使君主尊贵,国家强大的人,为建立大功业兼并其他国家的人所喜好的。隐居在湖泽草野中,居住在安静空旷的地方,整日闲居垂钓,为了闲居自在罢了。这是隐居在江湖海滨,逃避现实的人、悠闲从容的人喜好的。调整呼吸,吐故纳新,像熊一样悬吊在树上,像鸟一样伸展肢体,为了寿命长久罢了。这是会养生之术的人,像彭祖这样长寿的人喜好的。至于不用磨炼心志就能使(自己)行为崇高,不谈论仁义也可以修身,不追求大功业大名声也能治理天下,不用隐居在江湖海滨也能悠闲从容,不用导气引体也能长寿,一切全然不在意,一切都可以自然而然地得到,心境恬阔没有什么专好,那么所有美好的事物都会与你相伴。这就是天地之间的大道,圣人的高尚德行。

所以说,恬淡寂寞、虚无无为,这是天地间的标准和道德的本质。因此说,圣人在恬淡寂寞的地方排除俗念,排除了俗念就可以使内心清净淡泊,平易恬淡,那么忧患不能侵入,邪气不能袭扰,这样他的德行完备而精神不会亏损。所以说,圣人在世时,可以顺应自然的运行,离世时就像其他事物一样变化无所牵挂；静处时顺应天地间的阴德，运动时顺应天地间的阳德；不去做福泽的先导，也不做祸乱的起始；接收到天地间的感应之后有所应答，感受到外部压力之后才去行动，迫不得已才会兴起；放弃智谋和欺诈，遵循天地之理。因此没有天灾，没有外物牵累，不会被其他人非议为难，也不会被鬼神责备。将生当作是泡沫，将死亡当作是休憩；既不思虑，也不预先谋划；充满光亮但却不炫耀，遵守信言但不必期望一定可以兑现；睡觉时不会做梦，睡醒时也不会忧愁；心神纯粹没有杂念，精神也就不会疲乏；虚无恬淡，这才和自然之本性一致。所以说，悲伤与快乐，都是不顺应自然本性的邪念；开心与愤怒，都是违背天地大道的过失行为；喜好与厌恶，都会使人失去自然本性。因此心里没有烦忧与喜乐，是保持自然本性的最好境界；专守玄虚之道永不改变，就是保持平静心态的极致；对外物无所违背，就是保持虚无心态的极致；不与其他事物交往，就是保持平淡心态的极致；顺应万物发展而不违背自然天理，就是保持纯粹心态的极致。所以说，身体过度辛劳而不休息就会疲倦，精神运转而不停歇就会劳累，过度劳累就会枯竭。水的本性，不混杂其他东西就会清澈，不去搅动就会平静；停滞而不流动，也不可能清澈，水的本性符合自然无为之德。所以说，纯粹而不混杂，虚静专一而不为外物改变，恬淡无为，依天理规则去运行，这就是修养精神的道。

拥有吴、越两国所造宝剑的人，把它收在匣子里珍藏，不敢轻易使用，这是真的爱惜宝剑到了极致了。精神向四面八方流通没有任何停滞，无所不至，上与天交会，下遍及地，生养哺育万物，(却)不能了解它的踪迹，它的效用与天帝的一样。纯粹质朴的道，只有守神专心才能不丢失。守护心神不要让它丢失，使形体与心神合二为一。形体与心神的结合达到熟练的地步，就与自然之理相一致了。俗语说："普通人注重钱财，廉洁的人注重声名，贤士推崇志向，圣人重视精神。"因此所谓的素质，就是不与杂质混淆；所谓的纯粹，就是不让他的精神有任何亏损。能体会纯素的人，就能被称为真人。

## 缮 性

〔题解〕

文章取篇首"缮性"二字为题，主旨在于教导人们如何修养性情。文章篇幅短小精悍，条理清晰，从三个部分来论证主旨。第一部分开门见山指出"俗学"不能修治性情，要"以恬养知"，才能"和理出其性"。而所谓的礼乐都是在强行改变人的自然本性，只会导致天下大乱。第二部分引出古人的例子，先古人民在自然无为的状态下，达到"至一"的境界，能够长久和美的生活下去。而随着礼治教育的不断强化，道德不断地衰败，人心也难以回到本初。最后指出了古代"得志者"在所处时运与大道相违背的情况下，不为官名利禄所困，不与世俗同流合污，不在"俗思"中迷失自我。与第一段的"蒙蔽之人"形成鲜明对比，强调主旨，发人深省。

缮性于俗学①，以求复其初；滑欲于俗思②，以求致其明：谓之蔽蒙之民③。

古之治道者，以恬养知④。知生而无以知为也，谓之以知养恬。知与恬交相养，而和理出其性⑤。夫德，和也；道，理也。德无不容，仁也；道无不理，义也；义明而物亲[6]，忠也；中纯实而反乎情[7]，乐也；信行容体而顺乎文，礼也。礼乐偏行[8]，则天下乱矣。彼正而蒙己德[9]，德则不冒[10]，冒则物必失其性也。

古之人，在混芒之中[11]，与一世而得澹漠焉。当是时也，阴阳和静，鬼神不扰[12]，四时得节，万物不伤，群生不夭[13]，人虽有知，无所用之，此之谓至一[14]。当是时也，莫之为而常自然。

逮德下衰[15]，及燧人、伏羲始为天下[16]，是故顺而不一。德又下衰，及神农、黄帝始为天下，是故安而不顺。德又下衰，及唐、虞始为天下[17]，兴治化之流[18]澆淳散朴[19]，离道以善，险德以行[20]，然后去性而从于心[21]。心与心识，知而不足以定天下，然后附之以文[22]，益之以博[23]。文灭质[24]，博溺心[25]，然后民始惑乱，无以反其性情而复其初。

由是观之，世丧道矣，道丧世矣。世与道交相丧也，道之人何由兴乎世[26]，世亦何由兴乎道哉！道无以兴乎世，世无以兴乎道，虽圣人不在山林之中，其德隐矣。隐，故不自隐。

古之所谓隐士者，非伏其身而弗见也[27]，非闭其言而不出也，非藏其知而不发也，时命大谬也[28]。当时命而大行乎天下，则反一无迹[29]；不当时命而大穷乎天下，则深根宁极而待。此存身之道也[30]。

古之行身者[31]，不以辩饰知，不以知穷天下，不以知穷德[32]，危然处其所而反其性己[33]，又何为哉！道固不小行，德固不小识。小识伤德，小行伤道。故曰，正己而已矣[34]。乐全之谓得志[35]。

古之所谓得志者，非轩冕之谓也[36]，谓其无以益其乐而已矣。今之所谓得志者，轩冕之谓也。轩冕在身，非性命也，物之傥来[37]，寄者也[38]。寄之，其来不可圉[39]，其去不可止。故不为轩冕肆志[40]，不为穷约趋俗[41]，其乐彼与此同[42]，故无忧而已矣，今寄去则不乐[43]。由是观之，虽乐，未尝不荒也[44]。故曰，丧己于物，失性于俗者，谓之倒置之民[45]。

〔注释〕

①缮（shàn）性：修治本性。 ②滑欲于俗思：滑，通“汩”，治理、疏导。欲，情欲、物欲。 ③蔽蒙：蒙昧，闭塞愚昧。 ④恬：心境的平静。知：通“智”。 ⑤和：和顺。理：自然天理。 ⑥物亲：万物都来与之亲近。 ⑦中：内心中。纯实：纯良诚实。 ⑧偏：当作“偏”字。 ⑨彼：他物。蒙：覆盖。 ⑩冒：承受，此处可理解为强加。 ⑪混芒：混沌蒙昧。指上古人类未开化的状态。 ⑫扰：搅乱。 ⑬群生：一切生物。 ⑭至一：古代哲学用语，指高度和谐一致的境界或局面。 ⑮逮：到，及。
⑯燧人：燧人氏，传说中的古帝王，钻木取火的发明者。伏羲：古代传说中的三皇之一，风姓。相传其始画八卦，又教民渔猎。 ⑰唐、虞：唐尧、虞舜。 ⑱治化：治理国家、教化人民。 ⑲淳散朴：使淳厚变浇薄，使质朴离散。澆（xiāo），又作浇，浇薄之意。 ⑳险：摧残。 ㉑去性：抛弃本性。从于心：服从充满技巧的人心的支配。 ㉒文：礼节仪式。 ㉓益：增添。博：学识广博。 ㉔质：本性。 ㉕溺：淹没。 ㉖道之人：达到顺应自然、与天合一的境界的人。 ㉗伏：藏匿。见：通“现”。 ㉘时命：所处时代与所遭命运。谬：与自然天理违背。 ㉙一：人与自然同一境界。
㉚存身：保全自己生命。 ㉛行身：当作存身。 ㉜穷德：使自己的内德

受到劳累。 ㉝危然：超然端正貌，可以理解为独正不倚。 ㉞正己：端正自己，在道德方面没有亏缺。 ㉟乐全：以保全自己本性为快乐。得志：实现他的志向，得到快意。 ㊱轩冕：借指官位爵禄。 ㊲傥（tǎng）来：偶然得来。这里指官位爵禄不是与生俱来，而是偶然得来之物。㊳寄者：暂时寄存的物品。 ㊴圉（yǔ）：又作御，抵挡防御。 ㊵肆志：快意，随心，纵情。 ㊶穷约：穷困潦倒。趋俗：与世俗同流合污。 ㊷彼：轩冕，即高官厚禄。此：穷约。 ㊸寄：寄存的物品，这里指丧失官位爵禄。 ㊹荒：空虚的，不充实的。 ㊺倒置：本末颠倒。

〔译文〕

用世俗流行的学问来修治本性，以求恢复最初的本性；用世俗观念来修治追求功名利禄的世俗观念，以求获得明悉：（这种人）被称为闭塞愚昧的人。

古时候修道的人，用（内心的）安静淡泊来蓄养学问。生成智慧（却）不用智慧去行事，（这叫作）用智慧来培养（内心的）恬静。智慧与恬静彼此滋润养育，平和的德与顺应天理的道就从自然本性中生出。（我们）所说的德，就是平和的本性；所说的道，就是自然天理。德对于世间万物没有什么不能包容的，这就是仁；践行道（的时候）没有什么不合乎自然天理的，这就是义；义理明确又与万物都来亲近，这就是忠；（内心）纯良诚实而又能返回自然天性，这就是乐；行为体态都诚实守信而又和自然礼节契合，这就是礼。礼乐制度偏行不走正道，天下就要大乱了。（天地万物）的德行本来是合乎天理的，而（我却把）自己的德行推行给（其他人），但是德行是无法强加（给别人的），如果用自己的德行来覆盖（别人的）德行，那么万物会丧失他的本性。

古时候的人，处在混沌蒙昧当中，天下的人都恬淡寡欲。在那个时候，阴与阳平和安静地共处，鬼神不扰民惹怨，四时变化与节气时令相一致，万物不会受到伤害，所有生命都不会早早死亡，人们虽然拥有智慧，却没有地方可以使用(自己的)智慧，这就是高度和谐一致的境界。在那个时候，(人们的)无为之心与自然之道相合。

等到道德衰败，到燧人氏、伏羲氏开始治理天下时，只能顺应百姓的心意却不能达到(百姓)天性与自然的统一。道德又衰退，到神农氏、黄帝治理天下时，只能使天下安定却不能顺应百姓的心意。道德再次衰退，到唐尧、虞舜治理天下时，兴起治理国家、教化人民的风气，使淳厚质朴的民风变得贫瘠，背离自然天道来追求善，崇尚品行而损伤了自然德性，然后舍弃自然天性来听从内心欲望。彼此之间相互用机巧功利的心思来窥测对方心思，(这样的)智慧技巧不足以来安定天下，然后又附加上礼文仪节，再增添广博的学问。礼文仪节使(百姓)丧失了自然天性，广博的学问淹没了(百姓的)纯洁内心，然后百姓开始困惑迷乱，没有办法使百姓恢复自己本来的天性而回到原本的性情。

由此看来，世间大道已经没有大道了，大道遗弃了世间，世间(风俗)与大道相互丢失了彼此，得道的人怎么在世间立足，世间如何使大道振兴啊！大道无法振兴人世，人世也无法再使大道兴起，即使圣人不在深山野林中隐居，他们也会被世人所忽视。所说的(圣人)隐居，并不是圣人自己故意隐匿的。

古时候所说的隐士，不是藏匿自身不让人发现，并不是闭塞言论不说(大道)，也不是隐藏自己的智慧而不给(世人)展示，而是(他们所处的)时代与命运大相悖谬啊！如果时代命运相契合，(隐士们)就可以让大道通行天下，就可以恢复人的本性和自然天理高度契合但却不显露任何形迹；时代与命运不相契合，又被困在人世，就深固自然根本，保持宁静至极的本性等待时机。这就是保全自己性命的方法。

古时候保全自己生命的人，不用巧辩来修饰自己的智慧，不用智慧让天下人感到困累，也不用心智来让自己的德受到损伤，独立不倚地待在他应该在的地方，用此希望返归自然本性，除此之外还有什么可以做呢！（明白）大道（的人）不会做出不识大体的行为，德行完善（的人）本来就不会有浅陋的见识。浅陋的见识会伤害（他的）德行，不识大体的行为则损伤大道。所以说，端正自己就可以了。保全自己自然本性的快乐就叫作得志。

古时候所说的得志之人，不是拥有高官厚禄，而是说自己保全本性的快乐已经足够了，高官厚禄并不能再增加快乐。现在所说的得志之人，就是指得到高官厚禄。拥有高官厚禄，并不是与生俱来的，而是偶然得来的，只是暂时被你拥有。凡是寄托的事物，它来了（你）没有办法阻拦，它离开（你）也没有办法留下。所以不要因为高官厚禄放纵（自己的）心志，也不要因为穷困潦倒就与世俗同流合污，拥有高官厚禄和穷困潦倒的快乐是一样的，所以没有忧愁就可以了。（现在的人）寄托在（他这里）的东西被取走便不快乐。由此看来，他们虽然有过快乐，但是这种（不是自然本性的快乐）都会流逝的。所以说，为了追求身外之物而丧失自我，与世俗同流合污而失掉自然本性的人，叫作本末倒置的人。

## 秋　水

〔题解〕

本篇的观点与《齐物论》中观点一致，体现了相对主义认识论。提出万物的大小、是非、贵贱都是相对存在的，指出人要回归自然天性，不要被功名利禄这些外物所扰，强行改变自己的本性。庄子这一观点体现了他对于万物绝对与相对、无限与有限的认识，突破了当时的认识的局限。本文主要是通过举例子来论证作者的思想，他对于相对主义的认识也是主要体现在河伯与海神的对话中。这场对话分为七层，层层推进，从开始的小大的相对性、贵贱的相对性，演绎到无形和有形的相对性、可知与未知的相对性，最终得出天然和人为中“无以人灭天，无以故灭命”的结论，引导人们不要人为地改变事物的自然天性。这种说法虽然带有一定的认识论的积极因素，但是作者对于相对主义的认识否定了事物差别的客观性与人类活动的能动性。

## 一

秋水时至，百川灌河，泾流之大[1]，两涘渚崖之间[2]，不辩牛马[3]。于是焉河伯欣然自喜[4]，以天下之美为尽在己。顺流而东行，至于北海，东面而视，不见水端。于是焉河伯始旋其面目[5]，望洋向若而叹曰[6]：“野语有之[7]曰，‘闻道百，以为莫己若’者[8]，我之谓也。且夫我尝闻少仲尼之闻而轻伯夷之义者[9]，始吾弗信；今我睹子之难穷也，吾非至于子之门，则殆矣，吾长见笑于大方之家[10]。”北海若曰：“井蛙不可以语于海者[11]，拘于虚也[12]；夏虫不可以语于冰者，笃于时也[13]；曲士不可以语于道者，束于教也[14]。今尔出于崖涘，观于大海，乃知尔丑[15]，尔将可与语大理矣[16]。天下之水，莫大于海，万川归之，不知何时止而不盈；尾闾泄之[17]，不知何时已而不虚[18];春秋不变,水旱不知。此其过江河之流,不可为量数。而吾未尝以此自多者,自以比形于天地[19],而受气于阴阳,吾在于天地之间,犹小石、小木之在大山也,方存乎见少[20],又奚以自多!计四海之在天地之间也,不似礨空之在大泽乎[21]?计中国之在海内,不似稊米之在大仓乎[22]?号物之数谓之万,人处一焉;人卒九州[23],谷食之所生[24],舟车之所通[25],人处一焉;此其比万物也,不似豪末之在于马体乎[26]?五帝之所连,三王之所争,仁人之所忧,任士之所劳[27],尽此矣。伯夷辞之以为名,仲尼语之以为博,此其自多也,不似尔向之自多于水乎?"

河伯曰:"然则吾大天地而小毫末[28],可乎?"北海若曰:"否。夫物量无穷[29],时无止,分无常[30],终始无故[31]。是故大知观于远近,故小而不寡,大而不多,知量无穷;证曏今故[32],故遥而不闷[33],掇而不跂[34],知时无止;察乎盈虚,故得而不喜,失而不忧,知分之无常也;明乎坦涂,故生而不说,死而不祸,知终始之不可故也[35]。计人之所知,不若其所不知;其生之时,不若未生之时;以其至小,求穷其至大之域,是故迷乱而不能自得也。由此观之,又何以知毫末之足以定至细之倪[36]?又何以知天地之足以穷至大之域?"

河伯曰:"世之议者皆曰:'至精无形,至大不可围。'是信情乎[37]?"北海若曰:"夫自细视大者不尽,自大视细者不明。夫精,小之微也;垺,大之殷也[38],故异便[39]。此势之有也。夫精粗者,期于有形者也[40];无形者，数之所不能分也；不可围者，数之所不能穷也[41]。可以言论者，物之粗也；可以意致者[42]，物之精也；言之所不能论，意之所不能察致者，不期精粗焉。是故大人之行[43]，不出乎害人，不多仁恩[44]；动不为利，不贱门隶[45]；货财弗争，不多辞让；事焉不借人[46]，不多食乎力[47]，不贱贪污；行殊乎俗，不多辟异[48]；为在从众，不贱佞谄；世之爵禄不足以为劝，戮耻不足以为辱[49]；知是非之不可为分，细大之不可为倪。闻曰：'道人不闻[50]，至德不得，大人无己。'约分之至也[51]。"

河伯曰："若物之外[52]，若物之内，恶至而倪贵贱[53]？恶至而倪小大？"北海若曰："以道观之，物无贵贱；以物观之，自贵而相贱；以俗观之，贵贱不在己。以差观之，因其所大而大之，则万物莫不大；因其所小而小之，则万物莫不小；知天地之为稊米也，知毫末之为丘山也，则差数睹矣[54]。以功观之，因其所有而有之，则万物莫不有；因其所无而无之，则万物莫不无，知东西之相反而不可以相无，则功分定矣[55]。以趣观之，因其所然而然之，则万物莫不然；因其所非而非之，则万物莫不非；知尧、桀之自然而相非，则趣操睹矣。昔者尧、舜让而帝，之、哙让而绝[56]；汤、武争而王，白公争而灭[57]。由此观之，争让之礼，尧、桀之行，贵贱有时[58]，未可以为常也。梁丽可以冲城[59]，而不可以窒穴[60]，言殊器也。骐骥、骅骝一日而驰千里[61]，捕鼠不如狸狌[62]，言殊技也。鸱鸺夜撮蚤[63]，察毫末，昼出瞋目而不见丘山，言殊性也。故曰：'盖师是而无非[64]，师治而无乱乎？'是未明天地之理、万物之情者也。是犹师天而无地，师阴而无阳，其不可行明矣。然且语而不舍[65]，非愚则诬也！帝王殊禅，三代殊继。差其时，逆其俗者，谓之篡夫[66]；当其时，顺其俗者，谓之义之徒[67]。默默乎河伯！女恶知贵贱之门[68]，小大之家[69]。"

河伯曰："然则我何为乎？何不为乎？吾辞受趣舍[70]，吾终奈何？"北海若曰："以道观之，何贵何贱，是谓反衍[71]；无拘而志[72]，与大道蹇[73]。何少何多，是谓谢施[74]；无一而行，与道参差[75]。严乎若国之有君，其无私德；繇繇乎若祭之有社[76]，其无私福；泛泛乎其若四方之无穷，其无所畛域[77]；兼怀万物，其孰承翼[78]？是谓无方[79]。万物一齐，孰短孰长？道无终始，物有死生，不恃其成，一虚一满，不位乎其形。年不可举[80]，时不可止，消息盈虚[81]，终则有始。是所以语大义之方[82]，论万物之理也。物之生也，若骤若驰[83]，无动而不变，无时而不移[84]。何为乎？何不为乎？夫固将自化。"

河伯曰："然则何贵于道邪？"北海若曰："知道者必达于理，达于理者必明于权[85]，明于权者不以物害己。至德者，火弗能热，水弗能溺，寒暑弗能害，禽兽弗能贼。非谓其薄之也[86]，言察乎安危，宁于祸福[87]，谨于去就，莫之能害也。故曰：'天在内，人在外，德在乎天。'知天人之行，本乎天，位乎得[88]；蹢躅而屈伸[89]，反要而语极[90]。"曰："何谓天[91]？何谓人[92]？"北海若曰："牛马四足，是谓天；落马首[93]，穿牛鼻，是谓人。故曰，无以人灭天，无以故灭命[94]，无以得殉名，谨守而勿失，是谓反其真。”

〔注释〕

①泾（jīng）：水径直涌流。 ②涘（sì）：边际，极限。渚（zhǔ）：水中间小块陆地。 ③辩：通“辨”，分别，分辨。 ④河伯：黄河水神。 ⑤旋：改变。 ⑥洋：盛大，众多。若：与下文的“北海若”一样，都是指海神。 ⑦野语：俗语。 ⑧莫己若：正常语序为“莫若己”。没有人比得上自己。 ⑨仲尼：孔子，字仲尼，孔子是以博学著称的。伯夷：商朝诸侯孤竹君的长子，以重义清高著称。 ⑩长：长久。见：被。大方之家：领悟大道的人。 ⑪井蛙：井底之蛙。比喻见闻狭隘、目光短浅的人。 ⑫虚：同“墟”，住所，处所。 ⑬笃：专守，这里可引申为限制的意思。 ⑭教：俗学，俗教。 ⑮丑：思想上的鄙陋无知。 ⑯大理：大道。 ⑰尾闾（lǘ）：古代传说中泄海水之处。 ⑱已：停止。虚：水尽。 ⑲比：借作“庇”，庇护。 ⑳方：正。 ㉑礨（lěi）空：蚂蚁的穴，小洞。 ㉒稊（tí）：稗子一类的草，籽实像糜子。大：同“太”。 ㉓卒：通“萃”，聚集。 ㉔所生：所生长的地方。 ㉕所通：所通行的地方。 ㉖豪末：毫毛的末端。比喻极其细微。 ㉗任士：有能力的贤人。 ㉘大：以……为大。小：以……为小。 ㉙物量：事物的体积。 ㉚分（fèn）：名分、地位。 ㉛故：通“固”，固定。 ㉜曏（xiàng）：查明。故：指古代。 ㉝闷：厌倦。 ㉞掇（duō）：拾取，引申指就近，时间短暂。跂（qǐ）：与“企”同，求也。 ㉟说：同“悦”，欣悦。终始：死生。故：通“固”，固定。 ㊱倪：边界，端倪。 ㊲信情：真实可靠。 ㊳垺（fú）：同“郛”，外城，这里指大外有大。殷：大。 ㊴异便：大小不同却各有所宜。 ㊵期：限于。 ㊶穷：达到极点。 ㊷意致：运用意识获得的。 ㊸大人：圣人。 ㊹多：夸耀。 ㊺门隶：守门的仆役。 ㊻事：做事情。借人：借助他人。 ㊼食乎力：自食其力。 ㊽辟异：乖僻怪异。 ㊾戮耻：惩罚与耻辱。 ㊿闻：闻名，出名。 ㉛约：约束，取消。 ㉜若：这个，这样。 ㉝恶至：哪里，怎样。倪：端倪，有区别的意思。 ㉞差数：

差别。 ⑤功分:(事物的)功能和职能。 ⑥之:燕相子之。哙:燕王哙。燕王哙将王位禅让给宰相子之,几乎使燕国灭亡。 ⑦白公:春秋时期楚平王的孙子,称白公,因起兵造反被镇压。 ⑧有时:间或不定。 ⑨梁丽:房屋的栋梁,丽,通"欐"。冲:冲撞,撞击。 ⑩窒:阻塞不通。 ⑪骐骥、骅骝:都是古代著名的良马。 ⑫狸狌:野猫和黄鼠狼。 ⑬鸱鸺(chīxiū):猫头鹰。 ⑭盖:通"盍",意为为什么。师:效法。无:不要,抛弃。 ⑮舍:停止。 ⑯篡夫:篡位窃国的人。 ⑰义之徒:合时顺俗的人。 ⑱门:门径,这里指关于贵贱的道理。 ⑲家:学术流派,这里指关于大小的道理。 ⑳趣:通"取",求取,采取。 ㉑反衍:反复无端。 ㉒而:同"尔",你。 ㉓蹇(jiǎn):艰阻,这里是违背的意思。 ㉔谢:代谢,转化。施(yì):延伸,发展。 ㉕参差:不齐的样子。 ㉖繇繇(yóu):悠闲自得的样子。社:古代指土地神。 ㉗畛(zhěn)域:边界、界限。 ㉘承翼:帮助,这里指承受庇护。 ㉙无方:没有方向、处所的限制,谓无所不至。这里指没有偏向。 ㉚举:止,停留。 ㉛消息:消亡、生长。 ㉜大义:大道。 ㉝骤:马快跑。驰:车马等奔跑,快跑。 ㉞移:变化。 ㉟权:权变,应对。 ㊱薄:迫近。 ㊲宁:安心。 ㊳位:处于,居住。 ㊴蹢躅(zhízhú):即"踟蹰",进退不定的样子。 ㊵反:同"返"。要:要点,大道的关键。 ㊶天:天然,天性,与生俱来的。 ㊷人:人为。 ㊸落:通"络",用网状物兜住。 ㊹故:有心,存心。命:自然天性。

〔译文〕

秋天的河水适时上涨,江河湖泽的水都流注到黄河了,黄河水流之大,两岸之间以及河中小洲之间,连牛马都辨认不清。于是河神内心欢欣,得意起来,以为天下的美都在黄河了。(河伯)顺着河流向东行走,到达北海,向东面望去,看不见水的边际。于是河神才开始改变扬扬得意的神色,望着无际的大海对海神感叹说:"俗语说'听到许多道理后,就以为没有人能及得上自己',这就是在说我啊。我也曾听说有人(不仅)认为孔子学问少(而且)轻视伯夷的行为,起初我不相信;现在我看到大海的浩瀚无边,难于穷尽,我要是没有到这里来,那么就糟糕了,我会一直被领悟大道的人所笑话。”海神说:“不可以和井底之蛙来谈论大海,因为它被所处的环境所限制;不能和(只存活在)夏天的虫类谈论冰冻之事,因为它被所生存的季节所限制;和孤陋寡闻的人不可以谈论大道,因为他受到所接受教育的束缚。现在你离开黄河两岸,看见(浩瀚的)大海,知道了自己的浅薄,那么就可以同你谈论大道了。天下的水,没有比海洋更大的,所有的江河湖泽都归注(到大海),不知道什么时候停止,而大海永远不会盈满;通过尾闾排掉水,不知道什么时候终止,而大海永远不会枯竭;(大海)不会因为春秋季节(交替)而发生任何变化,陆上的旱涝变化,大海也不会有感觉。大海的容量超过江河的水量,(这个)数目没有办法估量。而我也从来没有因此就扬扬自得,(因为)我意识到我(只是)寄形在天地之间,从阴阳变幻中秉受了生气,我在天地之间,就如同小石块、小树木在大山之中,只会有自己太过渺小(的想法),又怎么会得意扬扬呢?估量四海在天地之间(所占大小),不就像蚁穴在大湖泽中一样吗?计算中国在四海之内(所占大小),不就像一粒米在谷仓中一样吗?事物名号的数量要以万来计数,人仅仅是其中之一;人们在九州之内聚集生存,谷物在这里生长,舟车在这里通行,而一个人仅仅是其中的一员;个人与万物相比,不就像马身上的一根毫毛一样微小吗?五帝禅让所传承的,三王武力所争夺的,仁人所担忧的,贤士所操劳的,(与万物相比)都只是这样的一个毫毛啊。伯夷辞让来博取好名声,孔子谈论来展示渊博(的知识),(他们这些)行为都是自满自足,不就和你之前为黄河之水的多而扬扬自得一样吗?”

河神说："（这样的话）那么我将天地看作大，把毫毛看作小，可以吗？"海神说："不可以。事物的容量大小是不能穷尽的，时间不会停止，得失也不是一成不变的，生死往复更是没有尽头。所以（拥有）大智的人观察远近事物（从不局限于一端），因此（他看）小的东西不会觉得小，（看）大的东西不会觉得大，这是因为他深切了解事物容量没有穷尽；验证了古与今变化无穷（这个道理），因此对于遥远的过去不会感到厌倦，对不久后的日子没有什么企望，这是（因为）知道时间是永无止境的；了解了事物发展盈虚变化的规律，因此，得到了不会喜乐，失去了也不会悲伤，这是因为知道了得失不是一定的；明白了生命是人生必经的一条平坦大道，所以就不会因为生而高兴，不会将死亡看作灾祸，这就是因为知道死生不固定的道理。计算一下一个人所知道的，不及他不知道的多；他有生命的时间也不如他没有生命的时间长；用他有限的知识和短暂的生命来穷尽无限广博的领域，因此会迷惑昏乱却无所得。从这里可以看出，从哪里可以知道毫毛能够定为极小的限度呢？又从哪里可以知道天地能够穷尽最大范围呢？"

河神说："世间讨论的人都说：'最细微的东西，看不到它的形体；最庞大的物品，没办法得知它的外围。'这话是真的吗？"海神说："从小的角度看庞大的物品，看不到全貌；从大的角度来看细小的事物，看不清细节。这里所说的精，是指小的事物中最微小的；垺，是大的物品之外更庞大的，所以事物虽然大小不一，但是却有各自适应的情形。这是物品势态发展必然出现的现象。所说的精细粗大，都是相对于有形之物来说的；至于无形的物体，不能用数字来衡量和划分；事物庞大到无法知道它的大小，不能用数字来穷尽的。可以用语言来谈论的是事物中粗壮的部分；可以用意念来体会的是事物中精细的部分；至于言语无法谈论，意识也不能领悟的，那就不限于事物精细粗大的范围了。因此，圣人行事不会有意损害他人，也不夸赞施行仁义恩惠的行为；办事不是为了私利，也不轻视守门的仆役；不会与人争夺财物，也不推崇辞让财物的行为；行事不借助他人的帮助，也不夸赞自食其力，不鄙视贪利忘义的行为；行为举止与世俗不同，却也不赞许乖僻怪异的行为；行为依从众人，也不鄙视谄媚溜须拍马的行为；世间的高官厚禄不能够劝勉他，刑罚和耻辱不能够羞辱他；因为（圣人）知道是非界限并不能清晰分辨，大小的边界也不好划分。听说过这样的说法：'得到大道的人不求闻名，拥有大德的人不去期望得到什么，圣人忘却自己的存在。'这是减少差异达到极致了。"

河神说："从物性的外表，或是从物性的内里，从哪里划分它们的贵贱？从哪里划分它们的大小呢？"海神说："从大道的角度来观察，万物没有贵贱之分；从事物自身的角度来观察，事物都各自以自己为贵，以其他事物为贱；从世俗的观念来看，物品的贵贱不在于自身。从事物的差别来看，按照事物大的方面把它看作大，那么万物都是大的；如果从事物小的方面把它看作小，那么万物都是小的；明白了天地就像一粒细米一样小，一根毫毛就像山丘那般大，那么万物差别就可以清楚看出了。从物体的功效来观察，从它具有的功效的一面来看，所有物品没有不具有功效的；从它没有功效的一面来看，那么万物都不具有任何功效；了解东与西方向相互对立但又相互依存的道理，那么所有事物的功能和职分就可以明确了。从事物的趋向上来观察，顺着它功效的一面将它视为有用，那么所有事物都是有用的；顺着它无用的一面来将它看作无用，那么所有事物全都是无用的；明白尧与桀都将自己看作正确，两者相互否定，那么他们的不同志向就可以看清了。从前尧和舜由禅让而成为帝王，燕王哙与子之却因禅让而遭遇灭绝；商汤与周武王用武力相争而为王，白公胜却因为武力争位而灭亡。由此看来，争夺与禅让的礼制，尧与桀的行为，它们的贵贱是因时而异的，而不是永恒不变的。粗壮的梁柱可用来撞击城门，但却不可以用来堵小洞，这是说器用大小不一样。骐骥、骅骝可以日行千里，但捉老鼠却不如野猫和黄鼠狼，这是说它们的技能不同。猫头鹰夜里可以抓跳蚤，看得清毫毛大小的东西，白天却睁大眼睛也看不见丘山，这是说它的性能不同。所以说：'为什么不能学习有效的而舍弃无用的，学习治理好的而抛弃混乱的呢？'这种说法是不了解天地变化的道理，不明白万物发展的情况；这就如同只尊崇天而舍弃地，只推崇阴而不要阳一样，这种做法很明显行不通。但是还是有人说个不停，这种人不是愚昧就是在骗人！帝王传位的方式不同，夏商周王位继承的方法也不一样。与时代不相合宜，违背世俗人心的，就被称为篡夺的人；与时代相顺应，符合世道人心所期望的，就被称为正义的人。沉默吧，河神！你哪里能知道万物贵贱、大小的道理呢？"

河神说："既然如此，那么我应该做什么？不应该做什么？我对于事物的辞让、接纳、求取、舍弃应该用什么作为标准？我究竟应该怎么做呢？"海神说："从大道的角度来观察，什么是贵什么是贱，都是一个反复不断的转化过程；不要拘束你的心志，使它与大道相阻隔。什么是多什么是少，说的是相互发展转换的过程；不要偏执坚持自己的意见去行事，而与大道矛盾，要像国君一样威严庄重，对待百姓没有偏私；要像受祭的社神一样悠闲自得，对祭祀的人都不私自偏袒；如同四方延伸的平原一样广阔无边，它是无所不在没有边界的；包容万物没有任何偏私，谁也没有得到单独庇护，这就是不偏向。万物是一样的，谁是长的谁是短的呢？大道是没有开始和终结的，万物是有死有生的，一时的成功不足以依赖。万物在虚盈之间变化，没有固定的形位。过去的年月不能挽留，时间不能停驻。（事物的）消亡、生长、盈满、空虚都在终而复始运转变化着。这就是谈论大道的原则、论述万物的道理。事物的生长，如同马儿疾速奔驰，一举一动都在变化，无时无刻不在推移。应该做什么？不该做什么？都不要干涉，万物会按照自己的生息进行变化。”

河神说：“那道还有什么可贵的地方呢？”海神说：“明白大道的人一定能通达事物虚盈的道理，通达事物道理的人一定知道怎么应变，能够灵活应变的人不会让事物伤害自己。拥有最高修养的人，烈火不能烧伤他，水不能淹溺他，严寒酷暑不能侵袭他，猛兽不能残害他。不是说他迫近、触犯这些能够免受伤害，而是说他观察到安全和危险（的征兆），在困穷和通达的处境都能泰然处之；能谨慎对待进退去留，所以没有外物能伤害到他。因此说：‘人的天性是我们的内心，社会环境塑造人的外在行为，根本在于顺从于天。’知道自然天性与人类活动的变化，以顺从自然本性为根本，处在应该在的位置，无论是进退或屈伸都不受约束，就是回到大道之中心，讲出了大道的极致。”河神说：“什么是天性？什么是人为？”海神说：“牛马出生就有四足，就是天性；给马戴上笼头，给牛穿上鼻绳，就是人为。所以说，不要用人力来伤害天性，不要专门造作来破坏天性，不要牺牲本性来谋求名声，谨守天性并且不使失去本性，就是复归自然的本性。”

## 二

夔怜蚿[①],蚿怜蛇,蛇怜风,风怜目,目怜心。夔谓蚿曰:"吾以一足趻踔而行[②],予无如矣!今子之使万足,独奈何?"蚿曰:"不然。子不见夫唾者乎?喷则大者如珠,小者如雾,杂而下者不可胜数也。今予动吾天机[③],而不知其所以然。"

蚿谓蛇曰:"吾以众足行,而不及子之无足,何也?"蛇曰:"夫天机之所动,何可易邪[④]?吾安用足哉!"蛇谓风曰:"予动吾脊胁而行,则有似也[⑤];今子蓬蓬然起于北海[⑥],蓬蓬然入于南海,而似无有,何也?"风曰:"然。予蓬蓬然起于北海而入于南海也。然而指我则胜我[⑦],鰌我亦胜我[⑧]。虽然,夫折大木,蜚大屋者[⑨],唯我能也。"故以众小不胜为大胜也。为大胜者,唯圣人能之。

**〔注释〕**

①夔(kuí):古代传说中的一种龙形异兽。怜:羡慕。蚿(xián):一种节肢动物,有很多对腿。 ②趻踔(chěnchuō):跳,跳跃。 ③天机:灵性。谓天赋灵机。 ④易:改变。 ⑤有似:好像有脚的样子。 ⑥蓬蓬然:形容风声。 ⑦胜:胜过,超过。 ⑧鰌(qiū):踢踏。 ⑨蜚:通"飞",吹房拔梁。

**〔译文〕**

只有一只脚的夔羡慕多足的蚿,多足的蚿羡慕无足前行的蛇,无足的蛇羡慕无形的风,无形的风羡慕能洞察万物的眼睛,能洞察万物的眼睛羡慕能思索的心。夔对蚿说:“我只能用一只脚跳着走,我不如你啊。现在你用万只脚走路,究竟是怎么做到的呢?”蚿说:“并不是这样的。你没有看见吐唾沫的人吗?喷出的唾沫有珠宝那么大的,有雾滴那么小的,大小混杂着一起落下来,无法数清。现在我只是依靠自己的本能在行走,而不知道它们是怎么行走的。”

蚿对蛇说:“我用这么多脚走路却没有你的无足走得快,是为什么呢?”蛇说:“我凭借我的本能在行走,怎么能够轻易改变呢? 我又哪里用得着脚呢?”蛇对风说:“我使用我的脊背和肋部而前行,看起来好像还是有脚的样子;现在你从北海呼呼地刮起,又呼呼地吹入南海,这好像没有任何的形迹,这是为什么呢?”风说:“是的。我呼呼地从北海刮起最终吹入南海。可是,人们用他们的手指来阻拦我,我没法继续前行,这就能胜过我,(人们)用脚来踢踏我,也能胜过我。虽然这样,能够折断大树、吹毁房屋的(力量),也只有我能做得到。”所以在小的方面不能取胜,但却能在大的方面取得胜利。取得大的方面的胜利,只有圣人才能做到。

## 三

孔子游于匡[①],宋人围之数帀[②],而弦歌不惙[③]。子路入见,曰:“何夫子之娱也[④]?”孔子曰:“来,吾语女[⑤]。我讳穷久矣[⑥],而不免,命也;求通久矣,而不得,时也[⑦]。当尧舜而天下无穷人,非知得也[⑧];当桀纣而天下无通人,非知失也;时势适然[⑨]。夫水行不避蛟龙者,渔父之勇也。陆行不避兕虎者[⑩],猎夫之勇也。白刃交于前,视死若生者，烈士之勇也。知穷之有命，知通之有时，临大难而不惧者，圣人之勇也。由，处矣！吾命有所制矣⑪！”无几何，将甲者进⑫，辞曰：“以为阳虎也⑬，故围之；今非也，请辞而退。”

〔注释〕

①匡：卫国邑名，在今河南睢县西。 ②宋：误，应为“卫”字。帀（zā）：同“匝”，周。 ③惙（chuò）：通“辍”，停止。 ④娱：快乐。 ⑤女：通“汝”，你。 ⑥讳：忌讳。穷：不得志。 ⑦时：机遇时运。 ⑧知得：智慧超群。知同“智”。 ⑨时势：时代的趋势，当时的形势。 ⑩兕（sì）：雌犀牛。 ⑪制：约束，限定。 ⑫将：统率，指挥。甲：披甲的人，即甲士。 ⑬阳虎：鲁国人阳虎，与匡人有仇，据说长相与孔子相像。

〔译文〕

孔子游历卫国的匡邑，卫国人把他团团包围起来，孔子吟诗弹唱的声音并未停下。子路进来见孔子说：“为什么先生还这么快乐呢？”孔子说：“过来，我告诉你！我忌讳困穷已经很久了，但也摆脱不掉，这是因为（我的）命运就是如此；我渴望通达已经很久了，但却没有获得，这是因为我的时运不佳啊！生活在尧舜时代，天下没有困穷潦倒的人，不是因为他们智慧高超；生活在桀纣的时代，天下没有通达的人，不是因为他们智力低下；这都是因为时运造成的。在水底穿行不躲避蛟龙，这是渔夫的勇敢。在陆上行走不躲避犀牛老虎，这是猎人的勇敢。刀剑横在（他）面前，将死亡看得如同生一样平常，是壮烈的人的勇敢。明白困穷潦倒是由于命运，了解通达是因为（恰当的）时机，遭逢大难却不畏惧的，这是圣人的勇敢。仲由，你放心吧！我的命运已经被安排好了。”没过多久，统领士兵的长官进来说：“误以为你是阳虎，所以把你包围起来，现在知道不是，请让我表示致歉并退兵。”

## 四

公孙龙问于魏牟曰[①]："龙少学先王之道，长而明仁义之行；合同异，离坚白[②]；然不然，可不可；困百家之知，穷众口之辩；吾自以为至达已。今吾闻庄子之言，汒焉异之[③]；不知论之不及与[④]？知之弗若与？今吾无所开吾喙[⑤]，敢问其方。"

公子牟隐机大息[⑥]，仰天而笑曰："子独不闻夫埳井之蛙乎[⑦]？谓东海之鳖曰：'吾乐与！出跳梁乎井干之上[⑧]，入休乎缺甃之崖[⑨]；赴水则接腋持颐[⑩]，蹶泥则没足灭跗[⑪]，还虷、蟹与科斗[⑫]，莫吾能若也[⑬]。且夫擅一壑之水[⑭]，而跨跱埳井之乐[⑮]，此亦至矣[⑯]。夫子奚不时来入观乎？'东海之鳖左足未入，而右膝已絷矣[⑰]。于是逡巡而却[⑱]，告之海曰：'夫千里之远，不足以举其大[⑲]；千仞之高，不足以极其深[⑳]。禹之时十年九潦[㉑]，而水弗为加益；汤之时八年七旱，而崖不为加损[㉒]。夫不为顷久推移[㉓]，不以多少进退者，此亦东海之大乐也。'于是埳井之蛙闻之，适适然惊[㉔]，规规然自失也[㉕]。且夫知不知是非之竟[㉖]，而犹欲观于庄子之言，是犹使蚊负山，商蚷驰河也[㉗]，必不胜任矣。且夫知不知论极妙之言，而自适一时之利者，是非埳井之蛙与？且彼方跐黄泉而登大皇[28]，无南无北，奭然四解[29]，沦于不测[30]；无东无西，始于玄冥[31]，反于大通[32]。子乃规规然而求之以察[33]，索之以辩，是直用管窥天[34]，用锥指地也，不亦小乎？子往矣！且子独不闻夫寿陵余子之学行于邯郸与[35]？未得国能[36]，又失其故行矣，直匍匐而归耳[37]！今子不去，将忘子之故[38]，失子之业。"公孙龙口呿而不合[39]，舌举而不下，乃逸而走[40]。

〔注释〕

①公孙龙：战国时期赵国人，名家主要代表人物之一，以善辩著称。魏牟：魏国公子。 ②合同异：为名家惠施一派的典型命题，强调事物的同一性。离坚白：为公孙龙的著名命题。 ③汒：同"茫"，茫然无所知的样子。 ④论：辩论的水平。 ⑤喙（huì）：鸟兽的嘴，借指人之口。 ⑥隐：依，靠。机：同"几"。 ⑦埳（kǎn）井：废井，浅井。埳，同"坎"。 ⑧跳梁：同"跳踉"，跳跃。干：井垣，井栏。 ⑨甃（zhòu）：砖砌的井壁。 ⑩颐：面颊。 ⑪蹶（jué）：踏，踩。灭跗（fū）：没过脚背。 ⑫还：回顾。虷（hán）：蚊子的幼虫，即孑孓。 ⑬若：比得上。 ⑭擅：独揽，占有。壑：坑谷，深沟。 ⑮跨跱（zhì）：据有保持。 ⑯至：极，最。这里指最大的快乐。 ⑰絷（zhí）：绊住。 ⑱逡（qūn）巡：小心谨慎的样子。 ⑲举：表述，形容。 ⑳极：穷尽，竭尽。 ㉑潦：古同"涝"，雨水过多，水淹。㉒崖：边际，此处指海水的水位。 ㉓顷：短暂。推移：变化。 ㉔适适然：惊恐的样子。 ㉕规规然：惊恐自失的样子。 ㉖竟：同"境"，境界。㉗商蚷（jù）：虫名，即马蚿，又称马陆。 ㉘跐（cǐ）：踩，踏。大皇：同"太皇"，指天。 ㉙奭（shì）：消散的样子。四解：四面通达。 ㉚沦：沦没，这里指深入。 ㉛玄冥：深远幽寂，道家用以形容"道"。 ㉜大通：大道。㉝规规然：求索经营的样子。察：小聪明。 ㉞直：简直。 ㉟寿陵：燕国地名。余子：少年。 ㊱国能：赵人走路的方法。 ㊲直：只能。匍匐：

爬行。 ㊳故：原来的本领。 ㊴呿（qū）：张开。 ㊵逸：逃跑。

〔译文〕

公孙龙问魏牟说："我少年时学习先王大道，年长后通晓仁义的行为；了解同异相合、坚白相离的观点；能够把他认为不对的说成是对的，把他不认同的说成他所认同的；（我的说法）使百家的智者感到困惑，让众多善辩者感到理亏而无话可说；我自认为已经是非常通达了。现在我听了庄子的言论，感到茫然不解；不知道是因为我的辩论（技巧）不如他呢？还是因为我的知识不如他渊博呢？现在我都不知道如何开口了，请问这是为什么呢？"

公子牟靠着几案叹息，然后又仰天而笑说："难道你没听说浅井中青蛙的故事吗？它对生活在东海的鳖说：'我多么快乐呀！我可以蹦出井栏在上面玩耍，再蹦回井中在破旧的砖壁上休息；游入水中有井水托着腋窝和两腮之下，踏在淤泥中，淤泥没过脚背；（我）观察周围的小孑孓、小螃蟹、小蝌蚪，没有像我这样（快乐）的！况且（我）独自占据一井之水，盘踞在井中跳跃蹲踞的快乐，这也就算得上是极致了，你为什么不随时来我这井中看看呢？'东海的鳖左脚还没有进入井底，右膝就被井口绊住了。于是小心翼翼地退出来，并告诉浅井的青蛙关于大海的情况说：'千里之间遥远（的距离），不能够用来形容海洋的大；用千仞的高度，不足以衡量大海的深。禹的时代，十年有九年发生洪涝，而海水并不因此而增加；商汤的时代，八年有七年发生干旱，大海的水位也不因此而下降。大海的水量不会因为时间的短暂和长久而有所改变，（大海的水位）不会因为雨水多少而有所升降，这也就是东海最大的乐趣啊！'浅井之蛙听了这些，大吃一惊,一副茫然不知所措的样子。再说,你的智慧还不能够理解是非的界限,就想着领悟庄子的言论,这就像让蚊子背负山丘,让马蚿虫在大河中遨游一样,肯定是不能胜任的。况且你的智慧还不能够论述精妙至极的言论,而自己却追求口舌上一时的胜利,这不就是和浅井的青蛙一样吗?而且庄子的言论高深精妙,上可以抵达天的极高处,下可以到达地的最低点,不分南北,四面畅通无滞碍,深入神妙莫测的境界;不分东西,起源在宇宙出现之前,返归大道之中。你只知道追求用小聪明去分辨它,想用明察辩论(的技巧)去求索其理,这简直是从管子里窥视天,用锥子尖测量大地一样,不是太过渺小了吗?你去吧!难道你没有听过寿陵的少年去邯郸学习走步的故事吗?最后不仅没能学会赵国人走路的方法,反而忘记自己原来怎么走的,只好爬着回到燕国!现在你要是再不离开,就会忘记你原来的智慧,失掉之前的行当。”公孙龙被吓得合不上嘴,说不出话,就匆忙逃离了。

## 五

庄子钓于濮水[①],楚王使大夫二人往先焉[②],曰:“愿以境内累矣!”庄子持竿不顾,曰:‘吾闻楚有神龟,死已三千岁矣,王巾笥而藏之庙堂之上[③]。此龟者,宁其死为留骨而贵乎?宁其生而曳尾于涂中乎[④]?”二大夫曰:“宁生而曳尾涂中。”庄子曰:“往矣!吾将曳尾于涂中。”

〔注释〕

①濮水:水名,根据唐成玄英说,在今山东范县境。 ②楚王:楚威

王。先:用非正式的方式表达楚王的意图。 ③巾笥(sì):以巾包裹,藏入箱箧。 ④宁:还是。涂:泥泞。

〔译文〕

庄子在濮水边上垂钓,楚威王派遣了两名大夫来告知(庄子),说:“希望将国内政事交给先生!”庄子拿着钓竿,头也不回地说:“我听闻楚国有一只神龟,已经死去三千年了。楚王将它的骨甲用巾布包裹起来装在竹箱里,珍藏在大庙明堂上。对于这只龟来说,它是愿意死后将骨甲留下来彰显尊贵呢?还是宁愿活着在泥里拖着尾巴爬行呢?”两位大夫回答说:“(自然是)愿意活着在泥里拖着尾巴爬行。”庄子说:“那你们请回吧!我愿意拖着尾巴在泥里爬行。”

## 六

惠子相梁[①],庄子往见之。或谓惠子曰:‘庄子来,欲代子相。”于是惠子恐,搜于国中三日三夜。庄子往见之曰:“南方有鸟,其名为鹓鸰[②],子知之乎?夫鹓鸰发于南海而飞于北海,非梧桐不止,非练实不食[③],非醴泉不饮[④]。于是鸱得腐鼠[⑤],鹓鸰过之,仰而视之曰:‘吓[⑥]!’今子欲以子之梁国而吓我邪?”

〔注释〕

①惠子:惠施,宋国人,名家主要代表,是庄子的朋友。 ②鹓鸰(yuānchú):传说中与鸾凤同类的鸟。 ③练实:竹实。以色白,故名。 ④醴(lǐ)泉:甜美的泉水。 ⑤鸱(chī):猫头鹰。 ⑥吓:动物发出威吓敌人的声音。

〔译文〕

惠施在梁国做相，庄子前去看望他。（有人）便对惠施说："庄子到（梁国），是想要取代你的相位。"于是惠施非常惊恐，在都城内搜捕了庄子三天三夜。庄子主动去见惠施说："南方有一种名叫鹓鸰的鸟，你知道吗？这种鸟从南海起程，往北海去，不是梧桐树不肯栖息，不是竹子的果实不吃，不是甘美的泉水不喝。在这时猫头鹰得到一只腐烂的臭老鼠，见鹓鸰从它上空飞过，猫头鹰仰头看着，发出'吓'的怒斥声！今天，你也想用你梁国的相位来怒斥我吗？"

## 七

庄子与惠子游于濠梁之上。[①]庄子曰："鲦鱼出游从容[②]，是鱼之乐也。"惠子曰："子非鱼，安知鱼之乐？"庄子曰："子非我，安知我不知鱼之乐？"惠子曰："我非子，固不知子矣[③]；子固非鱼也，子之不知鱼之乐，全矣。"庄子曰："请循其本[④]。子曰'汝安知鱼乐'云者，既已知吾知之而问我，我知之濠上也。"

〔注释〕

①濠（háo）梁：濠水上的桥。濠水在今安徽凤阳县境内。　②鲦（tiáo）鱼：银白色小鱼。　③固：本，原来。　④循：遵守。本：根源、起点。

〔译文〕

庄子与惠施在濠水桥上游览。庄子说："鲦鱼在水中悠闲自在地穿行，这是鱼儿的快乐呀。”惠施说：“你不是鱼，怎么能知道鱼的快乐呢？”庄子说：“你不是我，怎么知道我不知道鱼的快乐呢？”惠施说：“我不是你，固然不知道你（的想法）；你本不是鱼，所以你也不知道鱼的快乐，这些可以完全肯定。”庄子说：“请回到我们争论的起点。你说‘你怎么知道鱼儿的快乐’的时候，就是已经知道了我知道鱼儿的快乐，然后才问我怎么知道鱼儿的快乐，我是在濠水桥上知道鱼儿的快乐的呀！”

# 至　乐

〔题解〕

本篇主旨围绕着篇名“至乐”展开，论述什么是“至乐”，如何做到“至乐”，表达“无为”方能“至乐”的观点。作者首先对世俗之人的“至乐”进行阐释，说明无论是富贵、功名、长寿都要付出各种代价，根本算不上真正的“至乐”。真正的大道应该领悟天地无为的做法，一切顺其自然。其次，作者举出庄子妻子离世、庄子与骷髅、列子与骷髅的例子，指出世人所厌恶的死亡不过是天地循环一个节，生死是不断循环的，甚至死后的快乐要大于在世的快乐。从生死勘破人生无为的大道。最后，作者讲述了鲁侯养鸟的故事，告诉我们要达到“至乐”，必须顺应自然天性，不能强行改变天性，再次强调“无为”方可“至乐”。

## 一

天下有至乐无有哉[①]？有可以活身者无有哉[②]？今奚为奚据？奚避奚处？奚就奚去？奚乐奚恶？

夫天下之所尊者，富、贵、寿、善也[3]；所乐者，身安、厚味、美服、好色、音声也；所下者，贫贱、夭恶也[4]；所苦者，身不得安逸，口不得厚味，形不得美服，目不得好色，耳不得音声。若不得者，则大忧以惧，其为形也亦愚[5]哉！

夫富者，苦身疾作[6]，多积财而不得尽用，其为形也亦外矣[7]！夫贵者，夜以继日，思虑善否[8]，其为形也亦疏矣！人之生也，与忧俱生。寿者惛惛[9]，久忧不死，何苦也！其为形也亦远矣！烈士为天下见善矣，未足以活身。吾未知善之诚善邪？诚不善邪？若以为善矣，不足活身；以为不善矣，足以活人[10]。故曰："忠谏不听，蹲循勿争[11]。"故夫子胥争之以残其形[12]；不争，名亦不成。诚有善无有哉？

今俗之所为与其所乐，吾又未知乐之果乐邪？果不乐邪？吾观夫俗之所乐，举群趣者[13]，诬诬然如将不得已[14]，而皆曰乐者，吾未之乐也，亦未之不乐也。果有乐无有哉？吾以无为诚乐矣，又俗之所大苦也。故曰："至乐无乐，至誉无誉。"

天下是非果未可定也。虽然，无为可以定是非。至乐活身，唯无为几存[15]。请尝试言之：天无为以之清[16]，地无为以之宁，故两无为相合，万物皆化。芒乎芴乎[17]，而无从出乎！芴乎芒乎，而无有象乎[18]！万物职职[19]，皆从无为殖[20]。故曰："天地无为也而无不为也。"人也孰能得无为哉！

〔注释〕

①至乐:最大的快乐。 ②活身:养活自身;保存自身。 ③善:善名。 ④夭:早死,短命。 ⑤为形:保养身体。 ⑥疾作:努力劳作。 ⑦外:外物,多指利欲功名之类,这里是指不得当的保养方法。 ⑧善:这里指官运亨通。否(pǐ):不好的,坏的。与善相对,这里指官运不通。 ⑨惛惛(hūn):通“惽惽”,神志不清,迷迷糊糊。 ⑩活人:使人活;救活他人。 ⑪蹲循:逡巡,退让。 ⑫子胥:伍子胥,吴国大将。苦谏吴国国君夫差而被赐死。 ⑬趣:同“趋”,趋向;奔向。 ⑭诬诬(kēng)然:世俗人争相追求快乐的样子。 ⑮几:将近,差一点儿。 ⑯清:清静虚无。 ⑰芒芴(hū):同“恍惚”。形容不可辨认,不可捉摸。 ⑱象:征象,行迹。 ⑲职职:繁多的样子。 ⑳殖:生长,繁殖。

〔译文〕

世上有没有极致的快乐呢?有没有可以保全生命的方法呢?现在应当做什么?应该依据什么?应该回避什么?应该在哪里安居呢?应该追逐什么?应该抛弃什么?应该喜欢什么?应该厌恶什么?

天下人最崇尚的东西是富有、显贵、长寿、美名;天下人所喜欢的就是身体安康、饮食美味、服饰华丽、色彩悦目、音乐动听;天下人都厌恶的就是贫穷、地位低、早夭与恶名;天下人所苦恼的就是身体不健康,嘴里吃不到美味,身上穿不上华丽的服饰,双眼看不到悦目的色彩,耳朵听不到动听的声音。如果就因为得不到这些,就大为忧虑而恐惧,这样养身难道不是太愚蠢了吗!

富足的人,要使身体劳苦,勤劳做事,多多地积累财富却不能全部享用,这对于养身也太笨拙低劣了!尊贵的人,夜以继日地思索考虑做官为士的通达与困厄,这离养身之道也太远了!

人生下来，就伴随着忧愁。长寿的人整天糊里糊涂，长长久久地忧愁却不死去，多么(令人)苦恼啊！这与养身之道离得也太远了！壮烈的勇士被天下人夸赞，却不能保全自己的生命。我不知道这种善是不是真的善呢？还是不善呢？如果把这种善认为是真的善，但不能保全自己的生命；如果认为这种善是不善，却又使其他人存活。所以说："忠心规劝却不被听取，就应该退却而不是强行争论。"所以伍子胥因为强行劝诫，而身体遭遇残害；然而不去劝诫的话，他就没有忠臣的名声。所以到底有没有真的善呢？

现在天下人所追求和认同的快乐，我也不知道那是真的快乐呢，还是不快乐呢？我看见天下人所认可的快乐，所有人都在争相追求快乐，人们坚定不移地追求快乐的样子好像是无法停止似的，天下人都认为这是快乐，我不知道这算是快乐，还是不快乐。到底有没有真的快乐呢？我认为无为是真正的快乐，但世俗人们又认为(无为)是痛苦。所以说："最大的快乐就是忘记快乐，最大的赞誉就是忘记赞誉。"

世俗中的是非是无法确定的。虽然这样，但是无为的态度和观点就可以定论是非了。快乐的极致是可以让自身得以保全，只有无为可以得到极致的快乐。请让我试着说一说：天无为所以可以清虚，地无为所以可以宁静。所以天地两者，无为相合，万物得以变化生长。(这一切)恍惚模糊，却找不到踪迹！万物繁杂，都是在天地无为中繁殖出来。所以说："天地无为，而又无不为。"天下人又有谁可以做到无为呢！

## 二

庄子妻死，惠子吊之，庄子则方箕踞鼓盆而歌[①]。惠子曰："与人居[②]，长子[③]、老[④]、身死，不哭亦足矣，又鼓盆而歌，不亦甚乎！"

庄子曰："不然。是其始死也，我独何能无概然⑤！察其始而本无生；非徒无生也而本无形⑥；非徒无形也而本无气。杂乎芒芴之间，变而有气，气变而有形，形变而有生。今又变而之死，是相与为春秋冬夏四时行也。人且偃然寝于巨室⑦，而我噭噭然随而哭之⑧，自以为不通乎命⑨，故止也。"

〔注释〕

①箕踞(jījù)：一种轻慢、不拘礼节的坐的姿态。即随意张开两腿坐着，形似簸箕。鼓盆：敲瓦罐子。 ②人：庄子的妻子。 ③长子：养育孩子使之长大。 ④老：衰老，这里指白头偕老。 ⑤概：同"慨"，感慨。⑥非徒：不但，不仅。形：形体。 ⑦偃然：安息的样子。巨室：天地之间。⑧噭(áo)噭：哀鸣声，哀号声。 ⑨命：命运，天命。

〔译文〕

庄子的妻子过世了，惠子前去吊唁，庄子正随意地张开两腿坐着敲击着瓦盆唱歌。惠子说："你与你的妻子共同生活，一起抚养孩子长大，与你白头偕老，现在她过世了，你不哭也算了，还敲击瓦盆唱歌，这不是太过分了吗？"

庄子说："不是这样的。在(我妻子)刚刚去世的时候，我怎么能不悲痛呢！然而推究在她未出世之前，本来她就是没有生命；不但没有生命，而且最初也没有形体；不仅没有形体，而且还没有气。混杂在恍惚的状态之中，变幻之后有了气，气逐渐演变有了形体，形体发展变化有了生命。现在又从生变成死，这就像春秋冬夏四季的自然运行一样。去世的人安息在天地之间，而我却在旁边哀号不止，我觉得这样做是不通达自然变化之理，所以停止了哭泣。”

## 三

支离叔与滑介叔观于冥伯之丘①、昆仑之虚②，黄帝之所休③。俄而柳生其左肘④，其意蹶蹶然恶之⑤。

支离叔曰：“子恶之乎？”滑介叔曰：“亡⑥，予何恶！生者，假借也；假之而生生者，尘垢也。死生为昼夜。且吾与子观化而化及我⑦，我又何恶焉！”

〔注释〕

①支离叔、滑介叔：皆为虚拟人物。有忘形忘智的寓意。冥伯之丘：虚构的丘名。 ②昆仑之虚：虚构出来的遥远神秘的地方。虚：同“墟”，土丘。 ③休：歇息。 ④俄而：短暂的时间，不久；突然间。柳：通“瘤”。 ⑤蹶蹶（guì）：惊动的样子。恶：厌恶。 ⑥亡：否。 ⑦观化：观察变化；观察造化。

〔译文〕

支离叔和滑介叔一起在冥伯之丘、昆仑之墟浏览，这都是黄帝曾经休息的地方。不久滑介叔的左肘上长出一个瘤子，他表现出惊惧不安的样子，好像很厌恶这个肿瘤。

支离叔说：“你厌恶这个瘤子吗？”滑介叔说：“不，我怎么会厌恶它！生命，不过是一时寄存在（物体上）。寄存的事物又生出肿瘤，都是尘垢的聚集罢了。生命的死生轮替好比是昼夜交替。我与你一起观察造化，现在造化发展到我的身上，我又怎么会厌恶它！”

## 四

庄子之楚，见空髑髅①，髐然有形②。撽以马捶③，因而问之曰："夫子贪生失理而为此乎？将子有亡国之事④，斧钺之诛而为此乎？将子有不善之行，愧遗父母妻子之丑而为此乎？将子有冻馁之患而为此乎⑤？将子之春秋故及此乎⑥？"于是语卒，援髑髅⑦，枕而卧。

夜半，髑髅见梦曰："子之谈者似辩士，视子所言，皆生人之累也，死则无此矣。子欲闻死之说乎⑧？"庄子曰："然。"髑髅曰："死，无君于上，无臣于下，亦无四时之事，从然以天地为春秋⑨，虽南面王乐，不能过也。"庄子不信，曰："吾使司命复生子形⑩，为子骨肉肌肤⑪，反子父母、妻子、闾里、知识⑫，子欲之乎？"髑髅深瞑蹙頞曰⑬："吾安能弃南面王乐而复为人间之劳乎！"

〔注释〕

①髑髅(dúlóu)：死人的头骨。 ②髐(xiāo)然：骨骼枯空而破损的样子。 ③撽(qiào)：从旁边敲打。马捶：马杖；马鞭。 ④将：还是，表推测。 ⑤馁：饥饿。 ⑥春秋：年纪。 ⑦援：牵引。 ⑧说：论说。 ⑨从(zòng)然：自由自在，放纵无拘束。 ⑩司命：神名。掌管生命的神。 ⑪为：制造，创造。 ⑫闾里：邻居。知识：朋友。 ⑬瞑(pín)：通"颦"，皱眉。蹙頞(cùè)：皱缩前额，愁苦的样子。蹙，皱。頞，额头。

〔译文〕

庄子到楚国去，途中碰到死人头骨，干枯但还有活人头颅的形状。庄子用马鞭敲了敲骷髅问:“先生是由于过分贪恋生命,舍弃自然天理变成这样的吗?或是遭遇亡国祸乱,被斧钺杀害变成这样的呢?或是你做了违背法规的事情,怕成为父母、妻子的耻辱变成这样的呢?或是你因为挨饿受冻变成这样的呢?或是你因为年老体衰变成这样的呢?”这样讲完,拉过骷髅,枕在头下睡着了。

半夜时分,骷髅出现在他的梦中,对他说:“听您的话语好像是个善辩的人。看您说的事情,都是活人的苦累,死人没有这些烦恼。您愿意听听死人的言论吗?”庄子说:“当然。”骷髅说:“死人,上面没有君王,下面没有臣民,没有四季的炎凉,自由自在地与天地同寿,即使是南面称王的快乐,也不能超越(这种快乐)。”庄子不相信,说:“我让司命复活你的身体,重新造出你的骨肉肌肤,将你的父母、妻子、邻里和朋友还给你,你愿意吗?”骷髅深深地皱眉说:“我怎么可能舍弃南面称王的快乐而再去受人间的劳苦呢?”

## 五

颜渊东之齐,孔子有忧色。子贡下席而问曰[①]:“小子敢问,回东之齐,夫子有忧色,何邪?”

孔子曰:“善哉汝问。昔者管子有言,丘甚善之[②],曰:‘褚小者不可以怀大[③],绠短者不可以汲深[④]。’夫若是者,以为命有所成而形有所适也,夫不可损益。吾恐回与齐侯言尧、舜、黄帝之道[⑤],而重以燧人、神农之言[⑥]。彼将内求于己而不得,不得则惑,人惑则死[⑦]。且女独不闻邪?昔者海鸟止于鲁郊[⑧],鲁侯御而觞之于庙[9],奏《九韶》以为乐[10],具太牢以为膳[11]。鸟乃眩视忧悲[12],不敢食一脔[13],不敢饮一杯,三日而死。此以己养养鸟也,非以鸟养养鸟也。夫以鸟养养鸟者,宜栖之深林,游之坛陆[14],浮之江湖,食之鳝鲦[15],随行列而[16]止,委蛇而处[17]。彼唯人言之恶闻,奚以夫譊譊为乎[18]!《咸池》《九韶》之乐[19],张之洞庭之野,鸟闻之而飞,兽闻之而走,鱼闻之而下入,人卒闻之[20],相与还而观之[21]。鱼处水而生,人处水而死。彼必相与异[22],其好恶故异也。故先圣不一其能,不同其事。名止于实,义设于适,是之谓条达而福持。[23]"

〔注释〕

①下席:离开座位,表示敬意。 ②善:赞许。 ③褚(zhǔ):盛衣物的袋子。怀:包藏。 ④绠(gěng):汲水用的绳子。汲深:从深井中汲水。 ⑤与:向。 ⑥重:再加上。 ⑦彼:与"人"都是指齐侯。 ⑧海鸟:爰居。 ⑨御:迎接。觞:古代酒具。 ⑩九韶:舜时乐曲名。 ⑪太牢:古代祭祀,牛、羊、豕三牲具备谓之太牢。 ⑫眩视:目光迷乱。 ⑬脔(luán):切成小块的肉。 ⑭坛陆:水中陆地。 ⑮鳝:"鳅"的异体字,泥鳅。鲦:白条鱼。⑯行列:鸟群的队伍。 ⑰委蛇(wēiyí):从容自得的样子。 ⑱譊譊(náo):喧闹嘈杂。 ⑲咸池:古乐曲名,相传为黄帝作。 ⑳人卒:民众。㉑还:同"环",环绕围绕。 ㉒彼:指鱼和人。 ㉓条达:条理通达。福持:福分常在。

〔译文〕

颜渊朝东出发去齐国,孔子面露忧愁之色。子贡离开席位问:"学生想问老师,颜回向东去齐国,先生脸上出现忧愁的表情，这是为什么呢？”

孔子说：“你问得很好。从前管子说过一句话，我很赞同，管子说：‘小的衣袋不可包藏大物件，短绳不能从深井中汲水。’之所以这样说，就是因为每个人的命运都有它形成的道理，每个人的形体也都有他适宜的地方，都是不能随便增加或是减少的。我害怕颜回和齐侯谈论尧、舜、黄帝的帝王之道，又加上燧人、神农的主张。齐侯听了要以这些人的行为来要求自己，但是做不到，因此会怀疑颜回的话，一旦怀疑颜回的话，颜回便会被处死。况且，你难道没有听说过吗？从前有一只海鸟飞落在鲁国都城的郊外休息，鲁侯为了欢迎它，在太庙中给它饮酒，演奏《九韶》来使它快乐，将祭祀使用的祭品作为鸟的食物。但是鸟却目眩心苦，不敢吃一块肉，不敢喝一杯酒，三天就死了。这是用养人的方式去养鸟，不是用养鸟的方式去养鸟。用养鸟的方式养鸟，就应该让它在深林中栖息，在水中陆地游玩，在湖泽水面上浮游，捕捉泥鳅、白鲦为食，与鸟群一起飞行与留止，从容地生活。海鸟最厌恶人的声音，何必还要听热闹喧嚣的《九韶》啊！在广阔的自然中演奏《咸池》《九韶》这类乐曲，鸟儿听到会离开，野兽听到会逃走，鱼儿听到要躲回水底，然而只有人听了，才会一起围着观看。鱼儿在水里能够生存，人在水里会淹死。人和鱼是不一样的，所以它们的好恶也是不一样的。所以古时候的圣人根据每个人的不同能力，让他们治理不同的事情。名称要和实际事物相符合，义理的设置要符合人们的天性，这就叫条理通达，保持福分。”

## 六

列子行，食于道从[①]，见百岁髑髅[②]，攓蓬而指之曰[3]:"唯予与汝知而未尝死[4],未尝生也。若果养乎[5]?予果欢乎?"种有几[6],得水则为㡭[7],得水土之际则为蛙玭之衣[8],生于陵屯则为陵舄[9],陵舄得郁栖则为乌足[10],乌足之根为蛴螬[11],其叶为胡蝶。胡蝶胥也化而为虫[12],生于灶下,其状若脱[13],其名为鸲掇[14]。鸲掇千日为鸟,其名为干余骨[15]。干余骨之沫为斯弥[16],斯弥为食醯[17]。颐辂生乎食醯[18],黄軦生乎九猷[19],瞀芮生乎腐蠸[20]。羊奚比乎不箰[21],久竹生青宁[22],青宁生程[23],程生马,马生人,人又反入于机[24]。万物皆出于机,皆入于机。

〔注释〕

①道从:道旁,路侧。 ②岁:百年,指长时间。 ③攓(qiān):拔取。蓬:蒿草。 ④而:你,指骷髅。 ⑤若:你。养:通"恙",忧。 ⑥种:物种。几:细微。 ⑦㡭(jì):通"继",水中断续如丝的低级生物。 ⑧蛙玭(wāpín)之衣:蛙玭衣,青苔。 ⑨陵屯:山丘,土山。陵舄(xì):车前草。⑩郁栖:粪壤。乌足:草名。 ⑪蛴螬(qícáo):金龟子的幼虫,长寸许,居于土中,以植物根茎等为食,为主要地下害虫。 ⑫胥:片刻,一会儿。⑬脱:通"蜕",蜕皮。 ⑭鸲掇(qúduō):虫名,其状柔嫩,像刚刚脱皮的样子。 ⑮干余骨:鸟名,山鹊。 ⑯斯弥:虫名。 ⑰食醯(xī):昆虫名。⑱颐辂(lù):虫名。 ⑲黄軦(kuàng):虫名。九猷:虫名。 ⑳瞀芮(màoruì):昆虫名,蚊类,形似蝇而小,吸人畜血液。蠸(quán):即"黄守瓜",瓜类的害虫,成虫吃瓜叶,幼虫咬细根。 ㉑羊奚:草名。比:连接。不箰:箰,同"笋"。不生笋之竹。 ㉒久竹:老竹。青宁:虫名。 ㉓程:豹子。 ㉔机:自然。

〔译文〕

列子出行,在道旁吃饭,看见(路边)有个陈旧的骷髅,他拔取蒿草指着骷髅说："只有我和你知道未曾死也未曾生的道理。你真的因为死去忧愁吗？我真的因为活着而欢乐吗？"物种中极细微的元素，这种元素在水中生长就成为如丝的𧄍，在水土相交的地方就成为青苔，生在山丘上就是车前草，车前草在粪壤中生长就成为乌足草，乌足的根滋生出蛴螬，他的叶滋生蝴蝶。蝴蝶很快就变成了虫子，生长在灶下面，样子像蜕了皮似的，它的名字叫鸲掇虫。鸲掇经过一千天变成一只鸟，名字叫干余骨。干余骨的唾沫变为斯弥虫，斯弥虫又变成食醯虫。颐辂从食醯虫中生出，黄軦虫从九猷虫中生出，蚊子从腐败的黄守瓜中生出，羊奚草与不生笋的老竹连接在一起，老竹生出青宁虫，青宁虫生出豹子，豹子生出马，马生出人，人死后又回到自然。万物都由自然生出，死后又返回于自然。

## 达　生(节选)

〔题解〕

本篇以"达生"为篇名，主旨是关于"养生"的方法，与内篇《养生主》的宗旨相类似。作者主要论述何为养生之道。提出形体的保养虽然重要，但是如果没有一个健全的精神，那不过是过眼云烟；只要精神完备，外物也就没有办法伤害到形体，自然可以长生不老。之后又指出养生的关键在于专一养神，在养生过程中要形神兼备，只有这样，才能真正到达"至人"的境界。同时，本篇中也强调"气"，在桓公、斗鸡故事中都指出"气"是保养精神中重要的一部分。第一段点出主旨，养生之道关键在于保养精神，要放弃对身外之物的追逐，只有精神凝聚，才能与天地同久，之后列举了十个故事来讲述这一道理，层层递进，讲述养生之道重在养神。最后通过编庆子的嘴发出这些道理不能被世人所理解的感慨。今择取本篇的主体部分予以介绍。

## 一

达生之情者[①]，不务生之所无以为[②]；达命之情者，不务知之所无奈何[③]。养形必先之以物，物有余而形不养者有之矣；有生必先无离形，形不离而生亡者有之矣。生之来不能却[④]，其去不能止[⑤]。悲夫！世之人以为养形足以存生，而养形果不足以存生，则世奚足为哉！虽不足为而不可不为者，其为不免矣！

夫欲免为形者，莫如弃世。弃世则无累，无累则正平[⑥]，正平则与彼更生[⑦]，更生则几矣[⑧]。事奚足弃而生奚足遗[⑨]？弃事则形不劳，遗生则精不亏。夫形全精复[⑩]，与天为一。天地者，万物之父母也，合则成体，散则成始。形精不亏，是谓能移[⑪]。精而又精，反以相天[⑫]。

〔注释〕

①达：通达，通晓事理。生：生命。情：实情，情况。　②务：追求。③知：应当是“命”字之误。　④却：拒绝。　⑤止：阻止。　⑥正平：心境平静。　⑦更生：重新获得生命，循环更新。　⑧几：将近，表示非常接近大道。　⑨奚：为什么，何以。足：值得。　⑩精复：精神得以修复，凝聚而不外散。　⑪能移：能与天地一起推移变化。　⑫相：辅佐，扶助。

〔译文〕

通达生命真实情况的人，不追求(自己)天性之外不该有的东西；通达命运实际情况的人，不追求生命中无法获得的东西。保养身体必须拥有物质条件，然而物资充裕，但是形体却没有得到好好保养的人也是有的；保护生命一定要先使形体不被舍弃，然而形体尚在而生命已亡失的人也是有的。生命的到来不能推拒，离去也不能阻拦。可悲啊！世俗之人都认为只要好好保养形体，生命就得以保存，然而保养形体确实不能保存生命，那么世人用来保养形体的事情不值得去做啊！虽然保养形体的方法没有什么值得做的，但是维持生命摄取物质还是不能避免的！

要想避免形体上的操劳，不如就抛弃世间俗事，舍弃世间俗事心中就没有牵累，没有牵累内心就得到平静，内心平静就能与天地一起推移变化，与天地一起推移变化就接近自然大道了！世间俗事为什么值得舍弃？生命为什么值得遗忘？抛弃世间俗事那么形体就不会劳累，遗忘生命那么心神就不会亏损。形体健全，精神修复，才能与自然大道结合为一体。天地，是万物的根源。天地阴阳结合，生出万物，天地阴阳离散，那么又回到最初的虚无。形体与心神都不亏损，这叫作能与造化者一同变化。保养精神达到极致，就能够反过来辅助天地的化育。

## 二

子列子问关尹曰[①]：“至人潜行不窒[②]，蹈火不热，行乎万物之上而不栗[③]，请问何以至于此？”

关尹曰：“是纯气之守也[④]，非知巧果敢之列[⑤]。

居[6]，予语女。凡有貌象声色者[7]，皆物也，物与物何以相远？夫奚足以至乎先[8]？是色而已[9]。则物之造乎不形而止乎无所化[10]，夫得是而穷之者，物焉得而止焉？彼将处乎不淫之度[11]，而藏乎无端之纪[12]，游乎万物之所终始。壹其性，养其气[13]，合其德，以通乎物之所造[14]。夫若是者，其天守全[15]，其神无郤[16]，物奚自入焉[17]！夫醉者之坠车，虽疾不死[18]。骨节与人同而犯害与人异[19]，其神全也。乘亦不知也，坠亦不知也，死生惊惧不入乎其胸中，是故遻物而不慴[20]。彼得全于酒而犹若是[21]，而况得全于天乎[22]！圣人藏于天，故莫之能伤也。复仇者不折镆干[23]，虽有忮心者[24]，不怨飘瓦[25]，是以天下平均[26]。故无攻战之乱，无杀戮之刑者，由此道也。不开人之天[27]，而开天之天[28]。开天者德生[29]，开人者贼生[30]。不厌其天[31]，不忽于人，民几乎以其真[32]。”

〔注释〕

①子列子：列御寇，相传为先秦早期道家。关尹：姓尹名喜。相传曾为函谷关尹，随老子出关西去。　②潜行：游泳时人体在水面下游动。③栗：发抖。　④纯气之守：守住元气。　⑤列：类别。　⑥居：坐下。⑦貌象：形象，相貌。　⑧先：指在万物出现之前。　⑨色：拘于色相。⑩物：指有形之物。止：拦阻，使停住。　⑪彼：得道的至人。不淫：不过分。　⑫无端之纪：循环无穷的大道。纪，纪纲。　⑬气：精神，元气。⑭物之所造：造物者，指自然。　⑮天：自然之道。　⑯郤：通“隙”，空隙，裂缝。　⑰物：外物。　⑱疾：受伤，这里指从车上摔下来受伤。　⑲犯害：受害、受伤。　⑳遻（è）：同“遌”，遇到，抵触。慴（shè）：恐惧，害怕。㉑彼：醉酒的人。　㉒天：自然之道，大道。　㉓镆干：良剑干将、镆铘的

合称。 ㉔忮(zhì)心:嫉恨之心;妒忌之心。 ㉕飘瓦:坠落的瓦片。㉖平均:齐一,指和平安宁。 ㉗人之天:人的智慧欲望。 ㉘天之天:自然恬淡。 ㉙德:德行。 ㉚贼:伤害。 ㉛厌:满足。 ㉜几:将近,差一点儿。真:本性。

〔译文〕

列子询问关尹说:“至人在水下游动却不会窒息,在火中行走脚不会感到热,在万物上面行走也不觉得恐惧。请问为什么能做到这些?”

关尹说:“这是守持元气的缘故,不是依靠智慧、果敢什么的。请坐下,我告诉你。只要有形象、声音、色彩的,都是物,物与物之间怎么会相差很大呢?物怎么能够达到没有物之前的境界呢?都是被拘束在色相之中罢了。万物始于没有形体而终止于无所变化,能够领悟这一点并穷究其中奥秘的人,外物怎么能阻拦他呢?他居处于不偏不倚的限度之中,藏身在循环无穷的大道之中,游在万物生死循环的大道中。心神纯一不混杂,保养元气使它不丧失,使德行与自然天道契合,与创造万物的自然相通。如果一个人做到这样,他持守的自然天性就完备无缺,他的精神没有空隙,外物怎么能侵入呢?喝醉的人从车上摔下来,虽然会受伤但是不会死。他的骨节与别人相同,受到的伤害与其他人不同,因为他的精神完备集中。他既不知道乘车,也不知道坠车,死生惊惧这些念头没在他的心中,所以与外物碰撞却不会惊惧。喝酒的人靠喝酒来使精神完备尚且如此,更何况是依靠自然天理获得精神完备的人呢!圣人藏身于天道之中,所以外物不能使他受到伤害。报仇的人虽然会被干将、镆铘所伤害,但是报仇的时候不会折断它们;就算忌恨心极重的人,也不怨恨被吹落砸伤自己的瓦片,如果人人都像这些事物一样无心无情,天下就能和平安定。所以没有交战的动乱,没有杀戮的刑罚,都是因为这无情无心的缘故。不去开启人的智慧,而去开启人的天性。开启人的天性就会保全好的德行,开启人的智慧就会产生伤害。不满足于对于天性的修养而持之以恒,也不废弃人对天理大道的认识,这样的人就接近人们最初的自然本性了。”

## 三

仲尼适楚,出于林中,见痀偻者承蜩①,犹掇之也②。仲尼曰:“子巧乎,有道邪③?”曰:“我有道也。五六月累丸二而不坠,则失者锱铢④;累三而不坠,则失者十一;累五而不坠,犹掇之也。吾处身也⑤,若厥株拘⑥;吾执臂也⑦,若槁木之枝。虽天地之大,万物之多,而唯蜩翼之知。吾不反不侧⑧,不以万物易蜩之翼,何为而不得!”孔子顾谓弟子曰:“用志不分,乃凝于神⑨,其痀偻丈人之谓乎⑩!”

〔注释〕

①痀偻(gōulóu):驼背。承蜩(tiáo):以竿取蝉。承,通“拯”,引取。②掇:拾取,摘取。③道:技艺。④锱铢(zīzhū):锱和铢。比喻微小的数量。⑤处身:立身处世;对待自身。⑥厥:直立。拘:应当是“枸”,盘错的树根。⑦执臂:用臂执竿。⑧不反不侧:形容心志凝注专一,无杂念。⑨凝:凝聚,聚集。⑩丈人:古时对老人的尊称。

〔译文〕

孔子到楚国去,从树林中出来的时候,遇见一名驼背老人在拿竿捕蝉，就像用手拾取东西一样熟练。孔子说：“您（的动作）真是灵巧啊，这有什么门道吗？”（老人）回答说：“我有门道。我在竿头上放置两个丸子，经过五六个月时间的练习，就可以拿着竿子让它不坠地，这时去捕蝉就很少有逃掉的了；在竿头放三丸而能让它不坠地，那只有十分之一的蝉可以逃掉；在竿头放置五个丸子而能让它不坠地，再去捕蝉就能像（用手）拾取（东西）一样没有遗漏了。我站在这里，就像树桩一样静止不动；我用手臂抓住竿子，就像一根枯树枝。虽然天地广大，万物众多，我只知道蝉翼。我的形体停驻不动，不因为纷杂的事物影响专注于蝉翼的心态，为什么不能得到蝉呢！”孔子回过头对弟子们说：“用志专一不分散，精神凝聚，说的就是这位驼背老人！”

## 四

颜渊问仲尼曰：“吾尝济乎觞深之渊①，津人操舟若神②。吾问焉，曰：‘操舟可学邪？’曰：‘可。善游者数能③。若乃夫没人④，则未尝见舟而便操之也。’吾问焉而不吾告，敢问何谓也？”

仲尼曰：“善游者数能，忘水也⑤；若乃夫没人之未尝见舟而便操之也，彼视渊若陵，视舟之覆犹其车却也⑥。覆却万方陈乎前而不得入其舍⑦，恶往而不暇⑧！以瓦注者巧⑨，以钩注者惮⑩，以黄金注者殙⑪。其巧一也，而有所矜⑫，则重外也⑬。凡外重者内拙。”

〔注释〕

①济：渡，过河。觞（shāng）深：渊名。　②津人：渡船的船夫。操舟：

驾驶船只。 ③数(shuò):多次。 ④若乃:至于。用于句子开头,表示另起一事。没人:潜水的人。 ⑤忘水:忘记对水的恐惧。 ⑥却:退却。 ⑦万方:多方面;多种情况。舍:内心。 ⑧暇:悠闲从容,不慌不忙。 ⑨注:赌注。巧:心思灵巧。 ⑩钩:带钩,青铜制成。惮:怕,畏惧。 ⑪殙(hūn):通“惛”,昏乱,糊涂,神志不清。 ⑫矜(jīn):顾惜,怜惜。 ⑬外:身外之物,如带环、黄金之类。

〔译文〕

颜渊问孔子说:“我曾经渡过一个叫觞深的深渊,船夫驾船的技艺娴熟,我问他说:‘驾船的技艺可以学会吗?’回答说:‘可以。善于游泳的人经过多次练习能学会驾驶船只,至于能够潜入水底的人,即使从来没有见过船,也能熟练驾驶船只。’我问他驾船的技巧,他却不肯告诉我,请问他说的是什么意思呢?”

孔子说:“会游泳的人经过多次训练就能学会驾船,是因为他们忘记了对水的恐惧;至于能潜入水底的人,他们即使没见到船也能熟练驾驶船只,是因为他们把深渊看作陆地上的小山丘,把船只的倾覆看成车子的倒退一样。即使各种各样的翻船情况出现在他们面前,他们也不会被扰乱,这样的境界,怎么能不悠闲从容呢?以瓦片做赌注而常常可以心思灵巧,以带钩做赌注就会心神惧怕,以黄金做赌注则头脑昏乱。赌注的技巧其实是一样的,只是因为对带钩、黄金等贵重物品比较顾惜。一旦太过于注重身外之物,内心心思必然笨拙。”

## 五

田开之见周威公①,威公曰:“吾闻祝肾学生②,吾子与祝肾游③,亦何闻焉?”田开之曰:“开之操拔彗以侍门庭[4],亦何闻于夫子[5]!"

威公曰:"田子无让[6],寡人愿闻之。"开之曰:"闻之夫子曰:'善养生者,若牧羊然,视其后者而鞭之。'"

威公曰:"何谓也?"田开之曰:"鲁有单豹者[7],岩居而水饮[8],不与民共利[9],行年七十而犹有婴儿之色,不幸遇饿虎,饿虎杀而食之。有张毅者[10],高门县薄[11],无不走也[12],行年四十而有内热之病以死。豹养其内而虎食其外,毅养其外而病攻其内,此二子者,皆不鞭其后者也[13]。"仲尼曰:"无入而藏,无出而阳[14],柴立其中央[15]。三者若得,其名必极[16]。夫畏涂者[17],十杀一人,则父子兄弟相戒也,必盛卒徒而后敢出焉[18],不亦知乎[19]!人之所取畏者[20],衽席之上[21],饮食之间,而不知为之戒者,过也[22]!"

〔注释〕

①田开之:人名,田姓,名开之,学道之人。 ②祝肾:人名。学生:学习养生之道。 ③吾子:您。 ④拔彗:扫帚。 ⑤夫子:先生,指前文所说的祝肾。 ⑥田子:田先生。 ⑦单豹:人名,鲁国隐者。 ⑧水饮:喝泉水。 ⑨共利:争利。 ⑩张毅:人名,鲁国人。 ⑪高门:富贵之家,高贵门第。县薄:垂帘。指小户人家。县,同"悬"。 ⑫走:往。奔向某地。 ⑬鞭其后:如对不足的方面加以鞭策,使他执中无偏。 ⑭阳:外露的,明显的。 ⑮柴:枯枝,老木。 ⑯极:尽,达到顶点。 ⑰畏涂:艰险可怕的道路。 ⑱盛卒徒:成群结队。卒徒,众人。 ⑲知:通"智",聪明,见识。 ⑳取畏:自取祸患。 ㉑衽(rén)席之上:指男女情欲之事。 ㉒过:错误。

〔译文〕

田开之见到周威公，威公说："我听闻祝肾在学习养生之道，先生与祝肾交往，可曾听说一些什么吗？"田开之说："开之在那里只是拿着扫把打扫门庭，又能从祝肾先生那里听说什么呢？"

威公说："田先生您不必谦虚，寡人想要听听养生的道理。"开之说："听先生讲：'善于养生的人，就像牧羊一样，看到落在后方的羊，就挥鞭驱赶它，用此达到一个无偏的境界。'"

威公问："这是什么意思呢？"田开之说："鲁国一个叫单豹的人，住在岩洞之中只喝泉水，过清贫的生活，不与世人争利，已经七十多岁了，脸色还和婴儿一样，不幸遇见饿虎，饿虎把他扑杀并吃掉了。一个叫张毅的人，不管富贵人家，还是普通小户，没有不交往走动的，到了四十岁时，却得了内热病死去了。单豹保养自己的内德，却被老虎吃掉其身体；张毅追求身外的名利，却被疾病侵袭了他的内心。这两个人都不懂得守中的道理，不善养生。"孔子说："不必将自己过分隐藏，也不要过分地显露自己，就像枯木一样不偏不倚。假如以上三点都能做到，就是保养身体到了极致。一条艰险可怕的道路，每有十个人走过就会有一个被杀，于是父母兄弟相互劝告，一定要成群结队才敢通过，这不是很明智吗！世人自取灾祸的根源是色欲之事，是饮食之事，对这些事情不知道将它们引以为戒，这真是过错啊！"

## 六

祝宗人元端以临牢筴[①]，说彘曰[②]："汝奚恶死？吾将三月犍汝[③]，十日戒，三日齐[④]，藉白茅[⑤]，加汝肩尻乎雕俎之上[6],则汝为之乎?”为彘谋,曰不如食以糠糟而错之牢筴之中[7];自为谋,则苟生有轩冕之尊[8],死得于腞楯之上[9]、聚偻之中则为之[10]。为彘谋则去之[11],自为谋则取之,所异彘者何也?

〔注释〕

①祝宗人:古代主持祭祀祝祷者。元端:也作“玄端”,古礼服。牢筴:筴,朱骏声说,借为“栅”。这里指猪栏,猪圈。 ②彘(zhì):猪。 ③豢(huàn):同“豢”,喂养,特指喂养牲畜。 ④齐:同“斋”。 ⑤藉白茅:把白茅草铺在神座和祭物下面,以示洁净。藉,衬垫。白茅,植物名,多年生草本,花穗上密生白色柔毛,故名,古代常用以包裹祭品及分封诸侯,象征土地所在方位之土。 ⑥肩:动物的腿根部。尻(kāo):屁股,脊骨的末端。俎(zǔ):古代祭祀时放祭品的器物。 ⑦错:通“措”,放置。 ⑧苟:如果,假使。 ⑨腞楯(zhuànshǔn):画有纹饰的殡车。 ⑩聚偻:棺饰,这里指装饰繁多的棺椁。 ⑪去:抛弃,丢弃。

〔译文〕

负责祭祀祝祷的官员穿着黑色的礼服来到猪圈旁,问猪说:“你为何要因为死亡而恐惧呢?我会用三个月好好喂养你,之后为你进行十日戒,三日斋,铺上白茅草做垫子,把你的腿根部和臀部的肉放在雕花的器具上,你愿意这样做吗?”如果真的是为猪谋划,不如在猪圈里用糟糠喂养它们;如果为自己考虑,只要在世的时候享受高官厚禄的尊贵,死后能够在装饰华美的棺椁里长眠,死也愿意。为猪谋划就抛弃那些白茅和雕有花纹的器具,为自己谋划反而要有那些高官厚禄、华美的棺椁,不同于猪的原因究竟是什么呢?

# 山　木(节选)

〔题解〕

本篇主旨主要强调的是虚己处世、免于灾患的人生哲理。通篇讨论的都是如何免于祸患,作者通过九个生动的故事,来阐述在俗世中,只有放下自己、顺应天理才能真正地免除灾祸。鲁侯意图免祸和大公任劝慰孔子的故事,告诉人们只有舍弃自身,才能真正地不受灾祸困扰。无材的树木得以保全自身,不能鸣叫的鹅却不能免除被杀,作者因此提出处于“材与不材”之间,以保全自身的观点,但这样似乎也是不能免于忧患,之后作者将希望寄托于虚幻的道德世界,提出“乘道德而浮游”来达到长生的目的。文章主旨和《人间世》的主旨相类似,都提倡忘却自身,追求本性。不同之处在于《人间世》中所提倡的“不材”得以免患的方法,在本篇中被作者推翻了,无材之鹅被杀已经证实了“不材”不能免除灾祸,这反映出作者认知的变化,现实似乎已经没有什么方法能够免除祸患,作者因此只好在精神的世界建造理想国度来获得解脱。今择取本篇的五个故事予以介绍。

一

庄子行于山中,见大木,枝叶盛茂,伐木者止其旁而不取也。问其故,曰:“无所可用。”庄子曰:“此木以不材得终其天年[①]。”

夫子出于山[②],舍于故人之家[③]。故人喜,命竖子杀雁而烹之[4]。竖子请曰："其一能鸣，其一不能鸣，请奚杀？"主人曰："杀不能鸣者。"

明日，弟子问于庄子曰："昨日山中之木，以不材得终其天年；今主人之雁，以不材死。先生将何处？"庄子笑曰："周将处乎材与不材之间。材与不材之间，似之而非也，故未免乎累。若夫乘道德而浮游则不然[5]，无誉无訾[6]，一龙一蛇[7]，与时俱化，而无肯专为。一上一下，以和为量[8]，浮游乎万物之祖。物物而不物于物[9]，则胡可得而累邪！此神农、黄帝之法则也[10]。若夫万物之情[11]，人伦之传则不然[12]。合则离，成则毁，廉则挫[13]，尊则议[14]，有为则亏，贤则谋[15]，不肖则欺[16]，胡可得而必乎哉[17]！悲夫！弟子志之[18]，其唯道德之乡乎[19]！"

〔注释〕

①不材：不成材；无用。 ②夫子：这里指庄子。 ③舍：居住，休息。故人：朋友。 ④竖子：童仆。雁：鹅。烹：通"享"或"飨"，用酒食招待客人。 ⑤乘：顺从。浮游：漫游。 ⑥訾（zǐ）：指责。 ⑦一龙一蛇：像龙一样出现，像蛇一样隐藏。 ⑧和：顺。量：标准，规格，原则。 ⑨物物：役使外物。 ⑩法则：准则，规则，这里指为人处世之道。 ⑪情：情况。⑫传：流传。 ⑬廉：棱角。亦指物体露出棱角。 ⑭议：评论是非，多指责备。 ⑮谋：算计。 ⑯欺：诈骗，蒙混。 ⑰必：一定，必然，这里指拘守于一方。 ⑱志：通"记"，记住。 ⑲乡：通"向"，面对着。

〔译文〕

庄子走在山中，遇见一棵大树，枝叶茂盛，伐木人在树旁停歇却不去砍伐（这棵树）。问他为什么不砍伐这棵树，他说：

“(这棵树)没有什么可用之处。”庄子说：“这棵树因为没用而能够享受自然的寿数。”

庄子走出山中，在朋友家中住宿，朋友非常高兴，命令童仆杀鹅款待庄子。童仆问：“有一只鹅能够鸣叫，有一只鹅不能鸣叫，请问杀哪一只鹅?”主人说：“杀不会鸣叫的那只。”

第二天，弟子问庄子：“昨天山中的那棵树木，因为没有用处而得以享受它的自然寿命；现在主人家的鹅，却因为不能鸣叫而被杀。先生应该怎么立身自处?”庄子笑着说：“我庄周将处在材与不材之间。材与不材之间，好像更加接近大道，其实并不是这样，所以还是不能免除祸患。如果能够顺乎自然在至虚境界漫游就不会这样了，既不会得到赞誉，也没有任何的毁谤，就像龙的出现或是蛇的潜藏，随时变化，不执着于一端。上升还是下潜，以顺应自然为准则，在至虚境界中漫游。役使外物，但不被外物所役使，这样怎么会受到牵累呢！这就是神农、黄帝处世之道。至于万物的情况，人世的流传发展并不是这样。有聚合就会有分离，有成功就会有毁灭，有棱角就会被挫伤，身份尊贵就会遭到非议，有所作为就会有亏缺，拥有贤能就会遭遇别人的暗算，不成器就会被欺辱。怎么能确保一定不受牵累呢！可悲呀！弟子们，你们记住，大概面向大道(的方向)，才能免除世俗的牵累！”

## 二

市南宜僚见鲁侯[①]，鲁侯有忧色。市南子曰：“君有忧色，何也?”鲁侯曰：“吾学先王之道[②]，修先君之业[③]；吾敬鬼尊贤，亲而行之，无须臾离居[④]；然不免于患，吾是以忧。”市南子曰：“君之除患之术浅矣[5]！夫丰狐文豹[6]，栖于山林，伏于岩穴，静也；夜行昼居，戒也；虽饥渴隐约[7]，犹且胥疏于江湖之上而求食焉[8]，定也[9]。然且不免于罔罗机辟之患[10]，是何罪之有哉？其皮为之灾也。今鲁国独非君之皮邪？吾愿君刳形去皮[11]，洒心去欲[12]，而游于无人之野[13]。南越有邑焉[14]，名为建德之国[15]。其民愚而朴，少私而寡欲；知作而不知藏[16]，与而不求其报[17]；不知义之所适[18]，不知礼之所将[19]。猖狂妄行[20]，乃蹈乎大方[21]；其生可乐，其死可葬。吾愿君去国捐俗[22]，与道相辅而行[23]。”

君曰：“彼其道远而险，又有江山[24]，我无舟车，奈何？”市南子曰：“君无形倨[25]，无留居[26]，以为君车。”君曰：“彼其道幽远而无人，吾谁与为邻？吾无粮，我无食，安得而至焉？”市南子曰：“少君之费[27]，寡君之欲，虽无粮而乃足。君其涉于江而浮于海，望之而不见其崖，愈往而不知其所穷。送君者皆自崖而反[28]，君自此远矣！故有人者累[29]，见有于人者忧[30]。故尧非有人，非见有于人也。吾愿去君之累，除君之忧，而独与道游于大莫之国[31]。方舟而济于河[32]，有虚船来触舟[33]，虽有惼心之人不怒[34]。有一人在其上，则呼张歙之[35]；一呼而不闻，再呼而不闻，于是三呼邪，则必以恶声随之[36]。向也不怒而今也怒，向也虚而今也实[37]。人能虚己以游世，其孰能害之！”

〔注释〕

①市南宜僚:姓熊,名宜僚,家住楚都市南。鲁侯:鲁哀公。 ②先王:上古贤明君王。 ③先君:前代君主。 ④须臾:片刻,短时间。居:停止,休息。 ⑤浅:肤浅,浅薄。 ⑥丰狐:大狐狸。文豹:豹子,因其皮有斑纹,故称。 ⑦隐约:困厄。 ⑧旦:当为"且"字。胥疏:与人相远,流转各地。 ⑨定:稳定,安稳。 ⑩罔、罗、机、辟:都是诱捕野兽的机具。罔,通"网"。 ⑪刳(kū):挖,剖空。 ⑫洒心:荡涤心中的杂念。⑬无人之野:至虚的大道之境。 ⑭南越:古地名,今广东广西一带。 ⑮建德之国:庄子虚构的理想社会。 ⑯作:劳作,耕作。藏:收藏起来。⑰与:给予。报:报答。 ⑱适:往,归向。 ⑲将:行。 ⑳猖狂:随心所欲,无所束缚。 ㉑大方:大道,常道。 ㉒去:离开所在的地方到别处。捐:舍弃,抛弃。 ㉓辅:依附。 ㉔有江山:山水阻隔。 ㉕无:通"毋",不要。倨(jù):傲慢。 ㉖居:居处,指偏于一隅。 ㉗费:用,消耗。 ㉘崖:泛指事物的边际,界域。 ㉙有人者:掌管百姓的人。 ㉚见有于人者:被奴役的人。 ㉛大莫之国:辽阔空旷的地方,这里指至虚境界。㉜方舟:两船相并。 ㉝舩:通"船"。 ㉞惼(biǎn):心胸狭窄。 ㉟歙(xī):收敛。 ㊱恶声:粗鲁的声气;怨恨之声。 ㊲向:刚才。

〔译文〕

市南宜僚去拜见鲁侯,发现鲁侯面有忧色。市南宜僚说:"国君您脸上有忧虑的神色,为什么呢?"鲁侯说:"我学习上古贤明君主之道,继承前代君王的功业;我敬畏鬼神,敬重贤才,身体力行,不曾有一刻的休息;但还是不能避免祸患,因此我觉得忧愁。"市南宜僚说:"国君您想要免除祸患的方法太浅薄了!大狐狸和有花纹的豹子,栖息在山林中,潜藏在岩洞里,这是寂静;夜里行走,白天居住,这是戒备;虽然饥渴困厄,尚且还是到人迹罕见的江湖边上去觅食,这是稳定。然而还是免不了被捕进各种机关之中，难道它们有什么过错吗？这是因为它们珍贵的皮毛带来的灾祸。现在鲁国难道不就是您的皮毛吗？我希望国君您能忘记您自身和国家，荡涤心中的杂念，去掉您的欲望，漫游于广漠的至虚境界。南越有个地方，名字叫建德国。这里的百姓愚钝且朴实，没有私心，情欲寡淡；只知道劳动耕作而不知道将粮食私藏起来，给人帮助却不需要报答；不知道怎么做是符合义理，不知道怎么做是礼。随心所欲，任意而行，就和大道相契合。他们怡然自得地活着，死了后平静归葬。我希望您能舍弃鲁国，舍弃世俗杂事，与大道并行。”

鲁君说：“去南越的路途，既遥远又艰险，还有山海阻拦，我没有船和车，怎么办？”市南宜僚说：“您不能自恃形迹，不能偏居一隅，这就是您通往大道的车。”鲁侯说：“到南越的道路幽暗遥远，没有人烟，我和谁相伴呢？我也没有干粮，又没有食物，怎么能到达南越呢？”市南宜僚说：“减少您的费用，减少您的欲望，虽然没有干粮也能够满足，您将渡过江河，在大海中浮游，一眼望去看不到边界，越往前走越是不知道它的尽头。追随您的人都从岸边返回，您从此就远离世俗！所以掌管天下的人自然要劳累，被奴役的人就会烦忧。所以尧既不奴役别人，也不被别人奴役。我希望解除您的劳累，消除您的忧愁，只与大道漫游于广漠的至虚之境。两条船一并渡河，空船来撞自己的船，即使（船上的）人心地狭窄也不会发怒。但只要有人在那条船上，就会呼喊他，把船撑开，或是并拢过来。一次呼喊没人听到，再次呼喊又没人听到，于是呼喊三次，就一定伴随着斥责。起先不恼怒，现在恼怒，因为之前是空船，现在有人在上面。人把自己变得像空船一样空虚淡漠，在世上漫游，谁还能伤害他呢！”

## 三

北宫奢为卫灵公赋敛以为钟[①]，为坛乎郭门之外[②]，三月而成上下之县[③]。王子庆忌见而问焉[④]，曰："子何术之设？"

奢曰："一之间[⑤]，无敢设也。奢闻之，'既雕既琢，复归于朴[⑥]'。侗乎其无识[⑦]，傥乎其怠疑[⑧]；萃乎芒乎[⑨]，其送往而迎来。来者勿禁，往者勿止；从其强梁[⑩]，随其曲傅[⑪]，因其自穷，故朝夕赋敛而毫毛不挫，而况有大涂者乎[⑫]！"

〔注释〕

①北宫奢：卫国大夫，名奢，居于北宫，因以为号。赋敛：征收赋税。 ②坛：古代举行祭祀、誓师等大典用的土和石筑的高台。 ③县：同"悬"，悬钟、磬等乐器的架子。 ④王子庆忌：吴王僚的儿子。 ⑤一之间：在纯一无为的自然境界。 ⑥朴：本质；本性。 ⑦侗（tóng）：幼稚，无知。 ⑧傥（tǎng）乎：无心。怠疑：停滞不前，呆滞的样子。 ⑨萃："茍"的借字。 ⑩强梁：勇武有力的人。 ⑪傅：依附。 ⑫大涂：大道。

〔译文〕

北宫奢为卫灵公征收钱财来铸造编钟，在城门外建成一个高台，三个月就建成上下两层编钟。王子庆忌见到后就问道："您采用了什么方法呀？"

北宫奢说："我只是顺其自然，不敢采用其他办法来募收民力铸造编钟。我听说'通过不断地雕琢，让自己的本性复归于质朴状态。’我在铸造编钟的时候，愚钝得好像没有知觉，淡漠无心显得呆滞；精神茫然不识人，任凭其他人的捐助和离去。来的人不去迎接，离去的人不强留；顺从那些勇武有力的人，也随顺那些前来捐助依附我的人，所有都任由他们自己的意愿。即使每天从早到晚募收民财，百姓们也不会受到任何损伤，更何况是得道的人呢！”

## 四

孔子围于陈蔡之间，七日不火食[①]。大公任往吊之[②]，曰：“子几死乎？”曰：“然。”“子恶死乎？”曰：“然。”任曰：“予尝言不死之道。东海有鸟焉，其名曰意怠[③]。其为鸟也，翂翂翐翐[④]，而似无能；引援而飞[⑤]，迫胁而栖[⑥]；进不敢为前，退不敢为后；食不敢先尝，必取其绪[⑦]。是故其行列不斥，而外人卒不得害，是以免于患。直木先伐，甘井先竭。子其意者饰知以惊愚，修身以明污[⑧]，昭昭乎如揭日月而行[⑨]，故不免也。昔吾闻之大成之人曰[⑩]：‘自伐者无功[⑪]，功成者堕[⑫]，名成者亏。’孰能去功与名，而还与众人？道流而不明居，得行而不名处[⑬]；纯纯常常[⑭]，乃比于狂[⑮]。削迹捐势[⑯]，不为功名，是故无责于人，人亦无责焉。至人不闻[⑰]，子何喜哉？”

孔子曰：“善哉！”辞其交游，去其弟子，逃于大泽，衣裘褐[⑱]，食杼栗[⑲]；入兽不乱群，入鸟不乱行。鸟兽不恶，而况人乎！

## 〔注释〕

①火食：生火煮饭。　②大公任：虚拟人物。吊：慰问遭遇不幸的人。　③意怠：玄鸟（燕）的别名。　④翂翂（fēn）翐翐（zhì）：飞得迟缓不高的样子。　⑤引援：引以为援。谓援引伴侣。　⑥迫胁：局促；困厄。这里指挤在群鸟之间。　⑦绪：残余。　⑧明污：显露别人的污秽。　⑨昭昭：明亮的样子。　⑩大成之人：得道的人。　⑪伐：自夸。　⑫堕：古同“隳”，毁败。　⑬得：通“德”。名：通“明”。　⑭纯纯：纯一不杂。常常：平常，平庸。　⑮狂：循性无心而行。　⑯削迹：销踪匿迹，谓隐居。捐势：舍弃权势。　⑰闻：出名，有名望。　⑱裘褐（qiúhé）：粗陋衣服。⑲杼（shù）：橡子。栗：栗子。

## 〔译文〕

孔子被围在陈蔡两国之间的地方，七天都没有生火煮饭。大公任前去慰问孔子，说：“先生快要饿死了吧？”孔子回答说：“是啊。”大公任又问：“您厌恶死吗？”孔子回答说：“是的。”大公任说：“我试着说说长生不老的道。东海有一种鸟，它的名字叫意怠。这种鸟飞得低低的慢慢的，好像没什么本事的样子；需要别的鸟协助它一起飞，要和其他鸟一起栖息；前进时不敢飞在最前面，后退时也不敢飞在最后面；食物不敢先尝，一定吃剩余的食物。因此在鸟儿们的队伍中不被排挤，而外人始终不能伤害它，因此能够免于祸患。笔直的树木先被砍伐，甘美的水井先被取尽。您用文辞智慧来惊醒愚笨的人，修养自身（的品行）来显露别人的污秽，您明亮的样子好像高举着日月行走，所以不能够免除患难。之前我听得道的人说：‘自我夸耀的人不会成功，成功者必然会毁败，名声显著的人必然招来亏缺。’谁能够舍弃功名，变得和众人一样呢？大道流通在世上却不是明白可见的，德行遍及世人却不是显露的；内心纯一不杂但是行为平庸，就像随心所欲、任意而行的人一样。销踪匿迹舍弃权势，不追求功名，所以不会苛责别人，也不会被别人苛责。至人不渴求闻名于世人，您又何必热衷于这些啊？”

孔子说：“您说得对！”于是辞别友人，离开弟子，逃往旷野，穿着粗陋的衣服，吃橡实栗子；进入兽群中，不会惊扰它们，进入鸟群，不会扰乱鸟的行列。鸟兽都不厌恶他，更何况是人呢！

## 五

孔子问子桑雽曰[①]：“吾再逐于鲁，伐树于宋，削迹于卫，穷于商周，围于陈蔡之间。吾犯此数患，亲交益疏，徒友益散，何与？”

子桑雽曰：“子独不闻假人之亡与[②]？林回弃千金之璧[③]，负赤子而趋[④]。或曰：‘为其布与[⑤]？赤子之布寡矣。为其累与[⑥]？赤子之累多矣。弃千金之璧，负赤子而趋，何也？’林回曰：‘彼以利合[⑦]，此以天属也[⑧]。’夫以利合者，迫穷祸患害相弃也[⑨]；以天属者，迫穷祸患害相收也。夫相收之与相弃亦远矣，且君子之交淡若水，小人之交甘若醴[⑩]。君子淡以亲，小人甘以绝[⑪]，彼无故以合者，则无故以离。”

孔子曰：“敬闻命矣！”徐行翔佯而归，绝学捐书，弟子无挹于前[⑫]，其爱益加进。

异日，桑雽又曰：“舜之将死，真泠禹曰[⑬]：‘汝戒之哉，形莫若缘[⑭]，情莫若率[⑮]’。缘则不离，率则不劳。不离不劳，则不求文以待形[16]；不求文以待形，固不待物[17]。"

〔注释〕

①子桑雽(hù)：人名，姓桑，名雽。 ②假：国名。亡：逃亡，流亡。 ③林回：人名，假国逃亡之民。 ④赤子：婴儿。 ⑤布：古代的一种钱币。 ⑥累：累赘。 ⑦彼：玉璧。 ⑧天属：天性相连。 ⑨迫：接近。 ⑩醴(lǐ)：甜酒。 ⑪绝：引申为断，断绝。 ⑫揖(yī)：作揖。 ⑬真泠：陆德明《释文》引司马彪云：泠，晓也，谓以真道晓语禹也。泠或为命，又作令。命，犹教也。 ⑭缘：沿，顺着，这里指顺应物体自然天性。 ⑮率：爽直坦白。 ⑯文：修饰，文饰。 ⑰固：通"故"。

〔译文〕

孔子问子桑雽说："我又一次被鲁国驱逐，在宋国遭遇伐树的危险，在卫国没有立身之地，在商、周之地我穷困潦倒，还被围在陈蔡之间。我遭遇这么多患难灾祸，亲戚、老友与我更加疏远，学生、朋友也在不断离开我，为什么呢？"

子桑雽说："您难道没有听说过假国人逃亡的事吗？假国逃亡的人林回舍弃价值千金的玉璧，却背着一个婴儿逃走。有人说：'这是为了钱吗？小孩子不如玉璧值钱啊。难道是因为玉璧累赘吗？可是小孩子要比玉璧累赘得多。舍弃价值千金的玉璧，只背负婴儿逃难，为什么呢？'林回说：'玉璧与我只是利益相合，我与婴儿却是天性相合。'因为利益相合，所以当穷困灾祸逼近，就相互抛弃；因为天性契合，当穷困灾祸逼近则会相互包容接纳。相互容纳与相互抛弃差得很远了，况且君子之间的交往清淡如水，小人之间的交往甘美如酒。君子之间的交往平淡却亲切，小人之间的交往甘美却容易断绝，那些无缘无故就交往的，也会无缘无故地分离。”

孔子说：“我恭敬地接受您的意见！”于是慢慢地悠闲地回家了，舍弃了学问，抛弃书本，弟子们也不必再作揖行礼，但是对先生的敬爱反而更加深厚了。

又有一天，桑雩又说：“舜在将要离世的时候，就告诫禹说：‘你要当心啊！形体举止莫如顺应自然天性，情感莫如爽直坦白。’顺应自然天性，行为就不会离异，爽直坦白，那么心神就不会劳累。不离异不劳累，就不用修饰自己的形态举止；不追求形态举止的修饰，所以对万物就没有要求了。”

## 田子方（节选）

〔题解〕

本篇由十一则寓言故事组成，通篇贯穿一个“真”字，阐述了对“真”的理解以及如何真正地领悟“真”。大道难以被常人体会，因此即使很多人都在学习大道，也只有少数人能体会真道。首先，作者提出真正的道是不在乎形式的，并举出鲁国儒生、宋国画师、百里奚等人的例子。真正的道与外在的装饰都是没有关系的，只有去虚留真，才能真正感悟到什么是道。其次，作者通过老聃与孔子的对话，指出想要感悟真道只能游心于物之初。再次，通过臧地老人、伯昏无人和孙叔敖的故事，进一步提出感悟真道需要忘却功名利禄、得失等一切外物，荣辱不惊，保持自己的本性，做到真正的无为，以此来实现国家和个人的大成。今择取本篇中的四则寓言故事予以介绍。

## 一

田子方侍坐于魏文侯[①]，数称谿工[②]。文侯曰："谿工，子之师邪？"子方曰："非也，无择之里人也[③]。称道数当[④]，故无择称之。"文侯曰："然则子无师邪？"子方曰："有。"曰："子之师谁邪？"子方曰："东郭顺子[⑤]。"文侯曰："然则夫子何故未尝称之？"子方曰："其为人也真，人貌而天虚，缘而葆真[⑥]，清而容物[⑦]。物无道，正容以悟之，使人之意也消[⑧]，无择何足以称之！"

子方出，文侯傥然终日不言[⑨]，召前立臣而语之曰[⑩]："远矣，全德之君子，始吾以圣知之言仁义之行为至矣[⑪]。吾闻子方之师，吾形解而不欲动，口钳而不欲言。吾所学者，直土梗耳[⑫]，夫魏真为我累耳！"

〔注释〕

①田子方：姓田，名无择，字子方，道家学者，魏国人。 ②数：屡次。谿(xī)工：姓谿，名工，魏国贤者。 ③里人：同里的人，同乡。 ④称道：指言论。数当：常常恰当。 ⑤东郭顺子：虚拟人物。 ⑥缘：沿着，顺着。葆真：保持纯真的本性。 ⑦清：清冷。 ⑧意：邪恶的念头。 ⑨傥然：怅然自失貌。 ⑩前立臣：站在前面的臣子。 ⑪至：极，最。 ⑫直：只，仅仅。土梗：泥塑偶像，喻轻贱无用。

〔译文〕

田子方在魏文侯近旁陪坐，屡次称赞谿工。文侯就问："谿工是先生您的老师吗？"子方说："不是的，只是我的同乡。他的言论经常很恰当,所以我才夸赞他。”文侯说:“那先生没有老师吗?”子方说:“有的。”又问:“那先生的老师是谁呢?”子方说:“(我的老师是)东郭顺子。”文侯说:“可是,先生为什么不称赞东郭顺子呢?”子方说:“他做人十分真诚,外表与常人一样,但他的心却像天一样虚静,顺应万物但也能保持纯真的本性,心境高洁清冷却又能包容万物。遇到的人和事不合道义,他端正自己的容态以感悟对方,让对方的邪恶念头得以消除,我不知道用什么话来夸赞他呀!”

子方离开后,文侯怅然若失,整天不说话。召唤在他面前侍奉的臣子说:“一位德行完备的君子,多么玄妙深远啊!我开始时认为仁义的行为、圣智的言论已经是极致了。直到我听闻子方老师的修养,我身体感到松散不愿动,口舌像是被钳住一样,不愿意说话。我所学习的东西,和没有生命的土偶一样,没有价值!魏国成了我的累赘啊!”

## 二

温伯雪子适齐[①],舍于鲁。鲁人有请见之者,温伯雪子曰:“不可。吾闻中国之君子[②],明乎礼义而陋于知人心[③],吾不欲见也。”

至于齐,反舍于鲁,是人也又请见[④]。温伯雪子曰:“往也蕲见我[⑤],今也又蕲见我,是必有以振我也[⑥]。”出而见客,入而叹。

明日见客,又入而叹。其仆曰:“每见之客也,必入而叹,何邪?”曰:“吾固告子矣[⑦]:‘中国之民,明乎礼义而陋乎知人心。’昔之见我者,进退一成规,一成矩,从容一若龙[8]，一若虎，其谏我也似子，其道我也似父[9]，是以叹也。”

仲尼见之而不言。子路曰：“吾子欲见温伯雪子久矣，见之而不言，何邪？”仲尼曰：“若夫人者[10]，目击而道存矣[11]，亦不可以容声矣[12]。”

〔注释〕

①温伯雪子：复姓温伯，字雪子，楚国得道的人。 ②中国：上古时代，我国华夏族建国于黄河流域一带，以为居天下之中，故称中国，而把周围其他地区称为四方。后泛指中原地区。 ③陋：浅陋，见识贫乏。④请见：请求接见。 ⑤蕲（qí）：古同“祈”，祈求。 ⑥振：启发。⑦固：原来，本来。 ⑧从容：举动。 ⑨道：引导，疏导。 ⑩夫人：这个人。 ⑪目击：目睹，亲眼看见。 ⑫不可以容声：不能够使用语言。

〔译文〕

温伯雪子前往齐国去，路上寄宿在鲁国。鲁国有人请求拜见他，温伯雪子说：“不行。我听闻中原的君子，深明大义但对于人心的了解非常浅薄，我不打算见他。”

到达齐国后，返程时又住在鲁国，那个人又请求拜见温伯雪子。温伯雪子说：“之前请求见我，现在又请求见我，这一定是来启示我的。”于是出去会见客人，回到旅馆后就感叹一番。

明天又去拜访客人，回来后再次感叹。他的仆人问：“您每次见这个客人，回来一定会发出感叹，为什么呢？”温伯雪子回答说：“我原来已经告诉你了：‘中原人深明礼义，但是对于人心的认识却非常浅薄。’而刚刚见我的这个人，出入进退全都有规矩章法，一举一动都如龙似虎一样，不可抵御。他劝诫我像儿子对待父亲那样，他指导我又像父亲一样，所以我才感叹。”

孔子见到温伯雪子后一句话也不说。子路问：“先生想要见温伯雪子很久了，见到了却不说话，为什么呀？”孔子说：“像温伯雪子这样的人，只看他一眼就可以知道大道体现在他的身上，也就不再需要语言了。”

## 三

颜渊问于仲尼曰：“夫子步亦步，夫子趋亦趋，夫子驰亦驰，夫子奔逸绝尘[①]，而回瞠若乎后矣[②]！”

夫子曰：“回，何谓邪？”曰：“夫子步亦步也，夫子言亦言也；夫子趋，亦趋也；夫子辩，亦辩也；夫子驰，亦驰也；夫子言道，回亦言道也；及奔逸绝尘而回瞠若乎后者，夫子不言而信，不比而周[③]，无器而民滔乎前[④]，而不知所以然而已矣。”

仲尼曰：“恶[⑤]！可不察与！夫哀莫大于心死，而人死亦次之。日出东方而入于西极[⑥]，万物莫不比方[⑦]，有目有趾者[⑧]，待是而后成功[⑨]，是出则存，是入则亡。万物亦然，有待也而死，有待也而生。吾一受其成形，而不化以待尽[⑩]。效物而动[⑪]，日夜无隙[⑫]，而不知其所终；薰然其成形[⑬]，知命不能规乎其前[⑭]，丘以是日徂[⑮]。吾终身与汝交一臂而失之[⑯]，可不哀与？女殆著乎吾所以著也[⑰]。彼已尽矣[⑱]，而女求之以为有，是求马于唐肆也[⑲]。吾服女也甚忘[⑳]，女服吾也亦甚忘。虽然，女奚患焉[㉑]！虽忘乎故吾[㉒]，吾有不忘者存[㉓]。”

### 〔注释〕

①奔逸:快跑,迅速前进。绝尘:脚不沾尘土,形容奔驰神速。 ②瞠(cheng):直看,瞪着眼睛。 ③比:接近;亲近。周:周遍。 ④器:权势。滔:当为“蹈”,朝某方向走,聚集。 ⑤恶:文言叹词,相当于“唉”。 ⑥西极:西边的尽头,谓西方极远之处。 ⑦比方:顺乎其道。 ⑧趾:脚。 ⑨是:此处指太阳。 ⑩待尽:等待死亡。 ⑪效物:犹“感物”。 ⑫隙:缝隙,空闲。 ⑬薰然:温和貌,和顺貌。 ⑭规:谋划。 ⑮徂(cú):往,行走。 ⑯交一臂:胳膊挨着胳膊,表示亲近。 ⑰女:通“汝”,你。殆:大概。著:显明,显出,这里指清楚地看到。所以著:指“吾”表现出的明显的形迹。 ⑱彼:指显著的形迹。 ⑲唐肆:空荡的集市。 ⑳服:铭记,怀念。 ㉑患:忧虑。 ㉒故吾:过去的我。 ㉓不忘者:日日更新的大道。

### 〔译文〕

颜渊问孔子说:“先生慢慢走我也慢慢走,先生快走我也快走,先生跑我也跑,先生跑得飞快,而我就只能瞪大眼睛在后面看了!”

孔子说:“颜回,你在说什么?”颜回说:“先生慢慢走,我也慢慢走,是说先生说什么,我也说什么;先生快步走,我也快步走,是说先生辩论,我也跟着辩论;先生跑,我也跟着跑,是说先生谈论大道,我也跟着谈论大道;及至先生飞快地奔跑,而我只能瞪着眼睛在后面看,是说先生不用谈论什么就会令人信服,不亲近别人,但身边都是情意,没有权力人们却向您靠拢,我却不知道怎么才能做到这样,如此而已。”

孔子说:“唉!怎么不明察呀!最大的悲哀是心死,而形体消逝的悲伤是次要的。太阳从东方出来,在西方尽头消失,万物都按照太阳的方向而变化,凡有眼有脚的人类,一定等到太阳出来才会劳作，太阳落下后则休息。万物都是这个样子，伴随着自然之道消亡，伴随着自然之道出生。我只要接受了自然赋予我的身体，就不会进行改变，而是等着自然地离去。感受外物而运动，日日夜夜没有停息，但是不知道自己生命的终结；气自行聚合成为形体，即便是了解天命的人也不能谋划自己未来的命运，因此我只是和自然一起变化。我与你终身共处，你与我如此亲近却不能使你了解这个道理，这难道不悲哀吗？你只能看到我的形迹，但那些形迹已经消失了，你还在寻找它们，认为它们依然存在，这就如同在空荡荡的集市上寻求马一样。我惦念你的要把它们全都忘记；你惦念我的也要把它们全部遗忘。虽然如此，你也用不着担忧！虽然遗忘了过去的我，我还有这日日更新的大道。"

## 四

孔子见老聃，老聃新沐[①]，方将被发而干[②]，蛰然似非人[③]。孔子便而待之[④]，少焉见，曰："丘也眩与[⑤]？其信然与[⑥]？向者先生形体掘若槁木[⑦]，似遗物离人而立于独也[⑧]。"老聃曰："吾游心于物之初[⑨]。"

孔子曰："何谓邪？"曰："心困焉而不能知[⑩]，口辟焉而不能言[⑪]。尝为汝议乎其将[⑫]：至阴肃肃[⑬]，至阳赫赫[⑭]；肃肃出乎天[⑮]，赫赫发乎地[⑯]；两者交通成和而物生焉[⑰]，或为之纪而莫见其形[⑱]。消息满虚[⑲]，一晦一明[⑳]，日改月化，日有所为，而莫见其功。生有所乎萌[㉑]，死有所乎归，始终相反乎无端，而莫知乎其所穷。非是也，且孰为之宗[㉒]！"

孔子曰："请问游是[㉓]。"老聃曰："夫得是，至美至乐也。得至美而游乎至乐，谓之至人。”

孔子曰：“愿闻其方[24]。”曰：“草食之兽不疾易薮[25]，水生之虫不疾易水，行小变而不失其大常也[26]，喜怒哀乐不入于胸次[27]。夫天下也者，万物之所一也。得其所一而同焉[28]，则四支百体将为尘垢[29]，而死生终始将为昼夜而莫之能滑[30]，而况得丧祸福之所介乎[31]！弃隶者若弃泥涂[32]，知身贵于隶也，贵在于我而不失于变。且万化而未始有极也[33]，夫孰足以患心[34]！已为道者解乎此。”

孔子曰：“夫子德配天地，而犹假至言以修心[35]，古之君子，孰能脱焉[36]？”老聃曰：“不然。夫水之于汋也[37]，无为而才自然矣[38]；至人之于德也，不修而物不能离焉[39]。若天之自高，地之自厚，日月之自明，夫何修焉！”

孔子出，以告颜回曰：“丘之于道也，其犹醯鸡与[40]！微夫子之发吾覆也[41]，吾不知天地之大全也。”

〔注释〕

①新沐：洗头。 ②被：同“披”，打开，散开。干：晾干。 ③蛰(zhé)：不动。 ④便：借为“屏”，屏蔽。 ⑤眩：眼睛昏花看不清楚。 ⑥信然：确实如此。 ⑦掘：不动的样子。 ⑧遗物：超脱于世物之外。离人：超脱人世。 ⑨物之初：天地万物的本原。 ⑩困：困扰。 ⑪辟：开启。 ⑫尝：试，试探。将：将近，粗略，大略。 ⑬阴：阴气。肃肃：阴沉，萧瑟，清冷。 ⑭阳：阳气。赫赫：炎热。 ⑮天：当是“地”。 ⑯地：当是“天”。 ⑰两者：指阴气和阳气。成和：和合，调和。 ⑱纪：法则，准则。 ⑲息：繁殖，滋生。 ⑳晦：黑夜。明：白昼。 ㉑所：住所，处

所。 ㉒宗:主宰。 ㉓是:指"物之初",即"真道"。 ㉔其方:到达大道境界的方法。 ㉕疾:厌恶,憎恨。易:变更。薮(sǒu):生长着很多草的湖泽。 ㉖小变:小的变动,指生活地点变更的地方。大常:本性,常道。㉗胸次:胸间,亦指胸怀。 ㉘所一:万物共同拥有的大道。 ㉙四支百体:人体的各个部分,泛指全身。支,通"肢"。 ㉚滑:通"汩",扰乱。㉛丧:失。介:介意,留存。 ㉜隶:附属,属于,指附属于自身的外物。泥涂:污泥,淤泥。 ㉝未始:未曾,从未。 ㉞患心:忧虑,使心忧。 ㉟至言:最高超的言论;极其高明的言论。 ㊱脱:免。 ㊲汋(zhuó):水自然涌出。 ㊳才:材质。 ㊴离:分离,离散。 ㊵醯(xī)鸡:蠛蠓。古人以为是酒醋上的白霉变成。 ㊶微:无,非。发覆:揭除蔽障。

〔译文〕

孔子去拜见老聃,老聃刚洗完头发,正披散着头发等待晾干,一动不动的样子不像个活人。孔子藏在门后等待,过一会儿,进去拜见(老聃)说:"是我刚刚眼花吧?还是真的如此呢?刚才先生身体如同枯木树立,像遗弃了万物,超脱人世,独立于虚寂的地方一样。"老聃说:"我的心神遨游在万物初始的混沌境界。"

孔子说:"这是什么意思呢?"老聃说:"(万物的初始境界)令人困惑而不知其所以然,我的嘴想要说清楚,却不知怎么开口。试着为你谈论一下它的大概:极致的阴气寒冷,极致的阳气炎热;阴气寒冷来自地,阳气炎热来自天;两者相互交融衍生出万物,道在恍惚之中制定这些规则,但又看不到它的形迹。(阴阳二气的)消亡繁衍,充盈空虚,日夜晦明,每天每月都有新的转变,它们每天都有所作为,但却看不到它的功绩。万物从大道中萌生,死后回归大道,开始与终了循环无端,也不知道它们的尽头。如果没有大道,那么谁来做主宰呢?"

孔子说:"请求询问您心神遨游大道时的情形。"老聃说:

"能够体会大道,这真是最美好最快乐的。能够体会这种最美好的,在这种最快乐的境界遨游,这就是至人。"

孔子说:"想要聆听能够到达至美大道的方法。"老聃说:"以草为食的动物,不厌恶更换草泽;水生的虫类不厌恶更换水源。变动生活场所但没有改变生活场所的本质,喜怒哀乐各种情绪就不会进入胸怀中。天下是万物共同生存、感应大道的地方。一旦真正与万物生息之气混合一起感受大道,那么就会超越形躯,视生死如同昼夜交替,没有什么能扰乱其心,更何况是得失祸福呢！遗弃隶属于我的外物就像抛弃泥土,明白我自身要比我的外物更加珍贵。知道自身的珍贵,就不会因万物变化迷失自己的本性。况且万物的变化没有终结,又有什么值得担忧呢！得道之人就能够理解这些道理。"

孔子说:"先生的德行能够与天地匹配,而且还借助至言来修养心性,古时候的君子,谁能够不这样呢?"老聃说:"不是这样。水自然而然地涌出,无所作为因而水质自然纯洁;至人的德行,不需要修养,万物也会来依附。这就像天原本就高,地原本就厚,日月原本就明亮,哪里用得上修养啊!"

孔子出来后,把这些话告诉颜回,说:"我孔丘对于道的认识,就如同醋瓮中的虫子一样渺小！没有先生为我揭除蔽障,我就不知道天地原来如此博大完备。"

## 知北游(节选)

### 〔题解〕

本篇题目取自开头三字"知北游"。全文围绕"道",讲了十一个故事,对道进行了多方面的阐释,本文节选了部分片段。开篇讲了知到北方询问“道”的过程,从而指出道是不能言语的,能回答出来的人其实不是真正明白道的人。进而谈到道是一切的本原,应该顺应自然无为而治。又通过被衣之口道出得道的人是“形若槁骸,心若死灰”的状态。从人的形体、生命都是道赋予我们的,并非属于我们自己,进一步引出万物是如何产生的。人的一生十分短暂,生死在不停地轮转,永不停歇,因此不必忧喜。

## 一

知北游于玄水之上①,登隐弅之丘②,而适遭无为谓焉③。知谓无为谓曰:“予欲有问乎若:何思何虑则知道?何处何服则安道?何从何道则得道?④”三问,而无为谓不答也。非不答,不知答也。知不得问,反于白水之南,登狐阕之上,而睹狂屈焉⑤。知以之言也问乎狂屈。狂屈曰:“唉!予知之,将语若。”中欲言而忘其所欲言⑥。知不得问,反于帝宫,见黄帝而问焉。黄帝曰:“无思无虑始知道,无处无服始安道,无从无道始得道。”

知问黄帝曰:“我与若知之,彼与彼不知也⑦,其孰是邪?”黄帝曰:“彼无为谓真是也,狂屈似之,我与汝终不近也。夫‘知者不言,言者不知’,故圣人‘行不言之教’⑧。道不可致,德不可至⑨。仁可为也,义可亏也,礼相伪也⑩。故曰:‘失道而后德,失德而后仁,失仁而后义，失义而后礼[11]。礼者，道之华而乱之首也[12]。'故曰：'为道者日损，损之又损，以至于无为，无为而无不为也[13]。'今已为物也，欲复归根，不亦难乎？其易也，其唯大人乎[14]！生也死之徒，死也生之始，孰知其纪[15]？人之生，气之聚也；聚则为生，散则为死。若死生为徒，吾又何患？故万物一也。是其所美者为神奇，其所恶者为臭腐；臭腐复化为神奇，神奇复化为臭腐[16]。故曰'通天下一气耳'。圣人故贵一。"

知谓黄帝曰："吾问无为谓，无为谓不应我；非不我应，不知应我也。吾问狂屈，狂屈中欲告我而不我告；非不我告，中欲告而忘之也。今予问乎若，若知之，奚故不近？"黄帝曰："彼其真是也，以其不知也；此其似之也，以其忘之也；予与若终不近也，以其知之也。"狂屈闻之，以黄帝为知言[17]。

〔注释〕

①知：虚拟人物。玄水：河名。　②隐弅（fèn）：虚构的地点。③遭：遇到。无为谓：虚拟人物。　④处、服：行事。从、道：途径，方法。⑤狐阕：山丘名。　⑥中：心中。　⑦若：你。彼：第三人称代词，他，别人。　⑧知者不言，言者不知：出自《老子》第五十六章。行不言之教：出自《老子》第二章。　⑨致：招致、取得。至：达到。　⑩仁：指儒家之仁是有形迹的，可有意去做到。亏：损弃。义：裁断是非的标准。庄子认为，裁断中取其合宜、弃其不宜，故有损弃。　⑪"失道"句：出自《老子》第三十八章。　⑫本句意取自《老子》第三十八章："夫礼者，忠信之薄，而乱之首。前识者，道之华，而愚之始。"华：华丽的外表，与实质相对。　⑬本句取自《老子》第四十八章。　⑭大人：指与自然万物化为一体的得道之人。

阮籍《大人先生传》:“夫大人者,乃与造物同体,天下并生,逍遥浮世,与道俱成。” ⑮纪:法则,准则。 ⑯神奇:神妙奇特,泛指事物好的一面。《老子成玄英疏》:“故情之所美者,则谓为神妙奇特。”臭腐:腐烂发臭,泛指事物不好的一面。 ⑰知言:有见识的话。

〔译文〕

知去北方的玄水上游玩,登上隐弅之地的山丘,恰好遇见了无为谓。知问无为谓:“我想问你:如何思考才能明白道?怎样行事才能安于道?通过什么方式和途径才能获得道?”(知)问了三个问题,无为谓没有回答,不是不回答,是不知道答案。知得不到答案,返回白水南岸,登上狐阕之丘,见到了狂屈。知问了狂屈同样的话。狂屈说:“啊!我知道,我来告诉你。”(狂屈)心中想着却忘了要说的话。知得不到答案,返回黄帝的宫中,拜见黄帝也问了他(这三个问题)。黄帝说:“无忧无虑才能认识道,无所作为才能安于道,不执着于途径和方法才能得到道。”

知问黄帝:“我和您知道(答案),无为谓和狂屈不知道(答案),究竟谁是对的呢?”黄帝说:“无为谓是真的对的,狂屈近似,我和你终究都没有接近道。所谓‘知道的人不说话,说话的人不知道’(便是像我们这样),因此圣贤的教导不依靠话语。道的状态没有办法(通过语言)得到,德的境界不能(通过语言)达到。仁可以作为,义可以亏损,礼会相互欺骗。所以说:‘丢掉道然后才有了德,丢掉德然后才有了仁,丢掉仁然后才有了义,丢掉义然后才有了礼。礼是道华丽的外表,是祸乱的源头。’所以说:‘追求自然之道的人,浮华文饰一天天减损,减了又减,达到清静虚无顺应自然的境界,顺应自然就能无所不为。’现在已经变成有形的事物,想要再恢复到本来(的样子),

不是也很难吗?”只有那些得道的人才感到容易啊！生是死的同道,死是生的开始,谁知道他们的法则？人的出生是因为气的汇聚,(气)汇聚就是生,消散就是死。如果死生是一起的,我又有什么好担心的呢？因此万物是一样的。人们喜欢的就是好的,不喜欢的就是坏的,坏的又会变成好的,好的又会变成坏的。所以说‘贯通天地的只是气而已’。因此圣人推崇同一。”

知对黄帝说:“我问无为谓,无为谓不回答我;不是不回答我,是不知道如何回答。我问狂屈,狂屈想要告诉我却没有说,不是不告诉我,是想要说却忘掉了应该说什么。现在我问您,您知道,为什么说和道不接近呢?”黄帝说:“因为无为谓不知道如何表达,所以他才是真的明白道;因为狂屈忘了如何回答,所以他是接近道;我和你因为知道什么是道,所以我和你才与道距离甚远。”狂屈听了,认为黄帝所说的是有见识的话。

## 二

天地有大美而不言,四时有明法而不议,万物有成理而不说[①]。圣人者,原天地之美而达万物之理。是故至人无为,大圣不作,观于天地之谓也[②]。

今彼神明至精,与彼百化,物已死生、方圆[③],莫知其根也,扁然而万物自古以固存[④]。六合为巨,未离其内[⑤];秋毫为小,待之成体。天下莫不沉浮,终身不故[⑥];阴阳四时运行,各得其序;惛然若亡而存,油然不形而神[⑦],万物畜而不知。此之谓本根,可以观于天矣。

啮缺问道乎被衣[⑧]。被衣曰:“若正汝形,一汝视,天和将至[⑨];摄汝知[⑩],一汝度,神将来舍;德将为汝美,道将为汝居。汝瞳焉如新生之犊⑪,而无求其故……”言未卒,啮缺睡寐。被衣大说,行歌而去之。曰:“形若槁骸,心若死灰,真其实知⑫,不以故自持。媒媒晦晦⑬,无心而不可与谋,彼何人哉!”

舜问乎丞曰⑭:“道可得而有乎?”曰:“汝身非汝有也,汝何得有夫道!”舜曰:“吾身非吾有也,孰有之哉?”曰:“是天地之委形也⑮。生非汝有,是天地之委和也⑯;性命非汝有⑰,是天地之委顺也⑱;子孙非汝有,是天地之委蜕也⑲。故行不知所往,处不知所持,食不知所味。天地之强阳气也⑳,又胡可得而有邪!”

〔注释〕

①不言、不议、不说:都有不评论、不表达的意思。 ②至人:指超凡脱俗,达到无我境界的人。大圣:指道德完善、智力超绝、通晓万物之道的人。 ③百化:千变万化。方圆:方形与圆形,泛指事物的形态。 ④扁然:遍布生长。《老子成玄英疏》:“扁然,遍生之貌也。” ⑤六合:天地四方,泛指世界。 ⑥故:老,旧,过去的。 ⑦惛然:恍惚幽昧、暗淡不明的样子。油然:自然而然的状态。 ⑧被衣:传说中的上古贤人,隐居不仕。《庄子·天地》:“尧之师曰许由,许由之师曰啮缺,啮缺之师曰王倪。”⑨天和:指自然和顺之理;天地之和气。 ⑩摄:收敛。《经典释文》:“摄,收也。” ⑪瞳:无知直视的样子。《老子成玄英疏》:“瞳焉,无知直视之貌。” ⑫真:未经人为的东西。《庄子·秋水》:“谨守而勿失,是谓反其真。”颜师古注《汉书·杨王孙传》:“真者,自然之道也。” ⑬媒媒晦晦:昏昧不明、懵懂无知的样子。 ⑭丞:舜的老师。《尚书大传》卷二:“古者天子必有四邻:前曰疑,后曰丞,左曰辅,右曰弼。天子有问无以对责之疑,可志而不志责之丞,可正而不正责之辅,可扬而不扬责之弼。” ⑮委

形：指自然所赋予的形体。　⑯委和：指自然所赋予的和气。古人认为和气是天地间阴气与阳气交合而成的气，万物由"和气"而生。　⑰性命：指万物的天赋和禀受。朱熹《周易本义》："物所受为性，天所赋为命。"⑱委顺：指自然所赋予的和顺之气。　⑲委蜕：指自然所赋予的蜕变之形。　⑳强阳：运动的样子。《老子成玄英疏》："强阳，运动之貌也。"

［译文］

天地有广大的美德却不言语，四季有明确的法度却不议论，万物有固定的规律却不说。圣人是推原天地的美德，从而达到理解万物的规律的人。因此，那些达到无为境界、通晓万物的人不做违逆自然的事情，因为（他们）观察天地（的规律）啊。

大道神明精微，贯穿于万化之中，万物在生死方圆之间变化，却没有谁知道变化的本根。自古以来，万物就是如此自然而然地存在着。天地四方很大，但是依然在它（道）的范围之内；秋天的毫毛很小，但是要依靠它（道）才能形成。天下万物都在沉浮变化，常在常新；阴阳四时都按照自己的秩序运转变化；（道）模糊不清好像要消失了一般存在着，自然而然、神妙不测却又没有具体的形迹，万物都被这种似亡而存、无形有神的东西滋养着却不知道（被滋养）。这就是万物的源头，（明白了这个道理）可以观察天道了。

啮缺向被衣请教"道"。被衣说："（你要）端正你的形体，集中你的注意力，天和就要到来；（你要）收敛你的心智，端正你的态度，神明将会来到你的住处（和你同住）；德将在你身上彰显，道将和你同在。你像刚刚出生的牛犊一般懵懵懂懂，却不寻求其中的缘由……"话还没有说完，啮缺就睡着了。被衣十分高兴，唱着歌离开了。他唱的是："形体如同干枯的骸骨，内心如同寂灭的灰烬，把知识回归自然，不因为过去的（知识）固守不前。迷迷糊糊，没有心思，不能和他一起谋划，他是什么样的人啊！”

舜问丞：“道可以得到并且占有吗？”（丞）说：“你的身体不归你所有，你又如何能得到道啊！”舜说：“我的身体不属于我，属于谁呢？”（丞）说：“（你的身体）是天地赋予你的形状。生命不属于你，是天地赋予你的和顺之气；禀赋不属于你，也是天地赋予你的和顺之气；子孙也不属于你，是天地赋予你的蜕变之形。因此，行走却不知道要去往哪里，居住不知道要持守什么，吃东西不知道滋味如何。天地之间运行着的气（支配着这一切），你又如何能得到并占有呢？”

## 三

孔子问于老聃曰：“今日晏闲①，敢问至道。”老聃曰：“汝齐戒，疏瀹而心②，澡雪而精神③，掊击而知④。夫道窅然难言哉⑤！将为汝言其崖略⑥。

“夫昭昭生于冥冥⑦，有伦生于无形⑧，精神生于道⑨，形本生于精⑩，而万物以形相生。故九窍者胎生，八窍者卵生⑪。其来无迹，其往无崖⑫，无门无房，四达之皇皇也⑬。邀于此者，四枝强，思虑恂达⑭，耳目聪明，其用心不劳，其应物无方⑮。天不得不高，地不得不广，日月不得不行，万物不得不昌，此其道与！

“且夫博之不必知，辩之不必慧，圣人以断之矣！若夫益之而不加益，损之而不加损者，圣人之所保也。渊渊乎其若海，巍巍乎其终则复始也⑯，运量万物而不匮[17]，则君子之道，彼其外与！万物皆往资焉而不匮[18]，此其道与！

“中国有人焉，非阴非阳，处于天地之间，直且为人[19]，将反于宗。自本观之，生者，喑醷物也[20]。虽有寿夭，相去几何？须臾之说也，奚足以为尧桀之是非！果蓏有理[21]，人伦虽难，所以相齿[22]。圣人遭之而不违，过之而不守。调而应之，德也；偶而应之，道也。帝之所兴，王之所起也。

“人生天地之间，若白驹之过郤[23]，忽然而已。注然勃然，莫不出焉；油然漻然，莫不入焉[24]。已而化生，又化而死，生物哀之，人类悲之。解其天韬，堕其天帙[25]，纷乎宛乎，魂魄将往，乃身从之，乃大归乎！不形之形，形之不形，是人之所同知也，非将至之所务也[26]，此众人之所同论也。彼至则不论，论则不至，明见无值[27]，辩不若默；道不可闻，闻不若塞，此之谓大得。”

〔注释〕

①晏闲：安闲。 ②齐戒：古人在祭祀或重要的仪典前进行沐浴、停止进食等行为。齐，同“斋”。疏瀹（yuè）：洗涤，沐浴。一说疏通。而：同“尔”。 ③澡雪：洗涤。 ④掊（pǒu）击：打破。知：同“智”。 ⑤窅（yǎo）然：深远的样子。 ⑥崖略：大略。 ⑦昭昭：明亮。冥冥：昏暗。⑧有伦：指有形。 ⑨精神：指万物的精气，相对形骸而言。 ⑩精：精气。 ⑪九窍：人、动物等胎生的哺乳类生物，眼、耳、口、鼻子是为七窍，是阳；生殖孔和排泄孔，属阴。八窍：鸟、鱼等卵生的生物，生殖孔和排泄孔合为一窍，故称八窍。 ⑫崖：边际。 ⑬无门无房：形容道来去无踪，

没有依傍。皇皇:宽广、通达的样子。 ⑭枝:同“肢”。恂(xún):通。 ⑮应物:顺应事物。无方:不受局限。方,范围。 ⑯渊渊:深广。巍巍:高大的样子。 ⑰运量:承载,容纳。匮:穷。 ⑱资:取。 ⑲直:只是。 ⑳喑醷(yīnyì):气聚。醷,一作“噫”。 ㉑果蓏(luǒ):瓜果之总称。树的果实叫“果”,茎干柔软的植物的果实叫“蓏”。理:事物的规律、标准。 ㉒齿:排列。 ㉓郤:同“隙”。 ㉔注、勃:出生的样子。油、漻(liú):死亡,消失的状态。 ㉕韬:装弓或剑的套子。帙(zhì):束口的袋子。韬、帙,都有束缚、约束的意思。 ㉖务:追求。 ㉗明见:明察。值,会遇(大道),指得道。

〔译文〕

孔子问老聃说:“今日安闲无事,向您请教大道是什么。”老聃说:“你要进行斋戒,洗涤你的心灵,清理你的精神,打破你的智慧。道是深远莫测难以言说的!我为你讲说它的大概吧。

“明亮来自昏暗,有形生于无形,精气从道里形成,形体从精气形成,而万物根据形体相互形成。所以有九窍的生物都是胎生,有八窍的生物都是卵生。它来的时候没有踪迹,它去的时候没有边际,出入没有门户,来去没有依傍,宽广无尽,通达四方。顺应它,就能四肢强健,思虑通达,耳聪目明,用心却不知疲惫,顺应事物(的本性)却不局限。天失去它就不会高,地失去它就不会广,日月失去它就不能运行,万物失去它就不能昌盛,这就是道呀!

“况且,博学的人不一定有见识,善辩的人不一定聪明,圣人是抛弃这些的!至于增益它,它却并没有增加,减损它,它也没有因此减少(的道),这是圣人所保有的。像海一样深广,像山一样高大巍峨,它终而复始地运动,承载着万物却不会穷尽。如此,世俗君子追寻的道,都在大道之外啊!万物都去取用,它却不会穷尽，这就是道啊！

“国中有这样的人，他既不属阴，也不属阳，存在于天地之间，只是暂且是人，他会返回到他的本根去。从本根观察，所谓生，不过是气的汇聚而已。虽然有长寿和夭折，相差又有多少呢？一时的评论，怎么能够用它来确定尧和桀的是非呀！瓜、果各有它们的规律，人的尊卑长幼之间的伦理关系虽然复杂，但可以根据年龄排序。圣人遇到事情不逃避，过去了也不会留恋。调整顺应这一切，便是德；偶然顺应这一切，便是道。帝、王兴起的原因和根据就是德与道。

“人生活在天地之间（的时间），就像骏马驰过缝隙一样短暂，忽然之间就过去了。万物没有不生长出现的，没有不最终走向灭亡的。死去的又转化出生，出生的又变化死去，生物为其同类之死而悲哀，人类为其亲人之死而伤悲。（死亡）开解自然的形体，毁坏自然的束缚，纷纭婉转，魂魄离开，身体也随之消亡；这是最大的归复呀！从没有形体到有形体，又从有形体到没有形体，这是人都知道的，却不是要达到道的人所追求的，这是一般人共同议论的。那些达到道的境界的人不议论，议论的人就是还没有达到道的境界。明察是不能得道的，论辩不如沉默；道是不能凭借听闻得到的，凭借听闻不如塞住耳朵，如此才能有深刻的体会。”

# 杂　篇

## 庚桑楚(节选)

〔题解〕

本篇题目取自首句中的人名“庚桑楚”。庚桑楚是老子的学生,深谙老子的思想。他到畏垒以后,采用无为而治的方法,让百姓解决了生计。借庚桑楚之口道出了祸乱的根源是“贤才”“知者”,并且发出了“千世之后,其必有人与人相食者也”的断言。后半部分通过南荣趎向老子请教如何养性,指出要顺随万物,随波逐流,在自己的内心世界里找到平衡,把生死、祸福都等同看待。今择取本篇的主体部分予以介绍。

一

老聃之役有庚桑楚者①,偏得老聃之道②,以北居畏垒之山③,其臣之画然知者去之④,其妾之挈然仁者远之⑤。拥肿之与居,鞅掌之为使⑥。居三年,畏垒大壤⑦。畏垒之民相与言曰:“庚桑子之始来,吾洒然异之⑧。今吾日计之而不足,岁计之而有余。庶几其圣人乎!子胡不相与尸而祝之⑨，社而稷之乎⑩？”

庚桑子闻之，南面而不释然⑪。弟子异之。庚桑子曰：“弟子何异于予？夫春气发而百草生，正得秋而万宝成。夫春与秋，岂无得而然哉？天道已行矣。吾闻至人，尸居环堵之室⑫，而百姓猖狂不知所如往⑬。今以畏垒之细民⑭，而窃窃焉欲俎豆予于贤人之间⑮，我其杓之人邪⑯！吾是以不释于老聃之言。”

弟子曰：“不然。夫寻常之沟⑰，巨鱼无所还其体⑱，而鲵鳅为之制⑲；步仞之丘陵，巨兽无所隐其躯⑳，而孽狐为之祥㉑。且夫尊贤授能，先善与利，自古尧、舜以然，而况畏垒之民乎！夫子亦听矣！”

庚桑子曰：“小子来！夫函车之兽㉒，介而离山㉓，则不免于网罟之患㉔；吞舟之鱼，砀而失水㉕，则蚁能苦之。故鸟兽不厌高，鱼鳖不厌深。夫全其形生之人㉖，藏其身也，不厌深眇而已矣。且夫二子者，又何足以称扬哉！是其于辩也㉗，将妄凿垣墙而殖蓬蒿也。简发而栉㉘，数米而炊，窃窃乎又何足以济世哉？举贤则民相轧，任知则民相盗㉙。之数物者㉚，不足以厚民。民之于利甚勤，子有杀父，臣有杀君，正昼为盗，日中穴阫㉛。吾语女㉜：大乱之本，必生于尧、舜之间，其末存乎千世之后。千世之后，其必有人与人相食者也！”

〔注释〕

①役：门徒，弟子。庚桑楚：老聃的弟子，姓庚桑，名楚。　②偏得：独

得。偏,独。 ③畏垒:山名。 ④臣:泛指身边服侍的人。画(huà)然:炫耀的样子。 ⑤妾:泛指身边服侍的人。挈(qiè)然:标榜的样子。⑥拥肿、鞅掌:淳朴自然、无知无识的样子。 ⑦壤:通“穰”,丰收。 ⑧洒(sěn)然:惊奇的样子。 ⑨尸:代表死者受祭的活人。祝:祭祀时负责主持的人。 ⑩社而稷之:“社”是土神,“稷”是谷神。古代君王都要祭祀社和稷,后来社稷常代指国家。 ⑪释然:喜悦的样子。 ⑫尸居:像尸体一样安居,指安静无为的状态。环:周围。堵:一丈长的墙。 ⑬猖狂:随心所欲,无所束缚。 ⑭细民:小民,即普通百姓。 ⑮窃窃:私下议论的样子。俎、豆:祭祀的物品,指奉祀。 ⑯其:岂,难道。杓(dí):读音 dí 据唐陆德明《经典释文》,标准。 ⑰寻、常:长度单位。八尺为寻,倍寻为常。 ⑱还(xuán):通“旋”,旋转。 ⑲鲵、鳅:小鱼。制:通“折”,曲折回旋。 ⑳步、仞:长度单位。六尺为步,八尺为仞。 ㉑孽(niè):通“孽”。 ㉒函车之兽:嘴里能容下车的大兽。函,通“含”。 ㉓介:个,独自。扬雄《方言》:“兽无耦曰介。” ㉔网罟:用绳编织成的捕鱼、鸟的工具。 ㉕砀而失水:被激荡离水搁浅在岸上。砀(dàng),被荡出。 ㉖生:通“性”。 ㉗辩:通“辨”,指辨别贤能、善利。 ㉘简:选择。栉(zhì):梳头发。 ㉙轧:倾轧。盗:欺诈。 ㉚之:此。数物:指选贤举能等事情。㉛正昼、日中:中午。穴:打洞。阫(péi):墙。 ㉜女:通“汝”,你。

〔译文〕

老聃有一个叫庚桑楚的弟子,独得老聃之道,他去北方住在畏垒山,他辞去身边炫耀才智的仆役,疏远标榜仁义的侍妾。留下淳朴自然、无知无识的人与他一起居住,供他役使。住了三年,畏垒山获得了大丰收。畏垒山的百姓互相议论:“庚桑子刚来的时候,我们对他感到惊奇。现在,我们按日子计算(食物)还不足,但是按年计算却还有富余。他应该就是圣人了吧!我们为什么不为他设神位,为他建立宗庙呢?”

庚桑子听了(这样的议论),面向南方坐着,心里很不高兴。

他的弟子们觉得很奇怪。庚桑子说:“你们为什么对我感到奇怪?春天阳气上升,百草生长,到了秋天,各种果实就成熟了。春天和秋天,难道无缘无故就能这样吗?这是天道自然运行的结果啊。我听说,得道的人安静地住在狭小简陋的房间里,而百姓随心所欲,不知要去哪里。现在畏垒山的百姓,都窃窃私语想把我作为贤人尊奉,我怎会是那种值得学习的榜样啊!我因为有愧于老聃的教诲心中才不快乐。”

弟子说:“不是这样的。大鱼没有办法在狭小的水沟里旋转身体,但小鱼能(在这样的小水沟里)回旋自如;巨兽没有办法在低矮的小土丘上藏身,而狐狸却觉得很不错。况且尊奉贤能的人,任用有能力的人,倡导善行,施与他人利益,自古以来,尧舜就是这样的。何况是畏垒山的百姓啊!先生让他们尊奉你吧!”

庚桑子说:“年轻人,你过来!嘴里能容下车子的巨兽,单独离开山林,就难免会受到网罗的灾祸;嘴里能吞下船只的大鱼,因海浪的翻涌,搁浅在岸上,蚂蚁也敢咬噬它。因此,鸟兽不嫌山高,鱼鳖不嫌水深。要保全自己身体和本性的人,为了隐藏自己,是不会嫌居住的地方偏僻的。况且,尧、舜这两个人,又有什么值得称赞的呢!他们辨别贤能,就像打破墙壁,种上蓬蒿当墙一样。选择头发来梳理,数着米粒来煮饭,如此斤斤计较又怎么能够救济世界呢?推举有贤能的人就会让百姓相互倾轧,任用有才智的人就会使百姓相互欺诈。这些事不足以让人民淳朴。百姓在利益面前十分努力,于是有儿子杀害父亲、臣子杀害君主、白天偷盗、正午挖墙(的事情)。我告诉你:大乱的根源,一定产生在尧、舜的时代,它的遗害还要延续到千年以后。千年之后,一定会有人吃人的现象!”

## 二

南荣趎蹴然正坐曰[①]："若趎之年者已长矣，将恶乎托业以及此言邪？[②]"

庚桑子曰："全汝形，抱汝生[③]，无使汝思虑营营[④]。若此三年，则可以及此言矣。"

南荣趎曰："目之与形，吾不知其异也，而盲者不能自见；耳之与形，吾不知其异也，而聋者不能自闻；心之与形，吾不知其异也，而狂者不能自得。形之与形亦辟矣[⑤]，而物或间之邪[⑥]？欲相求而不能相得。今谓趎曰：'全汝形，抱汝生，勿使汝思虑营营。'趎勉闻道达耳矣[⑦]！"

庚桑子曰："辞尽矣。曰：奔蜂不能化藿蠋[⑧]，越鸡不能伏鹄卵[⑨]，鲁鸡固能矣[⑩]。鸡之与鸡，其德非不同也[⑪]，有能与不能者，其才固有巨小也。今吾才小，不足以化子。子胡不南见老子！"

南荣赢粮[⑫]，七日七夜至老子之所。老子曰："子自楚之所来乎？"南荣趎曰："唯。"老子曰："子何与人偕来之众也？"南荣趎惧然顾其后。老子曰："子不知吾所谓乎？"南荣趎俯而惭，仰而叹曰："今者吾忘吾答，因失吾问。"老子曰："何谓也？"南荣趎曰："不知乎，人谓我朱愚[⑬]。知乎，反愁我躯。不仁，则害人；仁，则反愁我身。不义，则伤彼；义，则反愁我己。我安逃此而可？此三言者，趎之所患也。愿因楚而问之。"

老子曰："向吾见若眉睫之间，吾因以得汝矣。今汝又言而信之。若规规然若丧父母[14]，揭竿而求诸海也[15]。女亡人哉[16]！惘惘乎[17]！汝欲反汝情性而无由入，可怜哉！"

南荣趎请入就舍[18]，召其所好，去其所恶。十日自愁，复见老子。老子曰："汝自洒濯[19]，熟哉郁郁乎[20]！然而其中津津乎犹有恶也[21]。夫外韄者不可繁而捉[22]，将内揵[23]；内韄者不可缪而捉[24]，将外揵；外内韄者，道德不能持，而况放道而行者乎！"

南荣趎曰："里人有病，里人问之，病者能言其病，然其病，病者犹未病也。若趎之闻大道，譬犹饮药以加病也，趎愿闻卫生之经而已矣[25]。"

老子曰："卫生之经，能抱一乎[26]？能勿失乎？能无卜筮而知吉凶乎[27]？能止乎？能已乎？能舍诸人而求诸己乎？能翛然乎[28]？能侗然乎[29]？能儿子乎[30]？儿子终日嗥而嗌不嗄[31]，和之至也；终日握而手不掜[32]，共其德也；终日视而目不瞚[33]，偏不在外也。行不知所之，居不知所为，与物委蛇[34]，而同其波。是卫生之经已。"

南荣趎曰："然则是至人之德已乎？"曰："非也。是乃所谓冰解冻释者，能乎？夫至人者，相与交食乎地而交乐乎天[35]，不以人物利害相撄[36]，不相与为怪，不相与为谋，不相与为事，翛然而往，侗然而来。是谓卫生之经已。"

曰："然则是至乎？"曰："未也。吾固告汝曰：'能儿子乎！’儿子动不知所为，行不知所之，身若槁木之枝，而心若死灰。若是者，祸亦不至，福亦不来。祸福无有，恶有人灾也！”

〔注释〕

①南荣趎(chú)：庚桑楚的弟子。蹴(cù)然：恭敬的样子。正坐：端坐，表示尊敬。 ②恶(wū)：何。托：凭托，凭借。 ③抱：保全。生：通“性”。 ④营营：劳累不知疲倦。 ⑤辟：通“譬”，类比、相通。 ⑥间：间隔，堵塞。 ⑦达耳：达于耳但还未到心里，即知道了但是还没有明白。 ⑧奔蜂：土蜂，小蜂。藿(huò)蠋(zhú)：长在豆类植物上的虫子。 ⑨越鸡：荆鸡，体格小。伏：通“孵”。鹄(hú)：天鹅。 ⑩鲁鸡：蜀鸡，体格大。 ⑪德：物性。 ⑫赢(yíng)：担负、背着。 ⑬朱愚：愚昧、无知的样子。 ⑭规规然：惊慌失措的样子。 ⑮揭：举。 ⑯女：通“汝”，你。亡人：流亡之人。 ⑰惘惘(wǎng)：若有所失的样子。 ⑱舍：房间。此处指老子的学舍。 ⑲洒濯(zhuó)：洗涤。 ⑳熟：通“孰”，何。郁郁：忧郁不乐的样子。 ㉑津津：水溢出的样子。 ㉒韄(hù)：束缚。 ㉓揵(jiàn)：同“楗”，关闭、堵塞。 ㉔缪(móu)：绞结，缠绕。 ㉕卫生：养生，保全生命。经：常道，原则。 ㉖抱一：专精固守不失其道。 ㉗卜筮：占卜。 ㉘翛(xiāo)然：无拘无束的样子。 ㉙侗(dòng)然：懵懂无知的样子。 ㉚儿子：婴儿。 ㉛嗥(háo)：哭。嗌(yì)：咽喉。嗄(shà)：声音嘶哑。 ㉜揿(niè)：拳曲。 ㉝瞚(shùn)：同“瞬”，眨眼。 ㉞委蛇(yí)：顺应的样子。 ㉟交：一起。 ㊱撄(yīng)：扰乱。

〔译文〕

南荣趎正襟危坐，说：“像我这样年龄已经很大的人，要怎样学习才能达到您所说的境界呢？”

庚桑子说：“不伤害你的身体，保全你的天性，不让你的思虑劳累。像这样三年,就可以达到我所说的境界了。”

南荣趎说:“我看不出常人的眼睛和盲人的眼睛在外表上有什么差异,但是盲人却看不见;我看不出常人的耳朵和聋子的耳朵在外形上有什么区别,但是聋子却听不见;我也看不出常人的心和狂人的心在外形上有什么不同,但是狂人不能有所体会。我的形体和其他人的形体也类似,但是有什么东西从中阻隔吗?(以至于)想达到对方的境界却不能达到。现在你对我说:‘不伤害你的身体,保全你的天性,不让你的思虑劳累。’我勉强听到耳朵里了(但是还没有理解到心里)!”

庚桑子说:“我要说的就没有了。土蜂不能孵化豆叶上的虫,越鸡不能孵化天鹅的卵,但是鲁鸡就能做到。鸡与鸡相比较,物性没有什么不同,但是有能与不能的区别,这是因为它们的才能有大小的区别。现在我的才能小,不能教化你。你不如到南方去拜见老子!”

南荣趎担着口粮,走七天七夜,来到了老子的住所。老子说:“你是从庚桑楚那里来的吗?”南荣趎说:“是的。”老子说:“你为什么和那么多人一起来呢?”南荣趎惊恐地回头看了看身后。老子说:“你不懂我所说的意思吗?”南荣趎惭愧地低下了头,又抬头叹息道:“现在我忘了应该怎样回答,因而也忘了我的问题。”老子说:“这是什么意思?”南荣趎说:“不用才智,人们说我愚昧;用了才智,反而会损害我的身体。不施行仁,就会伤害他人;施行仁,又会损害我自己。不行义,就会伤害他人;行义,反而危害自己。我怎样才能避免这种处境呢?这三点,是我忧虑的,希望通过庚桑楚的介绍,进而向你请教。”

老子说:“方才我看你的表情,我就得知你的来意了。现在你说的话又肯定了我的推测。你惊慌失措的样子就像失了父母，又像举着竹竿在大海里寻找一样。你是个迷失方向的人呀！你想返归自己的本性却不知道如何做，真可怜呀！”

南荣趎请求到老子的学舍学习，（尝试）追求自己喜欢的，摒弃自己厌恶的。十天以后，还是感到忧愁，又去见老子。老子说：“你洗涤自己，为什么还闷闷不乐呢！可见心中还有不好的溢出来。外在的形体被外物束缚缠绕，纷乱不能抓住，于是关闭内心（杜绝烦扰）；内心被束缚缠绕，纷乱不能抓住，应该从形体上杜绝烦扰；内外都被束缚缠绕的人，即使是有道德的人也不能自持，更何况是摆脱道行事的人呢！”

南荣趎说：“里巷有人生病了，邻居问他病情，病人能讲清他的病情，虽然病着，但是还没有达到严重的程度。我听了大道，就好像吃了药反而病情加重了一样，我只想听听保身养性的道理而已。”

老子说：“保身养性的道理，能守着真性情没有其他吗？能不失去本性吗？能不占卜而知道吉凶吗？能止于本分吗？能知足吗？能不效法别人，从自己身上找到吗？能无拘无束吗？能纯真无知吗？能像婴儿一样吗？婴儿整天哭但是喉咙却不会嘶哑，这是自身和气充盈的缘故；婴儿整天握拳但是手不会拳曲，这是符合本性的缘故；整天看着但却不眨眼，是不偏向外物的缘故。行走不知要去的方向，停下来不知要做的事情，顺随万物，随波逐流。这就是保身养性的方法。”

南荣趎说：“那么这就是至人的状态吗？”老子说：“不是。这只是像冰融化了一样消除心中的凝滞，怎么能称得上至人的状态呀？所谓至人，是和大家一起向大地寻求事物，向自然寻找乐趣，不因为人、物的利害扰乱自己，不与世俗相异，不与世俗共谋，不与世俗共事，自由自在、无知无虑地来去，这就是保身养性的方法。”

南荣趎问：“这就是达到至道了吗？”老子说：“不是。我曾告诉过你：‘能像婴儿吗？’婴儿不知道自己为什么动，不知道去哪里，身体像枯木的树枝，心灵像寂灭的灰烬。若是这样，祸也不会到，福也不会来。没有祸福，哪里还有人为的灾害呢？”

## 徐无鬼（节选）

〔题解〕

本篇篇名来自句首前三个字“徐无鬼”。徐无鬼是一个隐士。他借相狗和相马，告诉魏武侯怎样治理天下，摆脱感官的享受，专注内心的修养，列举了众多诸如“为义偃兵”等以为是为百姓谋利益，实则是危害百姓的事情，提出了应该无为而治。然后讲述黄帝等七人在寻找“大道”的路上迷失方向，被一位牧童点醒。通过知士、辩士、察士等人过多关注外物而被束缚，找不到本心的例子，进一步指明人应该抛弃外物和对感官的依赖，要专注本性的培养。

### 一

徐无鬼因女商见魏武侯[①]，武侯劳之曰[②]：“先生病矣[③]！苦于山林之劳[④]，故乃肯见于寡人。”徐无鬼曰：“我则劳于君，君有何劳于我！君将盈耆欲[⑤]，长好恶，则性命之情病矣[⑥]；君将黜耆欲[⑦]，掔好恶[⑧]，则耳目病矣。我将劳君，君有何劳于我！”武侯超然不对[⑨]。

少焉，徐无鬼曰："尝语君[10]，吾相狗也。下之质，执饱而止[11]，是狸德也[12]；中之质，若视日[13]；上之质，若亡其一[14]。吾相狗，又不若吾相马也，吾相马，直者中绳，曲者中钩，方者中矩，圆者中规，是国马也，而未若天下马也。天下马有成材[15]，若恤若失[16]，若丧其一。若是者，超轶绝尘[17]，不知其所。"武侯大悦而笑。

徐无鬼出，女商曰："先生独何以说吾君乎？吾所以说吾君者，横说之则以《诗》《书》《礼》《乐》，从说之则以《金板》《六弢》[18]。奉事而大有功者不可为数，而吾君未尝启齿[19]。今先生何以说吾君，使吾君说若此乎？"

徐无鬼曰："吾直告之吾相狗马耳。"女商曰："若是乎？"曰："子不闻夫越之流人乎[20]？去国数日，见其所知而喜；去国旬月[21]，见所尝见于国中者喜；及期年也[22]，见似人者而喜矣[23]；不亦去人滋久[24]，思人滋深乎？夫逃虚空者[25]，藜藋柱乎鼪鼬之径[26]，踉位其空[27]，闻人足音跫然而喜矣[28]，又况乎昆弟亲戚之謦欬其侧者乎[29]！久矣夫，莫以真人之言謦欬吾君之侧乎！"

〔注释〕

①徐无鬼：人名，战国时魏国的隐士。因：通过。女(rǔ)商：魏国大臣。春秋时期晋大夫女叔齐之后。魏武侯：名击，魏文侯的儿子。 ②劳：慰劳。 ③病：贫困。 ④劳：辛苦，辛劳。 ⑤盈：满足。耆(shì)欲：爱好和欲望，多指身体感官方面。耆，通"嗜"。 ⑥性命之情：性命的状态，诸如喜、怒、哀、乐等。病：伤害，损害。 ⑦黜(chù)：去掉。 ⑧掔(qiān)：除去。 ⑨超然：怅然的样子。 ⑩尝：尝试。 ⑪执：捕捉。 ⑫狸：野猫。

德:材性,资质。 ⑬视日:目光长远。 ⑭亡:通“忘”。一:身体,自身。 ⑮成材:天然生成的资质。 ⑯若恤若失:无所思虑的样子。 ⑰超轶(yì):超越。绝尘:驰骋神速。 ⑱从:通“纵”。《金板》《六弢》:都是兵书。《六弢》,即《六韬》。 ⑲启齿:笑。 ⑳流人:流放的人。 ㉑旬:十日。 ㉒期(jī)年:周年。 ㉓似人者:像自己国家的人。 ㉔滋:益,越。 ㉕虚空:空旷无人的地方。 ㉖藜藋:(lídiào):泛指杂草。柱:堵塞。鼪鼬(shēngyòu):黄鼠狼。 ㉗踉:应该是“良”的讹误,长久。 ㉘跫(qióng):脚步声。 ㉙謦欬(qǐngkài):咳嗽。借指谈笑,谈吐。

〔译文〕

徐无鬼经由女商的介绍得以见到魏武侯,武侯慰劳他说:“先生太贫困了!你苦于山林的辛劳,因此现在才肯来见我。”徐无鬼说:“我是来慰劳你的,你有什么能慰劳我呢?你要是满足喜好和欲望,增长好恶的情绪,那么生命的状态就要受到损伤了;你要是抛去喜好和欲望,除去好恶的情绪,你的耳朵和眼睛就要受苦了。(因此)我要慰劳你,你有什么要慰劳我的呢?”武侯感到怅然,没有回答。

过了一会儿,徐无鬼说:“我试着告诉你我的相狗术吧。下等资质的狗,只是捕到食物饱腹而已,这是野猫的品性;中等资质的狗,眼光看得更远些;上等资质的狗,好像忘掉了自己的身体。我的相狗术,又不如我的相马术。我观察马(的进退),直的地方与绳墨符合,弯曲的地方与钩子符合,方和圆的地方与规、矩符合,这就是国家最好的马,但是还算不上是天下最好的马。天下最好的马有天然生成的资质,无所思虑,像失去了本身。像这样的马,速度超凡绝尘,不知所踪。”武侯(听后)高兴地笑了。

徐无鬼走出来,女商说:“先生究竟用什么让我的君主这么高兴呢？我取悦我君主的东西，要么谈论《诗》《书》《礼》《乐》，要么说《金板》《六弢》等兵书。侍奉君主，立下大功的事件不计其数，可我的君主从来没有开口大笑过。现在先生究竟对我的君主讲了什么，让他如此高兴呢？”

徐无鬼说：“我只是把相狗、相马的方法告诉了他。”女商说：“是这样的吗？”徐无鬼说：“你没听过流放到越国的人吗？离开国家没有几天，看到所认识的事物就高兴；离开国家十天或一个月，看见曾在自己国家见过的事物就喜欢；至于离开国家一年的人，只要见到像自己国家的人就高兴；这不就是离开得越久，思念也就越深吗？流落在空旷之地的人，野草长满黄鼠狼往来的小路，长时间居住在空旷无人的地方，听到人的脚步声就会高兴，更何况是兄弟、父母在他旁边谈笑呢！很久了，没有人用真诚的话语在我们的君主的身旁谈论了啊！”

## 二

徐无鬼见武侯，武侯曰：“先生居山林，食芧栗[①]，厌葱韭[②]，以宾寡人[③]，久矣夫！今老邪？其欲干酒肉之味邪[④]？其寡人亦有社稷之福邪？”徐无鬼曰：“无鬼生于贫贱，未尝敢饮食君之酒肉，将来劳君也。”

君曰：“何哉！奚劳寡人？”曰：“劳君之神与形。”

武侯曰：“何谓邪？”徐无鬼曰：“天地之养也一，登高不可以为长，居下不可以为短。君独为万乘之主，以苦一国之民，以养耳目鼻口，夫神者不自许也[⑤]。夫神者，好和而恶奸。夫奸，病也，故劳之。唯君所病之，何也？”

武侯曰："欲见先生久矣。吾欲爱民而为义偃兵[6]，其可乎？"徐无鬼曰："不可。爱民，害民之始也；为义偃兵，造兵之本也。君自此为之，则殆不成[7]。凡成美，恶器也。君虽为仁义，几且伪哉[8]！形固造形，成固有伐，变固外战。君亦必无盛鹤列于丽谯之间[9]，无徒骥于锱坛之宫[10]，无藏逆于得，无以巧胜人，无以谋胜人，无以战胜人。夫杀人之士民，兼人之土地，以养吾私与吾神者，其战不知孰善？胜之恶乎在？君若勿已矣！修胸中之诚，以应天地之情而勿撄[11]。夫民死已脱矣，君将恶乎用夫偃兵哉！"

〔注释〕

①芧(xù)栗：橡子和栗子，泛指野生的果子。 ②厌：通"餍"，饱食。葱韭：葱和韭菜，泛指野菜。 ③宾：通"摈"，抛弃。 ④干：求。 ⑤许：与，赞同。 ⑥偃兵：放下兵器，即停止战争。 ⑦殆：大概，几乎。 ⑧几且：近乎。 ⑨丽谯：华丽的高楼。 ⑩徒骥(jì)：步骑兵。锱(zī)坛：宫殿的名字。 ⑪撄(yīng)：扰乱。

〔译文〕

徐无鬼去见魏武侯，魏武侯说："先生住在山林之中，吃野果和野菜，远离我已很久了！（你来找我）是因为你现在老了吗？还是想尝尝酒肉的滋味呢？还是想为我的国家造福呢？"徐无鬼说："无鬼出身贫贱，从来不敢奢望能品尝您的酒肉，我是来慰劳你的。"

武侯说："这是什么意思？你怎么慰劳我？"徐无鬼说："慰劳你的精神和形体。"

武侯说："这是什么意思？"徐无鬼说："天地滋养万物是一视同仁的，身居高位不能自以为是长命，身居低位不能自以为是短命。你是大国的国君，却辛苦一国的百姓，来满足你耳目鼻口的私欲，但是心神不认同（这种享受）。心神喜好和谐，讨厌奸诈谋私。奸诈谋私是一种病，所以来慰劳你。只有你有这种病，为什么呢？"

武侯说："想见先生很久了。我想爱百姓，为了仁义而停止战争，可以吗？"徐无鬼说："不行。爱民，是害民的开始；为了仁义而停止战争，是造成战争的根源。你要这么做，就不会成功。凡是成就了美好名声的事物，都会变成作恶的工具。你虽然要行仁义，但可以说是作伪啊！有行迹的仁义定会产生有行迹的虚伪，成功一定会招来失败，政治变乱必定会导致公开的战争。您一定不要大张旗鼓地把军队像鹤群一样排列在高楼之间，不要把步骑兵集合在宫殿里，不要在已有的里面包藏祸心，不要用技巧去战胜别人，不要用阴谋去战胜别人，不要用战争打败别人。那种通过杀害他国士兵和百姓，夺取别人的土地，来奉养自己的私欲和心神的，这种战争有什么好处？胜利又在什么地方？你还是不要这样了！不如修养胸中的诚心，顺应天地的自然无为，不搅扰他物。这样百姓就能摆脱死亡，你哪里还用得着停止战争啊！"

## 三

黄帝将见大隗乎具茨之山[①]，方明为御[②]，昌寓骖乘[③]，张若、谐朋前马[④]，昆阍、滑稽后车[⑤]。至于襄城之野，七圣皆迷[⑥]，无所问涂[⑦]。适遇牧马童子，问涂焉，曰："若知具茨之山乎？"曰："然。""若知大隗之所存乎？"曰："然。"黄帝曰："异哉小童！非徒知具茨之山，又知大隗之所存。请问为天下。"小童曰："夫为天下者，亦若此而已矣，又奚事焉！予少而自游于六合之内⑧，予适有瞀病⑨，有长者教予曰：'若乘日之车而游于襄城之野。'今予病少痊⑩，予又且复游于六合之外。夫为天下亦若此而已。予又奚事焉！"黄帝曰："夫为天下者，则诚非吾子之事，虽然，请问为天下。"小童辞。黄帝又问。小童曰："夫为天下者，亦奚以异乎牧马者哉！亦去其害马者而已矣！"黄帝再拜稽首⑪，称天师而退。

〔注释〕

①大隗（tàiwěi）：一说神名，一说大道。具茨：山名，又名大隗山，在今河南密县。　②方明：人名，意为明白。御：驾车。　③昌寓（yǔ）：人名，意为盛美。骖（cān）乘：坐在车子右侧陪乘的人。　④张若：人名，意为张大。謵（xí）朋：人名，意为知识广博。　⑤昆阍（hūn）：人名，意为守混同。滑稽：人名，意为雄辩。后车：指在车后相从。以上七人合称"七圣"。⑥七圣：指黄帝、方明、昌寓、张若、謵朋、昆阍和滑稽。　⑦涂：路。　⑧六合之内：指人世间。　⑨瞀（mào）：眼花，目眩。　⑩痊：病愈。　⑪稽（qǐ）首：跪下，拱手至地，头也至地。

〔译文〕

黄帝要到具茨山去见大隗，方明驾车，昌寓陪乘，张若和謵朋在马车前做向导，昆阍和滑稽在车后做随从。到了襄城的远郊，七个人都迷路了，没有地方可以问路。恰好遇到一个牧马的小孩，就向他问路道："你知道具茨山吗？"（小孩）回答说："知道。”（黄帝七人）又问：“你知道大隗的住处吗？”（小孩）回答说：“知道。”黄帝说：“这小孩真奇怪呀！不仅知道具茨山，还知道大隗的住处。请问怎么治理天下。”小孩说：“治理天下，也就是如此而已，又何必多事呢！我小的时候自己游荡在人世间，我又恰好得了目眩病，有位长者教导我说：‘你驾着太阳这辆车子在襄城的远郊游玩。’现在我的病好一些了，我又要游于尘世之外。至于治理天下，也是如此。我又何必去多事呢！”黄帝说：“治理天下确实不是你的事情。虽然这样，还要向你请教怎样治理天下。”小孩没有回答。黄帝又问。小孩说：“治理天下，和牧马有什么不同呢？也不过是除去那些害群之马罢了。”黄帝叩头点地，拜了两拜，称小孩为天师，然后回去了。

## 四

知士无思虑之变则不乐[①]，辩士无谈说之序则不乐[②]，察士无凌谇之事则不乐[③]，皆囿于物者也[④]。招世之士兴朝[⑤]，中民之士荣官[⑥]，筋力之士矜难[⑦]，勇敢之士奋患，兵革之士乐战，枯槁之士宿名[⑧]，法律之士广治，礼教之士敬容，仁义之士贵际。农夫无草莱之事则不比[⑨]，商贾无市井之事则不比。庶人有旦暮之业则劝[⑩]，百工有器械之巧则壮。钱财不积则贪者忧，权势不尤则夸者悲[⑪]。势物之徒乐变[⑫]，遭时有所用[⑬]，不能无为也。此皆顺比于岁[⑭]，不物于易者也[⑮]。驰其形性[⑯]，潜之万物，终身不反[⑰]，悲夫！

〔注释〕

①知士:有智谋的人。 ②辩士:善于言谈的人。序:条理。 ③察士:善丁洞察的人。凌谇(suì):苛求或斤斤计较的意思。 ④囿(yòu):局限。 ⑤招世:谓推荐忠良,招致人物。 ⑥中民:一般的官员。 ⑦筋力:身强体壮。矜难:以战胜困难自夸。 ⑧枯槁:隐士。宿名:追求名声。 ⑨草莱之事:即耕作的事情。比:和乐。 ⑩旦暮之业:指一日之业。劝:勤勉。 ⑪尤:出众。 ⑫势物之徒:贪图权力的人。 ⑬遭时:遇到好的形势。 ⑭顺比:顺从。 ⑮不物于易:不能在变易中主宰万物,指为外物所牵制。 ⑯形性:身心。 ⑰反:通"返",返回本性。

〔译文〕

善用智谋的人没有思虑的变化就不高兴,善于辩论的人谈论的话没有条理就不高兴,善于洞察的人没有观察到细节就不高兴,这些人都是被外物限制的人。推荐忠良的人以得志于朝廷为乐,才质中等的人以有官职为荣耀,身强体壮的人以战胜困难自豪,勇敢的人奋力除患,征战沙场的人以征战为乐,隐居山林的人追求高尚的名声,讲究法律的人希望推广法治,讲究礼乐的人注重仪表,仁义的人注重交际。农民没有耕作的事就不能和乐,商人不能从事买卖也不能和乐。百姓有日常的事业就会勤勉,做手工的人掌握了器械的技巧就会事业壮大。贪财的人会因为财物积累得不够多而忧愁;贪图名利的人会因为权势不够大而感到悲伤。贪恋权势财物的人喜欢发生变化,遇到合适的时机展示自己,不能自然无为。这些人都是顺时投机,被事物束缚。放飞他们的形体和心性,(任其)沉没在外物(的束缚)中,一生都执迷,不能回归本性,真可悲啊!

# 则　阳(节选)

〔题解〕

本篇题目取自句首“则阳”二字。先通过“则阳游于楚”“圣人达绸缪”等寓言故事,展现了不同人的追求和态度。“则阳游于楚”对比了夷节、王果和公阅休的言行,揭示了圣人“润物细无声”地改变他们,这也是遵循自然的道。在“圣人达绸缪”段,通过美不自美、爱不知爱表达了无知才能顺随自然,达到恒久不变的状态。今择取本篇的主体部分予以介绍。

## 一

则阳游于楚[①],夷节言之于王[②],王未之见,夷节归。彭阳见王果曰[③]:“夫子何不谭我于王[④]?”王果曰:“我不若公阅休[⑤]。”彭阳曰:“公阅休奚为者邪?”曰:“冬则擉鳖于江[⑥],夏则休乎山樊[⑦]。有过而问者,曰:‘此予宅也。’夫夷节已不能,而况我乎!吾又不若夷节。夫夷节之为人也,无德而有知[⑧],不自许[⑨],以之神其交,固颠冥乎富贵之地,非相助以德,相助消也。夫冻者假衣于春[⑩],暍者反冬乎冷风[⑪]。夫楚王之为人也,形尊而严;其于罪也,无赦如虎;非夫佞人正德[⑫],其孰能桡焉[⑬]!故圣人其穷也,使家人忘其贫;其达也,使王公忘爵禄而化卑;其于物也,与之为娱矣;其于人也,乐物之通而保己焉。故或不言而饮人以和,与人并立而使人化,父子之宜。彼其乎归居⑭,而一闲其所施⑮。其于人心者,若是其远也。故曰:待公阅休。”

〔注释〕

①则阳:人名,姓彭,名阳。 ②夷节:人名,楚国大臣。 ③王果:人名,楚国大夫。 ④谭:通“谈”,推荐。 ⑤公阅休:人名,楚国的隐士。⑥擉(chuō):通“戳”,刺。 ⑦樊:边缘。 ⑧知:通“智”。 ⑨自许:自夸。 ⑩假:借助。 ⑪暍(yē):中暑。 ⑫佞人:有才辩的人。 ⑬桡(náo):屈服,矫正。 ⑭彼其:他,指公阅休。 ⑮一:常常。闲:空闲,不忙碌。

〔译文〕

则阳到楚国游历,夷节将这件事告诉了楚王,楚王没有接见他,夷节只好回去了。彭阳拜见王果时说:“先生为什么不在楚王面前举荐我呢?”王果说:“我不如公阅休。”彭阳说:“公阅休是怎样的人?”王果说:“他冬天在江上刺鳖,夏天在山脚下休息,路过的人问他,他说:‘这是我的住宅。’夷节都做不到,更何况我呢!我又不如夷节。夷节的为人,没有德行,却有才智,不自我夸耀,凭借才智结交相互投合的朋友,沉迷在富贵之地,(他)不是帮助别人有德,是帮助别人消耗德行。受冻的人期盼(暖和的)春天当衣服,中暑的人期待冬天的冷风(散热)。楚王的为人,形体尊贵,面貌严肃,对于罪过,像凶狠的老虎绝不宽恕。只有有才辩的人才能纠正他的德行,还有谁能使他屈服呢!因此,圣人在穷困时,可以让家人忘掉自己的贫困;当他通达时,能让王公大人忘掉高官厚禄化为谦卑;对于外物,他能与外物和谐相处;对于人,他能和人愉快地沟通,而又保持自己的本性。

因此，他有时候不说话，却能用中和之气感染他人，与人相处就能同化（他们），像父子之间相处得宜。圣人有这样同化他人的技能，却回去隐居，闲置自己的才能。和普通人的心思相比，距离是这样遥远。所以说，应该等公阅休（举荐你）。”

## 二

圣人达绸缪[①]，周尽一体矣[②]，而不知其然[③]，性也[④]。复命摇作[⑤]，而以天为师，人则从而命之也。忧乎知，而所行恒无几时，其有止也，若之何！

生而美者，人与之鉴[⑥]，不告则不知其美于人也。若知之，若不知之，若闻之，若不闻之，其可喜也终无已，人之好之亦无已，性也。圣人之爱人也，人与之名，不告，则不知其爱人也。若知之，若不知之，若闻之，若不闻之，其爱人也终无已，人之安之亦无已，性也。

旧国旧都，望之畅然[⑦]，虽使丘陵草木之缗[⑧]，人之者十九，犹之畅然。况见见闻闻者也[⑨]，以十仞之台县众间者也[⑩]。

冉相氏得其环中以随成[⑪]，与物无终无始，无几无时。日与物化者，一不化者也[⑫]，阖尝舍之！夫师天而不得师天[⑬]，与物皆殉[⑭]，其以为事也，若之何？夫圣人未始有天，未始有人，未始有始，未始有物，与世偕行而不替[⑮]，所行之备而不洫[⑯]，其合之也若之何？汤得其司御、门尹登恒[⑰]，为之傅之，从师而不囿[⑱]，得其随成，为之司其名，之名嬴[⑲]法，得其两见。仲尼之尽虑，为之傅之。容成氏曰[20]:“除日无岁,无内无外。”

〔注释〕

①达:解脱。绸缪(móu):纠葛、缠绵。 ②周尽:周遍。 ③不知其然:不知道它发生的原因。 ④性:自然本性。 ⑤复命:回归本原。一说“静”。 ⑥鉴:原意为镜子,引申为鉴别,评估。 ⑦畅然:欢快的样子。 ⑧缗(mín):茂盛。 ⑨见见闻闻:看见所见的,听到所听的。 ⑩仞:长度单位,周代的七尺或八尺。县:通“悬”。 ⑪冉相氏:传说中远古时代的帝王。环中:指虚静的地方。 ⑫一不化者:指内在本心不变化。 ⑬师天:效法自然。 ⑭殉:陪葬,这里指覆灭。 ⑮替:停止。⑯洫(xù):败坏。 ⑰司御、门尹:官名。登恒:人名,一说登于恒道。 ⑱囿:局限,限制。 ⑲赢:多余。 ⑳容成氏:传说黄帝时候制定历法的人。

〔译文〕

圣人摆脱纠葛,洞察万物与之化为一体,但不知为什么这样,这是出于本性。回归本性的运动,是以自然为宗师,因此人们称他为圣人。忧虑自己的才智(不足),但又不停地追逐,就算是停止了,又能如何呢?

生下来就美的人,别人告诉他,他才知道,别人不告诉他,他就不知道自己比别人美。像是知道,又像不知道,像是听说过,又像没听说过,他的美丽就没有终止的时候,别人对他的喜欢也没有终止的时候,这就是自然本性。圣人对他人仁爱,别人称他为圣人,(如果)别人不告诉他,他就不知道他在爱人。他好像知道,又好像不知道,好像听说过,又好像没听说过,他爱人就没有停止的时候,人们受到他的爱也没终止的时候,这也是自然本性。

看到曾经的国家和都城就会心情舒畅，即使山上的草木生长茂盛遮盖了十分之九，心中还是很舒畅。何况是亲身所见、亲耳听到的呢！就像十仞高台悬立在众人之间。

冉相氏得到了虚静的道，和万物同化，无始无终，无有间断。虽然每天都与外物一起变化，但是内在的本性是不变的，何曾违背过这个原则！效法天却得不到效法天的效果，与外物变化却一同覆灭了，这样对自己修炼的事业又有什么用呢？圣人不知道有天，不知道有人，不知道开始，不知道外物，和世道一起前行没有停止，行动完备却没有破坏，他与自然契合，又怎么样呢？商汤得到担任过司御和门尹的登恒，拜他为老师，跟随他学习而又不受局限，得到了顺应自然的道，如果担当了很多名，名就会产生多余的法，从而得到名和法。孔子思虑周详，成为老师。容成氏说："除掉每一天就没有年了，这就像离开内就没有外一样。"

# 外　物

〔题解〕

本篇题目以句首"外物"二字命名，首句"外物不可必"也是本篇的中心。本文旨在提出所有外物，诸如善恶、尊卑、智者、盗贼等并没有一定标准。龙逢、比干、箕子等善良忠义的人最终像恶来、桀、纣这样的恶人一样被杀。盗贼用圣人的言论来盗墓，神龟托梦想要逃生却最终难逃一死，智慧有时也会带来祸患。最后在惠子和庄子的对话里，可以看出外物虽然没有一定的标准，但是如果能摆脱外物，顺应自然，就能摆脱祸福、利害、贵贱的束缚，达到悠然自在的状态。

# 一

外物不可必[①]，故龙逢诛[②]，比干戮[③]，箕子狂[④]，恶来死[⑤]，桀、纣亡。人主莫不欲其臣之忠，而忠未必信，故伍员流于江[⑥]，苌弘死于蜀，藏其血三年而化为碧[⑦]。人亲莫不欲其子之孝，而孝未必爱，故孝己忧而曾参悲[⑧]。木与木相摩则然[⑨]，金与火相守则流。阴阳错行，则天地大絯[⑩]，于是乎有雷有霆，水中有火[⑪]，乃焚大槐。有甚忧两陷而无所逃，螴蜳不得成[⑫]，心若县于天地之间，慰暋沈屯[⑬]，利害相摩，生火甚多，众人焚和，月固不胜火，于是乎有僓然而道尽[⑭]。

〔注释〕

①必：必然，定准。　②龙逢：姓关，字龙逢，夏桀的贤臣。《人间世》有"桀杀关龙逢"，《胠箧》有"龙逢斩"。　③比干：商纣王的叔父，因忠谏被挖心。《人间世》有"纣杀王子比干"，《胠箧》有"比干剖"。　④箕子：商纣王的叔父，曾劝谏纣王，纣王不听，箕子就装疯佯狂。　⑤恶来：商纣王的奸臣。　⑥伍员：即伍子胥，吴王夫差的大夫，后因向夫差进谏被赐死，死后尸体被抛在江上。　⑦苌弘：又作"苌宏"，字叔，又称苌叔，周朝大夫。晋国的六卿内争时，苌弘帮助范氏，晋卿赵鞅因为此事讨伐周。周敬王二十八年，周人杀了苌弘。一说苌弘自杀。苌弘冤死之后，蜀人藏了他的血，三年后化成了碧玉。事见《左传·哀公三年》。碧：青绿色的玉石。　⑧孝己：殷高宗的儿子，被后母虐待，忧苦而死。曾参：字子舆，孔子弟子。曾参孝顺，却因为误断瓜藤，遭父亲毒打。　⑨然：通"燃"。⑩絯(hài)：通"骇"，惊动。　⑪水中有火：指雨中有电。　⑫螴(chén)蜳(dūn)：不安的样子。　⑬县：即"悬"。慰暋(yùmín)：抑郁。慰，通

"郁"。瞀，闷。沉屯：沉闷。 ⑭僓（tuí）：通"隤"，败坏。道尽：天性丧失。

〔译文〕

外在的事物没有必然的标准，因此（善人）关龙逢被斩，比干被杀，箕子装疯，（恶人）恶来死，桀、纣灭亡。君王没有不希望他的臣子忠诚的，但忠诚的人不一定就被信任，因此伍子胥的尸体漂流在江上，苌弘冤死在蜀地，他的血保藏三年后变成青绿色玉石。父母没有不希望子女孝顺的，但是孝顺的人未必能得到父母的爱，所以孝己为此感到忧愁，曾参为此感到悲伤。木与木相互摩擦就会燃烧，金属接近火就会熔化。阴阳运行错乱，天地就会有大的震动，于是雷霆发作，雨中有闪电，能烧掉大槐树。过分忧虑就会陷入利、害的两难之中，无法自拔，忧虑不安，心像悬挂在天地之间，抑郁沉闷，利、害相互摩擦，生出很多火气，大家焚烧了和气，身体不能战胜心火，于是精神崩溃，丧失天性。

## 二

庄周家贫，故往贷粟于监河侯①。监河侯曰："诺。我将得邑金②，将贷子三百金，可乎？"庄周忿然作色曰③："周昨来，有中道而呼者。周顾视车辙，中有鲋鱼焉④。周问之曰：'鲋鱼来⑤！子何为者邪？'对曰：'我，东海之波臣也⑥。君岂有斗升之水而活我哉？'周曰：'诺，我且南游吴越之王，激西江之水而迎子⑦，可乎？'鲋鱼忿然作色曰：'吾失我常与，我无所处。吾得斗升之水然活耳，君乃言此，曾不如早索我于枯鱼之肆⑧！'"

〔注释〕

①贷:借。粟:谷子,泛指粮食。监河侯:监理河道的官。 ②邑金:指每年年末向封地百姓征收的赋税。 ③忿然:不高兴的样子。作色:变色。 ④鲋(fù)鱼:即鲫鱼。 ⑤来:句末助词,无意义。 ⑥波臣:水族君王的臣属。 ⑦激:引。西江:指长江流经四川的部分。 ⑧曾不如:还不如。索:寻找。肆:市场。

〔译文〕

庄周家里贫困,所以向监河侯借粮。监河侯说:“可以。等我收到封地的租赋,就借给你三百金,可以吗?”庄周(心中)不高兴,变了脸色,说:“我昨天来的路上,有人叫我。我回头一看,车辙里有一条鲫鱼。我问它:‘鲫鱼,你在这里做什么?’鲫鱼回答说:‘我是东海水族的臣属,你能用一点儿水救救我吗?’我说:‘行,我要去游历吴、越,说服两国的国王,请他们把西江的水引过来迎接你,可以吗?’鲫鱼不高兴,变了脸色,说:‘我失去了赖以生存的水,没有容身之地,只要有一点儿水就可以活命,你竟然这样说,还不如早点儿到干鱼市场去找我!’”

## 三

任公子为大钩巨缁[①],五十犗以为饵[②],蹲乎会稽[③],投竿东海,旦旦而钓,期年不得鱼[④]。已而大鱼食之[⑤],牵巨钩,铪没而下[⑥],骛扬而奋鬐[⑦],白波若山,海水震荡,声侔鬼神[⑧],惮赫千里[⑨]。任公子得若鱼,离而腊之[⑩],自制河以东,苍梧已北[⑪],莫不厌若鱼者[⑫]。已而后世辁才讽说之徒[⑬],皆惊而相告也。夫揭竿累[⑭],趣灌渎[15]，守鲵鲋[16]，其于得大鱼难矣，饰小说以干县令[17]，其于大达亦远矣，是以未尝闻任氏之风俗[18]，其不可与经于世亦远矣。

〔注释〕

①任公子：任国的公子，任国在今山东济宁。缁：黑绳。 ②犗(jiè)：阉割过的牛。 ③会稽：会稽山，在今浙江境内。 ④旦旦：天天。期(jī)年：一年。 ⑤已而：不久，以后。 ⑥铭没：沉没。铭，通“陷”。⑦骛(wù)：奔驰。鬐(qí)：通“鳍”，鱼鳍。 ⑧侔(móu)：等同。 ⑨惮(dàn)赫：震惊，有威震之意。形容声势浩大。惮，通“怛”。 ⑩离：剖开。腊(xī)：晒干。 ⑪制河：浙江。苍梧：山名，在今湖南。 ⑫厌：通“餍”，饱食。 ⑬辁(quán)才：见识浅薄的人。有本作“轻”。讽说：评说。 ⑭揭：举。累：细绳。 ⑮趣(qū)：通“趋”，奔向。灌渎：灌溉的沟渠。 ⑯鲵(ní)鲋：小鱼。 ⑰小说：琐碎的话语。干：求取。县(xuán)令：即“悬令”，指美好又广博的名声。 ⑱风俗：传闻。

〔译文〕

任国的公子做好了巨大的钩子和粗壮的黑绳，用五十头犍牛做诱饵，蹲在会稽山上，把钓竿投在东海，天天去钓鱼，一年也没有钓到鱼。不久有一条大鱼咬了鱼饵，牵动着大钩沉入水中，又急速地扬起鱼鳍，翻动着像山（一样高）的白色波涛，海水猛烈震动，（发出的）声音像鬼神发出的一样震撼千里。任公子钓到这条鱼，把它剖开做成鱼干，从浙江以东到苍梧以北，没有不饱餐一顿的。不久后世的那些见识浅薄又喜欢评说的人，都惊讶地奔跑着相互告诉（这件事）。如果举着细绳的小鱼竿，在灌溉用的小水沟旁，守着小鱼，就想钓到大鱼是很困难的，想通过闲言碎语追求到好的名声，那就离通达大道相距甚远了，所以没有听到过任氏传闻的人，他们离治理社会的目标也相差很远。

## 四

儒以《诗》《礼》发冢[①]。大儒胪传曰[②]："东方作矣[③]，事之何若？"小儒曰[④]："未解裙襦，口中有珠。""《诗》固有之曰：'青青之麦，生于陵陂。生不布施，死何含珠为！'接其鬓[⑤]，压其颊[⑥]，儒以金椎控其颐[⑦]，徐别其颊[⑧]，无伤口中珠！"

〔注释〕

①儒：指盗墓的儒士。发：发掘。冢：古墓。　②大儒：盗墓的大儒士。胪（lú）传：传话。胪，上对下传话。　③东方作矣：天要亮了。　④小儒：指盗墓者的随从。　⑤接：抓，揪。　⑥颊（huì）：下巴上的胡须。⑦儒：据王念孙之说，疑为"而"字的讹误，你。　⑧徐：慢慢。别（biè）：别开，撬开。

〔译文〕

儒生用《诗》《礼》中的句子盗墓。大儒士传话说："东方亮了，事办得怎么样了？"小儒士说："衣裙还没有脱下来，口中含有珠子。"大儒士说："《诗》有这样的话：'青青的麦苗，长在山坡上。活着的时候不救济别人，死后又何必含着珠子！'（我）揪住他的头发，按住他的胡须，你用铁锤敲他的面颊，慢慢地别开他的两腮，不要损坏了口中的珠子！"

## 五

老莱子之弟子出薪[①]，遇仲尼，反，以告，曰："有人于彼，修上而趋下[②]，末偻而后耳[③]，视若营四海，不知其谁氏之子。”老莱子曰：“是丘也。召而来。”

仲尼至。曰：“丘！去汝躬矜与汝容知[④]，斯为君子矣。”仲尼揖而退，蹙然改容而问曰[⑤]：“业可得进乎？”老莱子曰：“夫不忍一世之伤，而骜万世之患[⑥]，抑固窭邪[⑦]，亡其略弗及邪[⑧]？惠以欢为骜，终身之丑，中民之行进焉耳，相引以名，相结以隐。与其誉尧而非桀，不如两忘而闭其所誉。反，无非伤也；动，无非邪也。圣人踌躇以兴事[⑨]，以每成功。奈何哉其载焉终矜尔！”

〔注释〕

①老莱子：楚国的贤士。出薪：砍柴。　②修上：上身长。趋下：下肢短。　③末：脊柱。偻：弯曲。后耳：耳朵靠近后面。　④躬矜：矜持的态度。容知：智者的容貌。知，通“智”。　⑤蹙(cù)然：局促不安的样子。⑥骜：傲慢不顾。　⑦抑：抑或，还是。窭(jù)：陋，不足。　⑧亡其：还是，或是。略：谋略，智慧。　⑨踌躇：从容自得。

〔译文〕

老莱子的学生去砍柴，遇见了孔子，回来告诉（老莱子）说：“那里有个人，上身长下肢短，背部弯曲，耳朵长得靠后，眼神里好像有经营天下的神情，不知道他是什么人。”老莱子说：“这是孔丘。（你）把他叫来。”

孔子来了。老莱子说：“丘！丢掉你矜持的态度和智者的容貌，就可以成为君子了。”孔子作揖往后退，他变了脸色，局促不安地问道：“我的德行和修养还能有长进吗？”老莱子说：“不能忍受一世的伤害（而想有所救济），全然不顾由此造成的万世的祸患，是浅陋呢，还是智慧不够呢？施惠于人却感到高兴其实是傲慢，这是终身的耻辱，这是平庸的人的行为，用名声相互吸引，用私人的恩情相互结交。与其赞誉尧，非议桀，不如把两者都忘了，不再有毁誉之心。违背事物的本性就会受到伤害；扰乱本性就会产生邪念。圣人顺应自然从容行动，所以常常能成功。为什么你总是这么骄傲呢！”

## 六

宋元君夜半而梦人被发窥阿门[①]，曰：“予自宰路之渊，予为清江使河伯之所，渔者余且得予[②]。”元君觉，使人占之，曰：“此神龟也。”君曰：“渔者有余且乎？”左右曰：“有。”君曰：“令余且会朝。”明日，余且朝。君曰：“渔何得？”对曰：“且之网得白龟焉，其圆五尺。”君曰：“献若之龟。”龟至，君再欲杀之，再欲活之，心疑，卜之，曰：“杀龟以卜吉。”乃刳龟[③]，七十二钻而无遗筴[④]。

仲尼曰：“神龟能见梦于元君[⑤]，而不能避余且之网；知能七十二钻而无遗筴[⑥]，不能避刳肠之患，如是，则知有所困，神有所不及也。虽有至知，万人谋之。鱼不畏网而畏鹈鹕[⑦]。去小知而大知明，去善而自善矣。婴儿生无石师而能言[⑧]，与能言者处也。”

〔注释〕

①宋元君：宋国国君，名佐。被（pī）：通“披”。阿门：偏门。　②余且：打鱼人的名字。　③刳（kū）：剖空。　④钻：占卜。筴：通“策”。⑤见：通“现”。　⑥知：通“智”，下同。　⑦鹈鹕（tíhú）：一种会捕鱼的

鸟。 ⑧石师:硕师,即学问很大的老师。

〔译文〕

宋元君半夜梦见一个披散头发的人在偏门窥探,(那人)说:“我来自宰路的深渊,我作为清江的使者要到河神那里去,被打鱼人余且捉到了。”宋元君醒来,命人占卜梦境,(占卜的人)说:“这是神龟。”宋元君说:“打鱼的人里有叫余且的吗?”左右的人说:“有。”宋元君说:“让余且来见我。”第二天,余且朝拜宋元君,宋元君说:“(你)捕鱼捕到了什么?”(余且)回答说:“我的网捕到了一只白龟,直径有五尺。”宋元君说:“献上你的龟。”龟送到以后,宋元君两次想杀了它,又两次想养活它,心中犹豫不决,叫人占卜,(占卜的人)说:“杀了龟用它的壳来卜卦会吉利。”于是剖空龟壳,用来占卜,占卜了七十二次,没有不灵验的。

孔子说:“神龟能托梦给宋元君,却逃不脱余且的渔网;神龟的智慧能占卜七十二次,没有不应验的,却不能逃避被杀死挖空肠子的灾祸。如此看来,智慧也有穷困的时候,神灵也有算不到的地方。虽然有最高的智慧,但也经不起上万人去算计它。鱼不怕渔网却怕捕鱼的鹈鹕。丢掉小智慧,大智慧就会显现,去掉自以为善的心思就能自发行善了。婴儿生来没有优秀的老师就能学会说话,这是和会说话的人在一起的缘故。”

## 七

惠子谓庄子曰①:“子言无用。”庄子曰:“知无用而始可与言用矣。夫地非不广且大也②,人之所用容足耳。然则厕足而堑之③,致黄泉,人尚有用乎?”惠子曰:

“无用。”庄子曰：“然则无用之为用也亦明矣。”

庄子曰：“人有能游[4]，且得不游乎？人而不能游，且得游乎？夫流遁之志，决绝之行，噫，其非至知厚德之任与[5]！覆坠而不反，火驰而不顾，虽相与为君臣，时也，易世而无以相贱。故曰至人不留行焉[6]。

“夫尊古而卑今，学者之流也。且以狶韦氏之流观今之世[7]，夫孰能不波[8]？唯至人乃能游于世而不僻，顺人而不失己，彼教不学，承意不彼[9]。

“目彻为明，耳彻为聪，鼻彻为颤[10]，口彻为甘，心彻为知，知彻为德。凡道不欲壅，壅则哽[11]，哽而不止则跈[12]，跈则众害生。物之有知者，恃息；其不殷[13]，非天之罪。天之穿之，日夜无降[14]，人则顾塞其窦[15]。胞有重阆[16]，心有天游。室无空虚，则妇姑勃谿[17]；心无天游，则六凿相攘[18]。大林丘山之善于人也，亦神者不胜。

“德溢乎名，名溢乎暴，谋稽乎誸[19]，知出乎争，柴生乎守，官事果乎众宜。春雨日时[20]，草木怒生，铫鎒于是乎始修[21]，草木之倒植者过半，而不知其然。”

〔注释〕

①惠子：惠施，宋人，庄子的朋友。 ②夫地：一本作“天地”。 ③厕：通“侧”，旁边的。堑：挖掘。一本作“垫”。 ④游：悠然自在。 ⑤任：行为。 ⑥不留行：不停留，随世俗变化。 ⑦狶韦氏：传说三皇之前的帝王。 ⑧波：通“颇”，偏颇。 ⑨彼：第一个彼是指示代词，指上文中的世俗；第二个彼是人称代词，指他人。 ⑩颤（shān）：通“膻”，指鼻子灵敏。 ⑪壅、哽：阻塞。 ⑫跈（jiàn）：乖戾。 ⑬其：如果。殷：盛，大。 ⑭降：

停止。 ⑮顾：反而，却。窦：孔穴。 ⑯胞（bāo）：胎胞，常指娘胎。这里指腹腔。阆（làng）：空旷。 ⑰妇：儿媳。姑：婆婆。勃豀（xī）：争吵。⑱六凿：六孔，即耳、目、口、鼻。攘：扰乱。 ⑲稽：核查。謑（xián）：急。 ⑳日时：及时，按时。 ㉑铫鎒（yáonòu）：耕作的工具。

〔译文〕

惠施对庄子说："你的言论没有用处。"庄子说："知道无用才能和他谈论有用。大地既宽广又辽阔，人需要的只是立足的地方。但是把双脚站立以外的地方挖下去，挖到黄泉，人所站立的这块地方还有用吗？"惠施说："没有用。"庄子说："那么无用成为有用的道理也就明白了。"

庄子说："人如果能悠然自得，那么怎么会不自在呢？人如果不能悠然自得，那么怎么会自在呢？逃离隐遁的想法和与世俗诀别的行为啊，那都不是真正有智慧和德行之人的行为！倾覆坠落却不反悔，急速奔跑却不回头，虽然以君臣的身份相处，但这只是一时，改换时代，就不能再用原来的贵贱标准（区分人了）。所以说，超凡脱俗，达到无我境界的人才能随世代变化。

"尊崇古代鄙视现在，是学者的偏见。况且如果用狶韦氏的观点观察现在，谁是不偏颇的呢？只有超凡脱俗、达到无我境界的人，才能在世俗中悠然自在地活着，又不会陷入邪僻，顺从世人又不丧失自己的本性。至人不学世俗的东西，却接受世俗的想法，不排斥它们。

"眼睛通透是明，耳朵通透是聪，鼻子通透是膻，嘴巴通透是甘，心灵通透是智，智慧通透是德。只要是通道就不想被阻塞，（一旦）阻塞就不顺畅，不顺畅不能终止结束就会乖戾错乱，乖戾错乱就会产生很多危害。有感觉的物种依靠自然的气息；

如果气息不盛，不是天的过错。天的气息日夜不停地流动，但是人反而阻塞了自己的孔窍。肚子里有足够的空隙（才能怀藏胎儿），内心虚空才有天的气息流动穿梭。居室没有空地，婆媳就会争吵；心中没有天的气息流动，那么眼耳口鼻这六个孔穴（的气息）一定会相互扰乱。森林大山之所以能吸引人，是因为内心促狭，经受不起六孔的扰乱的气息。

“德行因为称颂才显现，名声因为显露才传播，机智在急迫的时候才能考验出来，智慧在争斗中才会产生，栅栏的出现是因为防守的需要，官事处理果决是因为符合众人的需要。春天及时下雨，草木就会生长茂盛，这时候用农具除草，草木不久又会长出一大半，人们却不知道这是什么缘故。”

## 寓　言（节选）

〔题解〕

本篇题目来自首句“寓言”二字。开篇提出了“寓言”“重言”和“卮言”三言，并指出无言之言的卮言是符合自然的，它天天变化，是和自然一样无穷无尽的。通过孔子和曾参心态的变化，指出寻找道的过程是曲折的，要摆脱束缚和牵绊，顺应自然，合乎法度。最后通过老子教育阳子的话，告诉人们要撕掉傲慢的外表，心中谦卑，时刻警醒自己持身端正。

### 一

寓言十九①，重言十七②，卮言日出③，和以天倪④。寓言十九，藉外论之。亲父不为其子媒。亲父誉之，不若非其父者也；非吾罪也，人之罪也。与己同则应，不与己同则反；同于己为是之，异于己为非之。

重言十七，所以已言也，是为耆艾⑤，年先矣，而无经纬本末以期来者⑥，是非先也。人而无以先人，无人道也；人而无人道，是之谓陈人⑦。

卮言日出，和以天倪，因以曼衍⑧，所以穷年。不言则齐⑨，齐与言不齐，言与齐不齐也，故曰无言。言无言，终身言，未尝言；终身不言，未尝不言。有自也而可，有自也而不可；有自也而然，有自也而不然。恶乎然⑩？然于然。恶乎不然？不然于不然。恶乎可？可于可。恶乎不可？不可于不可。物固有所然，物固有所可；无物不然，无物不可。非卮言日出，和以天倪，孰得其久！万物皆种也⑪，以不同形相禅⑫，始卒若环，莫得其伦，是谓天均。天均者，天倪也。

〔注释〕

①寓言：有所寄托的话。陆德明《经典释文》："寓，寄也。以人不信己，故托之他人，十言而九见信也。" ②重（zhòng）言：被世人尊重的人说的话。 ③卮（zhī）言：自然随意的话。一说是支离破碎的话。 ④天倪：自然的分际。 ⑤耆艾：泛指尊长、师长，或者老年人。耆指六十岁，艾指五十岁。 ⑥经纬：卓越不凡的学识。本末：比喻事物的主次、先后。 ⑦陈人：衰老陈腐、无用的人。 ⑧曼衍：散漫流衍；延伸变化。《天下》篇："以卮言为曼衍，以重言为真，以寓言为广。" ⑨齐：相等。这里指万物内在的统一。 ⑩恶（wū）乎：疑问代词，怎么。 ⑪种：共同的起源。 ⑫禅：事物更（gēng）迭。

〔译文〕

(《庄子》书中)寓言占十分之九,重言占十分之七,卮言天天讲,符合自然的分寸。

寓言占十分之九,是借别人的话发议论。父亲不为自己的儿子引荐。父亲对儿子的称赞,不如其他人的称赞更有说服力;不是父亲称赞儿子的行为有过错,而是别人易于猜疑。当与自己的意见一致时就应和,与自己的意见不一致时就反对;与自己的意见一样就肯定它,与自己的意见不一样就否定它。

重言占十分之七,是指用长者的话语代替自己的话。所谓长者,是出生时间早的人,但是如果没有和年龄相匹配的经天纬地的才能,就不能算是长者了。一个人如果没有能超过别人的,就没有人提及他;如果一个人不被他人提及,那就是一个腐朽无用的人。

卮言天天说,合乎自然的分际,不断扩散变化,所以能够无穷无尽。万物本身就是内在统一的,不需要语言来表达,万物的统一和用语言表述出来的是不同的,因为无法用语言准确表述万物的内在统一,所以不需要说带有主观成见的话。说没有主观成见的话,虽然一生都在说话,就像没有说话一样;一生都没有带有主观成见的话,但实际上却一直在说“和以天倪”的话。可有可的原因,不可有不可的原因;对有对的原因,不对有不对的原因。怎么样是对的,怎么样是不对的?对的就是对的,不对的就是不对的。怎么样去肯定,怎么样去否定?肯定那些(值得)肯定的,否定那些(应该)否定的。万物存在就是对的,万物本来就是这样,没有什么存在的事物是不对的,没有什么事物是不应该这样的。有什么能和每天都在说合乎自然的卮言那样永恒持久呢？万物都来自同一个根源，以不同的样子更迭，首尾相连像个环形一样，不知道谁先谁后。这就是所谓的自然均平之理（一任自然，无有偏执），自然均平之理，就是所谓自然的分际。

## 二

庄子谓惠子曰[①]："孔子行年六十而六十化[②]，始时所是，卒而非之。未知今之所谓是之非五十九非也。"惠子曰："孔子勤志服知也[③]。"庄子曰："孔子谢之矣[④]，而其未之尝言。孔子云：'夫受才乎大本，复灵以生。'鸣而当律[⑤]，言而当法。利义陈乎前，而好恶是非，直服人之口而已矣[⑥]。使人乃以心服，而不敢蘁立[⑦]，定天下之定。已乎！已乎！吾且不得及彼乎！"

〔注释〕

①惠子：惠施，庄子的朋友。 ②六十化：孔子在五十五岁至六十八岁时曾周游列国。公元前492年，六十岁的孔子离开了卫国，经过曹、宋等国，遭到宋国的司马桓魋的刺杀，并多次往返于陈、蔡等地。孔子的思想也在此时发生了转变，因此说"六十化"。 ③勤志：勤行励志。服：役使，用。 ④谢之：指去世。 ⑤当（dàng）：合宜，符合。 ⑥直：只是。 ⑦蘁（wù）：违逆。

〔译文〕

庄子对惠施说："孔子六十岁的时候思想主张发生了变化，开始时认为的'是'，最后否定了。不知道现在所谓的'是'是不是孔子过去五十九年所否定的。"惠施说："孔子勤行励志，用心学习。”庄子说：“孔子已经去世了，他没有这样说过。孔子说‘人的才能是上天赐予的，要回归到上天赐予的灵性上生存。’鸟的叫声应该合乎音律，人的言论应该合乎法度。利和义摆在面前，分辨好恶、是非，只能让人在口头上（表面上）信服罢了。要让人从心里信服而不敢违逆，才能稳固天下的平静。算了吧，算了吧！我还赶不上他呢！”

## 三

曾子再仕而心再化①，曰：“吾及亲仕②，三釜而心乐③；后仕，三千钟而不洎④，吾心悲。”弟子问于仲尼曰：“若参者，可谓无所县其罪乎⑤？”曰：“既已县矣。夫无所县者，可以有哀乎？彼视三釜三千钟⑥，如观雀蚊虻相过乎前也。”

〔注释〕

①曾子：即曾参，是孔子的弟子。再仕：第二次做官。化：变化，指德行和心情的变化。　②及亲：父母在世。　③釜：计量单位，六斗四升。④钟：计量单位，六斛四斗。不洎：指（自己的俸禄）不能到父母（那里了），意即不能奉养父母。洎（jì），到，及。　⑤县（xuán）：系，困缚。　⑥彼：指心无系于荣禄的人。

〔译文〕

曾子第二次做官时心情发生了变化，他说：“父母在世时，做官的俸禄只有三釜但是很快乐；后来俸禄有三千钟，却不能奉养父母，我心里很悲伤。”（孔子的）弟子问孔子说：“像曾参这样的人，应该是没有受利禄系累的过错吧？”孔子说：“（曾参）已经受利禄系累了。如果没有系累，怎么会悲哀呢？那种无所系累的人看三釜、三千钟，就像看鸟雀、蚊子从眼前飞过一样。”

## 四

颜成子游谓东郭子綦曰①：“自吾闻子之言，一年而野②，二年而从③，三年而通④，四年而物⑤，五年而来⑥，六年而鬼入⑦，七年而天成⑧，八年而不知死，不知生⑨，九年而大妙⑩。”

生有为，死也劝公。以其死，(阴)也，有自也⑪；而生，阳也，无自也。而果然乎？恶乎其所适？恶乎其所不适⑫？天有历数⑬，地有人据⑭，吾恶乎求之？莫知其所以终，若之何其无命也？莫知其所始，若之何其有命也？有以相应也，若之何其无鬼邪？无以相应也，若之何其有鬼邪？

〔注释〕

①颜成子游：复姓颜成，名偃，字子游。《徐无鬼》篇作颜成子。东郭子綦：一说是仿《内篇》虚构的人物，一说是南郭子綦的讹误。《齐物论》有南郭子綦，《大宗师》有南伯子葵，《徐无鬼》有南伯子綦。 ②野：质朴，指去除浮华，回归到质朴的心性。 ③从：顺从世俗，指抛去自己的想法，顺其自然。 ④通：懂得，明了。 ⑤物：与物同化。 ⑥来：从其他地方到这个地方，指万物来集。 ⑦鬼入：鬼神进入心中有所通灵。 ⑧天成：和自然契合。 ⑨不知死，不知生：忘却生死，把生死看得相同。 ⑩大妙：达到神妙的境界。 ⑪生有为，死也劝公。以其死，(阴)也，有自也：本句有多种断句。一说：“生，有为，死也。劝公以其(私)，死也有自也。”一说：“生有为，死也劝公。以其死，(阴)也，有自也。”一说：“生有为，死

也。劝公，以其死也，有自也。”自，原因。 ⑫恶（wū）：何，哪里。 ⑬历数：日月星辰、时节气候的交替。 ⑭人据：人占据的地方，指地域国家。

〔译文〕

颜成子游对东郭子綦说：“自从我来听你讲授道，（学了）一年，心中（归于）朴素，二年就顺从世俗，三年就通达明了，四年就与万物化一，五年万物来集，六年与鬼神相通，七年能与自然契合，八年就能把生死等同看待，九年达到神妙的境界。”

人生有所作为，死也勉励大道。因为死是属于阴的，是有缘由的；但生是感于阳气，没有缘由的。真的是这样吗？那么什么是适合生的，什么是不适合生的？天有岁时节气的次序，地有邦国地域的划分，我应该到哪里寻求道呢？不知道它怎么终结，怎能说是死的呢？不知道它怎样开始的，又怎么能说是活着呢？有的能和它相互感应，怎能断定没有鬼神呢？有的不能和它相互感应，怎么断定有鬼神呢？

## 五

众罔两问于景曰①：“若向也俯②，而今也仰；向也括③，而今也被发④；向也坐，而今也起；向也行，而今也止，何也？”景曰：“搜搜也⑤，奚稍问也⑥！予有而不知其所以。予，蜩甲也⑦，蛇蜕也⑧，似之而非也。火与日，吾屯也⑨；阴与夜，吾代也⑩。彼，吾所以有待邪？而况乎以有待者乎！彼来则我与之来，彼往则我与之往，彼强阳则我与之强阳⑪。强阳者，又何以有问乎！”

〔注释〕

①罔两：影外的微影，即影子的影子。景：通“影”。可参考《齐物论》中罔两与影的对话。 ②若：你。向：从前，过去。俯：低头。 ③括：束发。 ④被发：把头发散开。被，通“披”。 ⑤搜搜：区区，形容微不足道。 ⑥奚稍问：何须问，即不需要问。奚，何。 ⑦蜩（tiáo）甲：蝉蜕皮。蜩，蝉。 ⑧蛇蜕：蛇蜕皮。 ⑨屯：聚。 ⑩代：消失。 ⑪强阳：运动的样子。

〔译文〕

众多影子的影子问影子说：“你过去低着头，现在仰着头；过去束发，现在披发；过去坐着，现在站着；过去走着，现在停着。为什么呢？”影子说：“这么微不足道的问题，还用问吗？我这样做却不知道为什么这样。我的行为，与蝉蜕壳、蛇蜕皮很像，却又不一样。火和阳光，让我汇聚成型；阴天和黑夜，让我消失。形体，是我所依赖的吗？何况它也是有依赖的东西呢！形体来我就随它一起来，形体离开我就随它一起离开，形体运动不止我就跟着它运动不止。运动永不停滞，又有什么好问的呢！”

## 六

阳子居南之沛[①]，老聃西游于秦，邀于郊[②]，至于梁[③]，而遇老子。老子中道仰天而叹曰：“始以汝为可教，今不可也。”阳子居不答。至舍，进盥漱巾栉[④]，脱屦户外[⑤]，膝行而前[⑥]，曰：“向者弟子欲请夫子，夫子行不闲，是以不敢。今闲矣，请问其过。”老子曰：“而睢睢盱盱[⑦]，而谁与居？大白若辱，盛德若不足[⑧]。”阳子居蹴然变容曰[⑨]:“敬闻命矣!”其往也,舍者迎将[⑩],其家公执席,妻执巾栉[⑪],舍者避席,炀者避灶[⑫]。其反也,舍者与之争席矣。

## 〔注释〕

①阳子居:即杨朱,名朱,字子居。之:往。沛:彭城,今江苏徐州。 ②邀:迎候,等待。 ③梁:沛郊的地名。 ④盥(guàn):洗。漱:漱口。巾:毛巾。栉(zhì):梳子。 ⑤屦(jù):用葛麻做的鞋子。 ⑥膝行:跪着走,表示尊敬。 ⑦睢(suī)睢盱(xū)盱:形容傲慢的样子。 ⑧大白若辱,盛德若不足:语义出自《老子》第四十一章:“大白若辱,广德若不足。”若,似。辱,污。 ⑨蹴(cù)然:惭愧不安的样子。 ⑩舍者:旅社中的人。迎将:迎送。 ⑪家公:旅店的男主人。妻:旅店的女主人。 ⑫炀(yàng)者:指烤火的人。

## 〔译文〕

阳子居南下到沛地去,老子向西去秦国,在沛地的郊外迎候,到梁地才遇见老子。老子在途中仰天叹息说:“起初我以为你是可以教导的,现在看来不可以了。”阳子居没有答话。到了旅馆,阳子居送进洗漱用品,把鞋脱在门外,跪着向前,说:“刚才弟子想请教先生,先生忙着赶路,没有空闲,因此不敢请教。现在有空闲了,请您指出我的过错。”老子说:“你一副十分傲慢的样子,谁能和你共处呢?最清白的好像有污点,德行最高的好像有不足。”阳子居听了,脸上露出惭愧不安的神色,说道:“敬听先生的教诲!”阳子居到来时,旅舍的人都来迎送他,男主人安排座席,女主人给他拿梳洗用具,旅舍的人让出席位,烤火的人回避炉灶。阳子居返回时,旅舍的人就与他互相争座,不分彼此了。

# 让　王(节选)

〔题解〕

《让王》主要是在阐释庄子重生的思想,文中多有因更看重自己的生命,而辞让君王之位的示例。在所选第一章节中,讲述了鲁君想要聘请颜阖,颜阖因厌恶富贵而逃匿,以此批评了舍命求财的做法。在所选第二章中,楚昭王返回国土后,想要赏赐跟随他的人,屠羊说多次拒绝,虽然地位卑贱,但是陈述的义理很高明。在所选第三章中,曾子的生活条件很差,但是他吟唱《商颂》时的状态完全忘了自己,以此说明养志忘形、养形忘利、致道忘心的思想。

## 一

鲁君闻颜阖得道之人也[1],使人以币先焉[2]。颜阖守陋闾,苴布之衣[3],而自饭牛。鲁君之使者至,颜阖自对之。使者曰:“此颜阖之家与?”颜阖对曰:“此阖之家也。”使者致币。颜阖对曰:“恐听谬而遗使者罪,不若审之。”使者还,反审之,复来求之,则不得已!故若颜阖者,真恶富贵也。

故曰:道之真以治身[4],其绪余以为国家[5],其土苴以治天下[6]。由此观之,帝王之功,圣人之余事也,非所以完身养生也。今世俗之君子,多危身弃生以殉物[7],岂不悲哉!凡圣人之动作也,必察其所以之与其所以为。今且有人于此,以随侯之珠[8],弹千仞之雀,世必笑之。是何也?则其所用者重而所要者轻也。夫生者岂特随侯之重哉!

〔注释〕

①颜阖:鲁国的隐者。 ②币:币帛,钱币。先:表明敬意。 ③苴(jū)布:苴麻布,粗麻布。 ④道之真:道的精华。 ⑤绪余:指残余。 ⑥土苴:糟粕。 ⑦殉:追逐。 ⑧随侯之珠:古代的名珠,被随侯得到而得名。

〔译文〕

鲁国国君听说颜阖是个得道的人,便派人带着币帛去表达敬意。颜阖住在简陋的巷子里,穿着粗麻布的衣服,亲自在喂牛。鲁君的使者来了,颜阖亲自接待他。使者说:"这是颜阖的家吗?"颜阖回答说:"这是颜阖的家。"使者送上币帛。颜阖说:"恐怕听错了而给使者造成过错,不如回去再核查一下。"使者回去,反复核实,再来找他,却找不到了。所以像颜阖这样的人,才真是厌恶富贵的人。

所以说:道的精华可以用来修身,它的残余可以用来治国,它的糟粕可以用来平天下。由此可见,帝王的功业,(不过)是圣人的余事,并不能用来全身养生。现在世俗的君子,多是危害身体、抛弃生命来追逐外物,难道不可悲吗?凡是圣人做事,一定要观察这样做的目的和原因。现在如果有这样一个人,用随侯的宝珠做弹丸,去射在高空飞翔的雀鸟,世人一定会嘲笑他。这是为什么呢?这是因为他所用的东西太贵重而要得到的东西太轻贱。(人的)生命,又岂止是随侯的宝珠那么贵重呢!

# 二

楚昭王失国[①],屠羊说走而从于昭王[②]。昭王反国,将赏从者。及屠羊说,屠羊说曰:"大王失国,说失屠羊。大王反国,说亦反屠羊。臣之爵禄已复矣,又何赏之有!"

王曰:"强之。"屠羊说曰:"大王失国,非臣之罪,故不敢伏其诛;大王反国,非臣之功,故不敢当其赏。"

王曰:"见之[③]。"屠羊说曰:"楚国之法,必有重赏大功而后得见。今臣之知不足以存国,而勇不足以死寇。吴军入郢,说畏难而避寇,非故随大王也[④]。今大王欲废法毁约而见说,此非臣之所以闻于天下也。"

王谓司马子綦曰[⑤]:"屠羊说居处卑贱而陈义甚高,子綦为我延之以三旌之位[⑥]。"

屠羊说曰:"夫三旌之位,吾知其贵于屠羊之肆也[⑦];万钟之禄,吾知其富于屠羊之利也。然岂可以贪爵禄而使吾君有妄施之名乎?说不敢当,愿复反吾屠羊之肆。"遂不受也。

〔注释〕

①楚昭王:名珍,平王的儿子。失国:失去国土,指吴伐楚,楚昭王逃到随、郑。 ②屠羊说(yuè):名叫说的宰羊人。 ③见之:召见他。 ④故:有心。 ⑤司马:官名。子綦:人名。 ⑥本句中"綦"应为"其"字之误,此处为语气副词,表示祈祷。 ⑦肆:店铺。指屠羊之业。

〔译文〕

楚昭王丧失了国土，屠羊说跟着昭王逃亡。（后来）楚昭王返回国家，要赏赐跟随他逃亡的人。赏到屠羊说时，屠羊说说："大王丧失国土，我丧失了宰羊的职业。大王返回国家，我也恢复了宰羊的职业。我的爵禄已经恢复了，又有什么好赏赐的呢？"

楚昭王说："强迫他接受。"屠羊说说："大王丧失国土，不是我的罪过，所以不敢接受惩罚；大王返回国家，也不是我的功劳，所以不敢接受赏赐。"

楚昭王说："（我）要召见他。"屠羊说说："楚国的法令规定，必须有重赏大功的人才能得到接见。现在我的智慧不足以保存国家，而（我的）勇力不足以杀死敌寇。吴国的军队侵入郢都时，我害怕危难而躲避敌寇，并不是有心追随大王。现在大王要违背法律的规定而接见我，这不是我愿意传闻天下的事。"

楚昭王对司马子綦说："屠羊说地位卑贱而陈述的道义很高明，你替我请他担任三公的职位。"

屠羊说说："三公的职位，我知道它比屠羊的职业高贵；万钟的俸禄，我知道它比屠羊的利益丰厚。但是我怎么可以贪图爵禄而使我的君主有行赏不当的名声呢？我不敢接受（这职位），还是希望恢复我宰羊的职业。"终于没有接受奖赏。

## 三

曾子居卫[①]，缊袍无表[②]，颜色肿哙[③]，手足胼胝[④]，三日不举火[⑤]，十年不制衣。正冠而缨绝，捉衿而肘见，纳屦而踵决。曳縰而歌《商颂》[⑥]，声满天地，若出金石。

天子不得臣，诸侯不得友。故养志者忘形，养形者忘利，致道者忘心矣。

〔注释〕

①曾子：即曾参，字子舆，孔子弟子。 ②缊(yùn)袍：用乱麻做絮的袍子。无表：指袍子的表面破烂不堪。 ③肿哙(kuài)：浮肿。 ④胼胝(piánzhī)：指因劳作而磨出的老茧。 ⑤不举火：不做饭。 ⑥曳縰(xǐ)：拖着破烂的鞋子。

〔译文〕

曾子住在卫国，穿着用乱麻做絮的袍子，袍子的表面已经破烂不堪，(他的)面色浮肿，手脚磨出了茧子。三天也不能做上一顿饭，十年也不能做一件新衣。(他)只要整理一下帽子，帽带就会断掉；拉一下衣襟，就会露出胳膊肘；穿一下鞋子，鞋子的后跟就会裂开。(他)拖着破烂的鞋子，吟唱着《商颂》，声音充满于天地之间，好像金石乐器发出的清脆的响声。天子不能使他成为臣子，诸侯不能和他交朋友。所以修养心志的人忘掉了形体，保养形体的人忘掉了利禄，求道的人忘掉了心神。

## 盗　跖

〔题解〕

本篇以人名作为篇名，盗跖即柳下跖，是春秋战国时期奴隶起义领袖。本篇分为三个部分，以对话形式呈现出来。第一部分是孔子与盗跖的对话，在这一部分中，盗跖的话语一改往日我们心目中孔子的形象，他指责孔子为“巧伪”之人，称他“作言造语，妄称文武”“妄作孝弟”“罪大极重”等等，孔子在这场对话中完全处于下风，最终哑口无言，“目芒然无见，色若死灰”地离开了。第二部分为子张和满苟得的对话，子张是一个追求荣华富贵的入世之人，而满苟得是一个顺其自然之人，通过两人之间的辩论，进一步揭示了儒家虚伪的本性。第三部分为无足与知和的对话，故事中无足代表的是贪财无厌之人，而知和代表的是恬静闲适之人，从他们的对话中可以使我们悟出人生应秉持淡泊名利、及时行乐的态度。这三段对话，其目的都在于对儒家学说的批判，通过批判儒家所尊奉的礼乐制度以及儒家的虚伪，来宣扬道家顺应自然本性的思想主张。

## 一

孔子与柳下季为友①，柳下季之弟，名曰盗跖②。盗跖从卒九千人③，横行天下，侵暴诸侯。穴室枢户④，驱人牛马，取人妇女，贪得忘亲，不顾父母兄弟，不祭先祖。所过之邑，大国守城，小国入保⑤，万民苦之。

孔子谓柳下季曰：“夫为人父者，必能诏其子⑥；为人兄者，必能教其弟。若父不能诏其子，兄不能教其弟，则无贵父子兄弟之亲矣。今先生，世之才士也，弟为盗跖，为天下害，而弗能教也，丘窃为先生羞之。丘请为先生往说之⑦。”

柳下季曰：“先生言为人父者必能诏其子，为人兄者必能教其弟，若子不听父之诏，弟不受兄之教，虽今先生之辩，将奈之何哉！且跖之为人也，心如涌泉，意如飘风，强足以距敌[8]，辩足以饰非[9]，顺其心则喜，逆其心则怒，易辱人以言。先生必无往。"

孔子不听，颜回为驭[10]，子贡为右[11]，往见盗跖。

盗跖乃方休卒徒大山之阳[12]，脍人肝而餔之[13]。孔子下车而前，见谒者曰："鲁人孔丘，闻将军高义，敬再拜谒者。"

谒者入通，盗跖闻之大怒，目如明星，发上指冠，曰："此夫鲁国之巧伪人孔丘非邪？为我告之：尔作言造语，妄称文武，冠枝木之冠[14]，带死牛之胁[15]，多辞缪说，不耕而食，不织而衣，摇唇鼓舌[16]，擅生是非，以迷天下之主，使天下学士不返其本，妄作孝弟，而侥幸于封侯富贵者也。子之罪大极重，疾走归！不然，我将以子肝益昼餔之膳！[17]"

孔子复通曰："丘得幸于季，愿望履幕下[18]。"

谒者复通。盗跖曰："使来前！"

孔子趋而进，避席反走，再拜盗跖。盗跖大怒，两展其足[19]，案剑瞋目，声如乳虎，曰："丘来前！若所言，顺吾意则生，逆吾心则死。"

孔子曰："丘闻之，凡天下有三德：生而长大，美好无双，少长贵贱见而皆说之，此上德也；知维天地[20]，能辩诸物，此中德也；勇悍果敢，聚众率兵，此下德也。凡人有此一德者，足以南面称孤矣。今将军兼此三者，身长八尺二寸，面目有光，唇如激丹[21]，齿如齐贝[22]，音中黄钟[23]，而名曰盗跖，丘窃为将军耻不取焉。将军有意听臣，臣请南使吴越，北使齐鲁，东使宋卫，西使晋楚，使为将军造大城数百里，立数十万户之邑，尊将军为诸侯，与天下更始[24]，罢兵休卒，收养昆弟[25]，共祭先祖。此圣人才士之行，而天下之愿也。”

盗跖大怒曰：“丘来前。夫可规以利而谏以言者[26]，皆愚陋恒民之谓耳[27]。今长大美好，人见而悦之者，此吾父母之遗德也。丘虽不吾誉，吾独不自知邪？且吾闻之，好面誉人者，亦好背而毁之。今丘告我以大城众民，是欲规我以利而恒民畜我也，安可久长也！城之大者，莫大乎天下矣。尧、舜有天下，子孙无置锥之地[28]；汤武立为天子，而后世绝灭；非以其利大故邪？且吾闻之，古者禽兽多而人少，于是民皆巢居以避之，昼拾橡栗，暮栖木上，故命之曰有巢氏之民。古者民不知衣服，夏多积薪，冬则炀之[29]，故命之曰知生之民。神农之世，卧则居居[30]，起则于于[31]，民知其母，不知其父，与麋鹿共处，耕而食，织而衣，无有相害之心，此至德之隆也。然而黄帝不能致德，与蚩尤战于涿鹿之野，流血百里。尧舜作，立群臣，汤放其主，武王杀纣。自是之后，以强陵弱，以众暴寡。汤武以来，皆乱人之徒也。今子脩文武之道[32]，掌天下之辩，以教后世，缝衣浅带[33]，矫言伪行，以迷惑天下之主，而欲求富贵焉，盗莫大于子。天下何故不谓子为盗丘，而乃谓我为盗跖？子以甘辞说子路而使从之，使子路去其危冠[34]，解其长剑，而受教于子，天下皆曰孔丘能止暴禁非。其卒之也，子路欲杀卫君而事不成，身菹于卫东门之上[35]，是子教之不至也。子自谓才士圣人邪？则再逐于鲁，削迹于卫，穷于齐，围于陈蔡，不容身于天下。子教子路菹此患，上无以为身，下无以为人，子之道岂足贵邪？

“世之所高，莫若黄帝，黄帝尚不能全德，而战涿鹿之野，流血百里。尧不慈，舜不孝，禹偏枯[36]，汤放其主，武王伐纣，文王拘羑里。此六子者，世之所高也，孰论之，皆以利惑其真而强反其情性，其行乃甚可羞也。

“世之所谓贤士，莫若伯夷叔齐。伯夷叔齐辞孤竹之君而饿死于首阳之山，骨肉不葬。鲍焦饰行非世[37]，抱木而死。申徒狄谏而不听[38]，负石自投于河，为鱼鳖所食。介子推至忠也，自割其股以食文公，文公后背之，子推怒而去，抱木而燔死[39]。尾生与女子期于梁下[40]，女子不来，水至不去，抱梁柱而死。此六子者，无异于磔犬流豕、操瓢而乞者[41]，皆离名轻死[42]，不念本养寿命者也。

“世之所谓忠臣者，莫若王子比干、伍子胥。子胥沉江，比干剖心，此二子者，世谓忠臣也，然卒为天下笑。自上观之，至于子胥、比干，皆不足贵也。

“丘之所以说我者，若告我以鬼事，则我不能知也；若告我以人事者，不过此矣，皆吾所闻知也。

“今吾告子以人之情，目欲视色，耳欲听声，口欲察味，志气欲盈。人上寿百岁，中寿八十，下寿六十，除病瘦死丧忧患，其中开口而笑者，一月之中不过四五日而已矣。天与地无穷，人死者有时，操有时之具而托于无穷之间，忽然无异骐骥之驰过隙也。不能说其志意，养其寿命者，皆非通道者也。

“丘之所言，皆吾之所弃也。亟去走归，无复言之！子之道，狂狂汲汲[43]，诈巧虚伪事也，非可以全真也，奚足论哉！”

孔子再拜趋走，出门上车，执辔三失[44]，目芒然无见，色若死灰，据轼低头[45]，不能出气。归到鲁东门外，适遇柳下季。柳下季曰：“今者阙然数日不见，车马有行色，得微往见跖邪？[46]”

孔子仰天而叹曰“然。”

柳下季曰：“跖得无逆汝意若前乎？”

孔子曰：“然。丘所谓无病而自灸也，疾走料虎头[47]，编虎须[48]，几不免虎口哉！”

〔注释〕

①柳下季：鲁国的大夫，姓展，名获，字季禽，封地于柳下而称柳下季，谥号惠，亦称柳下惠。 ②盗跖（zhí）：柳下跖，春秋、战国之际奴隶起义领袖。 ③从卒：随从起义的人。 ④穴：名词用作动词，凿穿，穿洞。枢：名词用作动词，破。 ⑤保：通“堡”，城堡，小土城。 ⑥诏：告诫，教诲。⑦说（shuì）：说服。 ⑧距：通“拒”，抗拒，抵御。 ⑨辩：巧辩的话。饰：掩饰，粉饰。 ⑩驭：驾驭车马。 ⑪右：古代乘车在车右的人，即骖右。⑫大山：泰山。 ⑬脍：把鱼、肉切成薄片。餔（bū）：吃。 ⑭冠枝木之冠：带着树枝一样的帽子。冠，前者为动词，戴；后者为名词，帽子。 ⑮带死牛之胁：带着牛皮做的腰带。 ⑯摇唇鼓舌：耍嘴皮，嚼舌头。 ⑰益：增加。 ⑱愿望履幕下：希望到你的幕帐下，即拜见盗跖。 ⑲展：伸展，扩展。 ⑳知：通“智”，聪明，智慧。 ㉑激丹：鲜明的红色。 ㉒齐贝：

整齐的贝壳。 ㉓黄钟:乐律十二律中的第一律。 ㉔更始:从头开始。㉕昆弟:指兄和弟。 ㉖规:告诫。 ㉗恒民:一般人。 ㉘置锥之地:形容地方十分狭小。 ㉙炀(yàng):烤火。 ㉚居居:安静的样子。 ㉛于于:宽舒自得的样子。 ㉜脩:通"修"。 ㉝缝衣浅带:指儒服宽而长大。㉞危:高。 ㉟菹(zū):剁成肉酱,切碎。 ㊱偏枯:指半身不遂的病。㊲鲍焦:周朝初期的隐士。饰行:粉饰行为。非世:讥讽世事。 ㊳申徒狄:殷商时代的贤者。 ㊴燔(fán)死:烧死。 ㊵尾生:人名。中国历史上第一个有记载的为情而死的青年。 ㊶磔(zhé):古代的一种酷刑,指分裂肢体。流豕:飘流于江河的死猪。 ㊷离名:重视名节。 ㊸狂狂汲汲:迷失本性,急切追求。 ㊹辔(pèi):驾驭牲口的缰绳。 ㊺芒然:即茫然,眼睛无神。轼:古代车厢前用作扶手的横木。 ㊻得微:莫不是。微,无。 ㊼料:通"撩",挑弄。 ㊽编:编理。

〔译文〕

孔子和柳下季是朋友,柳下季的弟弟,名字叫作盗跖。跟随盗跖起义的人有九千人,(他们)在天下横行霸道,侵凌诸侯。凿室破窗,驱赶别人的牛马,强抢妇女,贪得无厌,忘却亲人,不顾及父母兄弟,不祭拜祖先。(他们)经过的地方,大国把守城池,小国逃入城堡中,百姓们都因此而受苦。

孔子对柳下季说:"做父亲的人,一定能告诫儿子;做兄长的人,一定能教导弟弟。如果父亲不能告诫自己的儿子,兄长不能教导弟弟,那么就没有人看重父子和兄弟之间的亲情了。先生您如今是当世的一位有才之士,弟弟是盗跖,是天下的害虫,而(您)却不能教导他,我私下里为先生您感到羞耻。我请求为您前去说服他。"

柳下季说:"先生您说当父亲的一定能告诫自己的儿子,当兄长的一定能教导自己的弟弟,如果儿子不听父亲的告诫,弟弟不听兄长的教诲，即使有先生这样的口才，又能怎么样呢？而且盗跖做人，心思就像涌动的泉水一样源源不断，意图就像风一样捉摸不定，(他的)强悍足以抵御敌人，口才足以掩盖是非，顺从他的心意他就会高兴，违背他的心意他就会生气，很容易用言论去侮辱人们，先生您一定不要过去。"

孔子没有听(柳下季的)劝告，让颜回驾着马，子贡坐在车右，就前去见盗跖了。

盗跖正带着手下在泰山的南面休息，把人肝切成薄片来吃。孔子下了车往前走，看到禀告的人说："(我是)鲁国人孔丘，听闻先生高尚的品德和崇高的正义感，恭敬地来拜见先生。"

禀告的人进去通报，盗跖听了非常生气，眼冒金星，怒发冲冠，说："这不就是鲁国那个奸诈虚伪的孔丘吗？你替我告诉他：你编造虚伪的言辞，胡乱地谈论文王和武王，(头上)戴着树枝一样的帽子，腰间围着牛皮做的腰带，满口胡言乱语，不耕地却有饭吃，不织布却有衣服穿，整日耍嘴皮子，喜欢制造是非，来迷惑天下的君王，使得天下的读书人不务正业，虚妄地称道尽孝尊长之道，而侥幸地得到诸侯的封赏享受富贵，你的罪孽十分深重，你快回去吧！不然的话，我就用你的肝来为我的午饭加餐！"

孔子又通报说："我有幸与柳下季结交，我希望能到您的幕下来拜见您。"

禀告的人又去通报。盗跖说："让他过来吧！"

孔子快步走进来，避开席子往后退了几步，恭敬地拜见了盗跖。盗跖十分生气，伸展开他的两只脚，持着剑瞪着眼睛，声音像初生的老虎一样，说："你过来！你说的话，顺从我的意思你就能活着，违背我的心意你就得死。"

孔子说："我听说，天下间有三种美德：生下来并成长壮大，容貌美好无双,老幼贵贱见到他都很喜欢,这是上德;智慧能够包罗天地,能够分辨各种事物,这是中德;勇猛、强悍、果断、勇敢,能够聚集群众率领士兵,这是下德。只要有人具有其中的一种美德,就足以面朝南面称帝称王了。如今将军您具备这三种美德,身高八尺二寸,面目有光泽,嘴唇鲜红,牙齿像整齐的贝壳,声音合于乐律,名字却叫作盗跖,我私下里为先生您感到羞耻,认为您不该有此恶名。将军如有意听取臣的建议,臣愿意向南出使吴国和越国,向北出使齐国和鲁国,向东出使宋国和卫国,向西出使晋国和楚国,让他们为您建造百里的大城,设立数十万户的采邑,尊奉将军您为诸侯,与天下一同有一个新的开始,停战休兵,收养兄弟,共同祭拜祖先。这是圣人和有才之士的行为,也是天下人所愿意看到的。”

盗跖非常生气地说:“你向前来。那些可以用利益来规劝用言论来谏正的人,都是愚蠢鄙陋的平常人罢了。如今成长壮大容貌美好,人人见了都很喜欢,这都是父母遗留下来的品行。你虽然不赞美我,难道我自己不知道吗?况且我听说过,喜欢当面赞赏别人的人,也喜欢在背后诋毁别人。如今你告诉我有大的城池和众多百姓,这是想要用利益来规劝我,像对待平常百姓一样来对待我。这怎么能长久下去呢!再大的城池,也不会大过整个天下。尧、舜拥有了整个天下,而他们的子孙却连一块放置锥子的地方都没有;商汤和周武王被立为天子,而他们的后代却灭绝了;这难道不是因为(贪图)大利的原因吗?况且我听说过古代的禽兽多而人少,于是百姓都在树上筑巢居住来躲避禽兽,白天捡拾橡栗充饥,晚上栖息在树上,因此称他们为有巢氏的人。古代的百姓不知道穿衣服,夏天的时候多积累薪柴,冬天的时候则用来烤火,因此称他们为知道生存的百姓。到了神农时代,躺着的时候安静闲适,起身的时候宽舒自得,百姓知道他们的母亲是谁,不知道他们的父亲是谁,他们与麋鹿一同相处,自己种地自己吃,自己织布自己穿,相互之间没有害人的心思,这是道德的鼎盛时代。然而黄帝不能达到这种道德境界,他与蚩尤在涿鹿的郊外大战,血流得有百里之长。尧、舜称王,册立群臣,商汤流放它的君主,周武王杀掉了纣王。从此之后,以强大欺负弱小,以势众侵暴寡少。自从商汤和周武王以来,就都是扰乱百姓的人。如今你学习文王和武王的主张,掌握天下的言论,以此来教导后世,身着宽而长大的儒服,用矫揉的语言和虚假的行为,来迷惑天下的君主,而想要得到富贵,强盗都比不过你。天下的人为什么不称你为盗丘,却称呼我为盗跖呢?你用动听的语言说服了子路让他跟从你,使子路脱下高帽,解下他的长剑,来听从你的教导,天下的人都说你能够阻止暴行禁止不合理的行为,到了最后,子路想要杀掉卫国的君主而没有成功,自身却在卫国东门之上被剁成肉酱,(这)是你教导得不成功。你自称是有才之士和圣人吗?然而你两次被逐出鲁国,不能停留在卫国,在齐国走投无路,在陈国和蔡国之间被围困,全天下没有你的容身之处。你的教导使子路遭到了剁成肉酱这么大的祸患,向上不能保全自身,向下没有办法做人,你的教导还有什么可贵的呢?

“世上地位最高的,莫过于黄帝,黄帝尚且不能保全德行,在涿鹿的郊外大战,血流百里之长。尧不慈爱,舜不孝顺,禹半身不遂,商汤流放他的君主,武王讨伐纣王,文王被关押在羑里。这六个人,都是世人所称赞的,仔细研究一下,都是因为利益而失去了自我而强迫自己违反了本性,这些行为都是非常可耻的。

“世上所说的贤士,莫过于伯夷、叔齐。伯夷和叔齐辞去了孤竹的君位而饿死在首阳山上，尸骨都没有埋葬。鲍焦粉饰行为讥讽世事，最后抱着树木死去。申徒狄上谏而不被采纳，背着石头投河自尽，被鱼鳖吃掉。介子推非常忠诚，割下自己大腿上的肉给文公吃，文公后来背叛了他，他愤怒地离开了，最后抱着树木被烧死了。尾生和一个女子在桥下约会，女子没有来，洪水来了他却不离开，最后抱着桥下的柱子死了。这六个人，与被宰的狗、漂在江河上的死猪以及拿着瓢乞讨的人没有什么差别，他们都是重视名节轻视生命，不顾念生命根本的人。

"世上所说的忠良之臣，莫过于王子比干和伍子胥。伍子胥沉尸江中，比干剖心而死，这两个人，都是世人所说的忠臣，然而最终为天下人耻笑。从以上来看，直到伍子胥、比干，都是不值得推崇的。

"你所用来劝说我的，如果告诉我关于鬼的事情，那么我是不知道的；如果告诉我关于人的事情，不过就这些罢了，都是我听过并且知道的。

"现在我来告诉你人之常情。眼睛想要看颜色，耳朵想要听声音，嘴巴想要尝味道，志气想要满足。人的高寿是一百岁，中寿是八十岁，低寿是六十岁，除了生病、死丧、忧患之外，其中能开口笑的时间，一个月之中不过四五天而已。天和地没有穷尽，然而人的寿命是有时限的，把有时限的生命放置于无穷的天地之间，忽然淌逝就像骏马快速地穿过缝隙一样。凡是不能使自己的心境愉悦，颐养寿命的人，都不是通达道理的人。

"你所说的话，都是我要废弃的。你快点儿回去吧，不要再说了！你说的道理迷失本性急切不堪，都是一些诈巧虚伪的东西，有什么值得讨论的呢？"

孔子拜了两下就快步离开了，出门上了马车，手里拿着的缰绳掉了三次，眼神茫然若失，脸色好像死灰一般，靠着车厢前的横木低着头，大气都喘不上来。回到鲁国东门外，恰好碰到柳下季。柳下季说：“最近好多天没有见到你了，看你的车马像是外出的样子，难道你前去见盗跖了？”

孔子抬头望着天长叹一声说：“是的。”

柳下季说：“盗跖难道像我之前说的一样违背了你的心意吗？”

孔子说：“是的。我这就叫作没有病而自行针灸，快步跑去挑弄老虎的头，编理老虎的胡须，差点儿落入虎口之中！”

## 二

子张问于满苟得曰[①]：“盍不为行[②]？无行则不信，不信则不任[③]，不任则不利。故观之名，计之利，而义真是也。若弃名利，反之于心[④]，则夫士之为行，不可一日不为乎！”

满苟得曰：“无耻者富，多信者显[⑤]。夫名利之大者，几在无耻而信。故观之名，计之利，而信真是也。若弃名利，反之于心，则夫士之为行，抱其天乎！”

子张曰：“昔者桀纣贵为天子，富有天下，今谓臧聚曰[⑥]，汝行如桀纣，则有怍色[⑦]，有不服之心者，小人所贱也。仲尼、墨翟[⑧]，穷为匹夫，今谓宰相曰，子行如仲尼、墨翟，则变容易色称不足者[⑨]，士诚贵也。故势为天子，未必贵也；穷为匹夫，未必贱也；贵贱之分，在行之美恶。”

满苟得曰："小盗者拘，大盗者为诸侯。诸侯之门，仁义存焉。昔者桓公小白杀兄入嫂[10]，而管仲为臣；田成子常杀君窃国[11]，而孔子受币[12]。论则贱之，行则下之，则是言行之情悖战于胸中也[13]，不亦拂乎[14]！故《书》曰：孰恶孰美？成者为首，不成者为尾。"

子张曰："子不为行，即将疏戚无伦，贵贱无义，长幼无序；五纪六位[15]，将何以为别乎？"

满苟得曰："尧杀长子，舜流母弟，疏戚有伦乎？汤放桀，武王杀纣，贵贱有义乎？王季为适[16]，周公杀兄，长幼有序乎？儒者伪辞[17]，墨子兼爱，五纪六位将有别乎？

"且子正为名，我正为利。名利之实，不顺于理，不监于道[18]。吾日与子讼于无约曰[19]：'小人殉财[20]，君子殉名。其所以变其情，易其性，则异矣；乃至于弃其所为而殉其所不为，则一也。'故曰，无为小人，反殉而天；无为君子，从天之理。若枉若直[21]，相而天极[22]；面观四方，与时消息[23]。若是若非，执而圆机[24]；独成而意，与道徘徊。无转而行[25]，无成而义，将失而所为。无赴而富，无殉而成，将弃而天。

"比干剖心，子胥抉眼[26]，忠之祸也；直躬证父[27]，尾生溺死，信之患也；鲍子立干[28]，申子不自埋[29]，廉之害也；孔子不见母，匡子不见父，义之失也。此上世之所传，下世之所语，以为士者正其言，必其行，故服其殃，离其患也[30]。"

〔注释〕

①子张:即颛孙师,孔门弟子之一。满苟得:人名。 ②盍:何不。 ③任:任用。 ④反之于心:内心反省。 ⑤显:显贵,显赫。 ⑥臧聚:指仆隶役夫。 ⑦怍(zuò)色:羞惭的神色。 ⑧墨翟(dí):墨子,墨家的创始人。 ⑨变容易色:改变自己的容貌,指变换态度。 ⑩入嫂:将嫂子收纳为妻。入,收入,收纳。 ⑪田成子常:人名,春秋时齐国大夫田常。 ⑫孔子受币:指孔子接受田成子钱币。 ⑬悖:违背,相冲突。 ⑭拂:违背,不顺。 ⑮五纪:指仁、义、礼、智、信。六位:指君、臣、父、子、夫、妇。 ⑯适:通"嫡",指嫡长子。 ⑰伪辞:诡诈的言论。伪,诡诈,不诚实。 ⑱监:明,察。这个意义又写作"鉴"。 ⑲讼:争论,争辩。无约:人名,意指不受拘束。 ⑳殉:死,为了某种目的而死。 ㉑枉:弯曲,与"直"相对。 ㉒天极:自然之道。 ㉓消息:指变化。消,消失,消减。息,生长,增长。 ㉔圆机:环中,比喻循环变化的中枢和关键。 ㉕转:通"专",执守。 ㉖抉:挑出,挖出。 ㉗证:告,告发。 ㉘鲍子立干:指鲍焦抱着树木干枯至死。 ㉙申子不自埋:指的是申徒狄投河而死的事情。 ㉚离:通"罹",遭遇。

〔译文〕

子张问满苟得说:"你为什么不去修养品行呢?没有好的品行就不会得到信任,得不到信任就不会被任用,不被任用就不会得到利益。所以从名誉的角度来观察,从利益的角度来谋划,仁义才是最重要的。如果舍弃名誉和利益,而反省于自己的内心,那么士大夫对品行的修养,也不可以一天不做啊!"

满苟得说:"不知道羞耻的人富有,多受信任的人显赫,获得最大的名声和利益的人,往往都是不知羞耻却被信任的人。因此,从名誉的角度观察,从利益的角度来谋划,(骗取)信任才是最重要的。如果舍弃名誉和利益,而反省于自己的内心,那么士大夫对品行的修养,只有保持他们的天性了!”

子张说:“当年,桀和纣作为天子,拥有全天下,如今对奴仆役夫说,你的行为举止像桀和纣,那么他们一定会面带羞愧的神色,有不服气的想法,那是因为连小人都轻视他们。仲尼和墨翟,贫困得像一般百姓,如今对宰相说,你的行为举止像仲尼和墨翟,那么他就会变换态度说自己比不上(他们),那是因为士大夫真的很可贵。因此,做有权势的天子,未必可贵;做穷困的一般人,未必低贱;贵贱的区分在于行为举止的好坏。”

满苟得说:“小盗被拘捕,大盗成为诸侯。诸侯的门下,才会存在着仁义。当年桓公小白杀了自己的兄长,娶了自己的嫂子,而管仲却做了他的臣子;田成子常杀了君王窃取国家,而孔子却收了他的钱币。讨论的时候认为他们很卑贱,行动的时候却去做这样的事情,这就是言行和举止在心中相互矛盾,这难道不是违背了常理吗?所以《书》上说:什么是好的什么是坏的?成功的人成为首领,没有成功的人就处于末端。”

子张说:“你不去修养你的品行,那么就会使亲疏关系没有伦常,使贵贱不合于道德,使长幼没有次序;那么五纪和六位,要用什么来区分开呢?”

满苟得说:“尧杀了自己的长子,舜流放了自己的亲弟弟,亲疏之间有伦常吗?商汤流放了夏桀,周武王杀了商纣,贵贱之间合于道德吗?君王的小儿子做了嫡长子,周公杀了自己的兄长,长幼之间有次序吗?儒者擅长虚伪的言辞,墨子主张无差别的爱,那么五纪和六位可以区分开吗?

“况且你正在追求名誉,我正在追求利益。实际上名利既不合于道理,又不明于规律。我曾经和你在无约面前争论:‘小人因为钱财而死去，君子因为名誉而死去。他们改变真情，变换本性的原因，则是不相同的；以至于抛弃他们所该做的，而为所不该做的死去，却是一样的。’因此说，不要去做小人，而要反过来追求你的天性；不要去做君子，而要去遵循上天的规律。或弯或直，都要看自然之道；观察四方，随着时间而变化。或是或非，都要把握循环变化的关键要点；独自完成你的心意，跟随规律来进退。不要固执你的行为，不要成就你的仁义，这将会失去你的本性。不要为了利益而奔赴危险的境地，不要为了成功而丢掉自己的生命，这样会失去天性。

“比干被剖心，子胥被挖掉双眼，这是忠诚的祸患；直躬告发自己的父亲，尾生溺水而亡，这是讲信用的祸患；鲍子抱着树木干枯而死，申子投河自尽，这是廉洁的害处；孔子见不到母亲，匡子见不到父亲，这是仁义的缺失。这些事情都是上世传下来的，成为后代讨论的话题，士大夫一定会端正自己的言行，跟着这些行为去做，因此承受了灾祸，遭遇了祸患。”

## 三

无足问于知和曰[①]：“人卒未有不兴名就利者[②]。彼富则人归之，归则下之[③]，下则贵之。夫见下贵者，所以长生安体乐意之道也。今子独无意焉，知不足邪？意知而力不能行邪[④]？故推正不忘邪[⑤]？”

知和曰：“今夫此人以为与己同时而生，同乡而处者，以为夫绝俗过世之士焉[⑥]；是专无主正[⑦]，所以览古今之时，是非之分也，与俗化。世去至重[⑧]，弃至尊，以为其所为也；此其所以论长生安体乐意之道，不亦远乎！

惨怛之疾[9]，恬愉之安[10]，不监于体[11]；怵惕之恐[12]，欣欢之喜，不监于心；知为为而不知所以为，是以贵为天子，富有天下，而不免于患也。"

无足曰："夫富之于人，无所不利，穷美究势[13]，至人之所不得逮[14]，贤人之所不能及，侠人之勇力而以为威强[15]，秉人之知谋以为明察，因人之德以为贤良，非享国而严若君父。且夫声色滋味权势之于人，心不待学而乐之，体不待象而安之[16]。夫欲恶避就[17]，固不待师，此人之性也。天下虽非我[18]，孰能辞之！"

知和曰："知者之为，故动以百姓[19]，不违其度，是以足而不争，无以为故不求。不足故求之，争四处而不自以为贪；有余故辞之，弃天下而不自以为廉。廉贪之实，非以迫外也[20]，反监之度[21]。势为天子而不以贵骄人，富有天下而不以财戏人。计其患，虑其反[22]，以为害于性，故辞而不受也，非以要名誉也。尧、舜为帝而雍[23]，非仁天下也，不以美害生也；善卷、许由得帝而不受，非虚辞让也，不以事害己。此皆就其利，辞其害，而天下称贤焉，则可以有之，彼非以兴名誉也。"

无足曰："必持其名[24]，苦体绝甘，约养以持生[25]，则亦久病长阨而不死者也[26]。"

知和曰："平为福[27]，有余为害者，物莫不然，而财其甚者也。今富人，耳营钟鼓管籥之声[28]，口嗛于刍豢醪醴之味[29]，以感其意，遗忘其业，可谓乱矣；侅溺于冯气[30]，若负重行而上阪[31]，可谓苦矣；贪财而取慰[32]，贪权而取竭[33]，静居则溺[34]，体泽则冯[35]，可谓疾矣；为欲富就利[36]，故满若堵耳而不知避，且冯而不舍，可谓辱矣；财积而无用，服膺而不舍[37]，满心戚醮[38]，求益而不止，可谓忧矣；内则疑劫请之贼[39]，外则畏寇盗之害，内周楼疏[40]，外不敢独行，可谓畏矣。此六者，天下之至害也，皆遗忘而不知察，及其患至，求尽性竭财，单以反一日之无故而不可得也[41]。故观之名则不见，求之利则不得，缭意绝体而争此[42]，不亦惑乎！”

〔注释〕

①无足：不知足。知和：知道和谐。这里指人名。 ②人卒：民众。兴（xīng）：喜欢，喜爱。 ③下：在下位。 ④意：通“抑”，还是。 ⑤推正：推求正道。 ⑥绝俗过世：超绝流俗，过越世人。 ⑦主：主见。 ⑧世：世人。 ⑨惨怛（dá）：忧伤悲苦。 ⑩安：安逸。 ⑪体：形体。 ⑫怵惕：惊恐害怕。 ⑬穷：穷尽。究：终极。 ⑭逮：到，及。 ⑮侠：通“挟”，挟制。 ⑯象：模仿。 ⑰就：趋向，靠近。 ⑱非：非难，责怪。 ⑲动：行动。 ⑳迫：受迫。 ㉑度：限度，尺度。 ㉒反：反面。 ㉓雍：和谐。 ㉔名：名声。 ㉕约养：节约给养。 ㉖本句据陈碧虚《庄子阙误》引江南古藏本“亦”字后有“犹”字。阨：同“厄”，穷困，灾难。 ㉗平：平均。 ㉘营：围绕。 ㉙嗛（qiè）：满意，满足。一说读 qiān，通“慊”。刍豢（chúhuàn）：牛羊犬豕之类的家畜，泛指肉类食品。醪醴：甘甜的酒，泛指酒类。 ㉚侅（gāi）溺：沉湎。冯（píng）气：盛气。 ㉛阪：山坡。 ㉜慰：通“蔚”，病。 ㉝取竭：耗尽精力。 ㉞溺：沉溺。 ㉟泽：肥。 ㊱就利：追求利益。 ㊲服膺：铭记于心。 ㊳戚醮（jiào）：烦恼。 ㊴内：在家里。 ㊵周：周遍，遍及。疏：窗户。 ㊶单：独，但。故：事，事故。 ㊷缭意：意思是说心志受到困扰。绝体：牺牲身体。

〔译文〕

无足问知和说："民众没有不喜爱名誉追求利益的。谁富有了人们就归附于谁，归附于他就甘愿处于他之下，处于他之下就崇尚他。被地位低下的人尊崇，这就是延长寿命、身体安康、心情愉悦的方法。如今你没有这种想法，是你的智慧不够吗？还是你的智慧够了而力量不够呢？还是故意推求正道而念念不忘呢？"

知和说："现在有这样一个（富贵的）人，有人认为他与自己同时出生，同乡共处，于是就认为他是超绝流俗、过越世人的人；其实这样的人非常没有自己的主见，用这样的方法来看待古今的时代和是非的区分，不过是世俗化了。世人舍弃了最重要的东西，抛弃了最尊贵的东西，去追求他想要做的事情；用这种方法来研究延长寿命、身体安康、心情愉悦的方法，岂不是相差得太远了！忧伤悲苦的病痛，恬静愉悦的安逸，不能从其形体上看出来；惊慌害怕的恐惧，快乐欢愉的喜悦，不能从他的内心看出来；知道要去做而不知道为什么去做，即使你是身份尊贵的天子，富裕到拥有全天下，你也不能幸免于灾祸。"

无足说："富贵对于人们来说，没有什么坏处，享尽天下最美好的事物，拥有天下最强大的势力，这是道德修养最高超的人都无法做到的，也是品德高尚的人无法企及的。挟制别人的勇气和力量来增强自己的威力，拿着别人的智慧和谋略来表明自己的严明苛察，依据别人的德行来认为自己德才兼备，没有拥有国家却像君王一样严格。至于说到声乐、美色、滋味、权势对于人，心里还没有等到学会就很喜欢，身体还没有等到模仿出来就已经感到很安逸了。欲望、厌恶、逃避、趋就，本来就不用等到老师来教授，这是人的本性。天下人虽然都责怪我，(可是)谁又能摆脱这些呢？”

知和说：“聪明的人所做的事，都是根据老百姓(的需求)来做的，不违反他们的尺度，因此他们都很满足而不去争斗，没有什么可做也就是没有什么所追求的了。不满足所以才会去追求，四处去争夺却不认为自己贪婪；有富余的所以才会辞让，舍弃天下却不认为自己清廉。清廉和贪婪的实质，不是迫于外界的压力，而应该反过来审查一下自己的尺度。拥有天子的势力，而不凭借自己的显贵傲慢地对待别人。富有到拥有整个天下，而不用钱财去戏谑别人。思考它的祸患，再考虑一下事情的反面，认为这有害于(人的)本性，因此就推辞掉而没有接受，并不是用它来求取名声和荣誉。尧舜做帝王时天下和睦，并不是因为在天下施行仁政，而是他们并没有因为追求美而去残害生命；善卷和许由得到了天子之位却不接受，并不是因为他们虚伪地去辞让，而是他们不想因为这些事危害到自己的生命。这些都能趋向利益而摒弃危害，而天下人称赞他们是贤良的人，他们有趋利避害的思想，这并不是他们想建立名誉。”

无足说：“一定要保持自己的名声，使身体受苦拒绝美味的食物，节约给养以维持生命，这就是长期病痛穷困而不死的人。”

知和说：“平均是幸福，多余就是祸害，没有事物不是这样的，而钱财更是这样。如今的富人，耳边听着钟鼓箫笛的乐声，嘴里满足于肉食和美酒的滋味，以触发他的情意，使他遗忘掉自己的事业，这可真是混乱啊；沉溺于盛气之中，就好像身负重担向前走上坡路一样，可真是痛苦啊；贪图钱财会带来弊病，贪图权势会耗尽精力，静静地待着就会沉溺，体态丰腴就会盛气凌人,可以说是生病了;为了富贵而追逐利益,因此获取的东西像高墙一般也不知足,并且贪婪而不知道收敛,可真是耻辱啊;积累钱财却无处可用,铭记于心却不舍得放弃,满心烦恼,追逐利益却不知道停止,可真是忧患啊;在家里担心盗贼的抢劫,在外面畏惧寇盗的杀害,家里遍设严密的楼窗,在外不敢单独出行,可真是畏惧啊。以上六种情况,是全天下最大的祸害,大家都遗忘掉了而不知道去考察,等到祸患来临,才想要费尽心思竭尽钱财,只想求得一天的安宁也做不到。所以从名声的角度来看则看不到,从利益的角度来索求则得不到,使心志受到如此困扰,牺牲身体来求得这些,难道不是很迷惑吗?”

# 说　剑

〔**题解**〕

《说剑》就故事的情节为篇名,讲述的是庄子为赵文王说剑一事,是一篇借剑喻理,阐述作者治世之道的文章。文中提到了三种剑,天子剑、诸侯剑、庶人剑,作者用剑来比喻权力,告诫赵文王在掌握大权的情况下,不要被一些如世俗斗鸡般的儿戏迷惑,而要懂得如何做出正确的选择,尽职尽责地掌权,去造福万民,以维护自己的统治。最终使赵文王幡然醒悟,庄子因此也达到了自己的说服目的。在文末,通过“安坐定气”一词,体现了庄子无为而治的治政理念。此外,篇中还提到了一些用剑的理论主张,如:“示之以虚,开之以利,后之以发,先之以至。”对后代剑术的发展多有启迪。

昔赵文王喜剑[1]，剑士夹门而客三千余人[2]。日夜相击于前，死伤者岁百余人。好之不厌[3]。如是三年，国衰，诸侯谋之[4]。

太子悝患之[5]，募左右曰："孰能说王之意止剑士者，赐之千金。"左右曰："庄子当能[6]。"

太子乃使人以千金奉庄子。庄子弗受，与使者俱往见太子，曰："太子何以教周，赐周千金？"

太子曰："闻夫子圣明，谨奉千金以币从者[7]。夫子弗受，悝尚何敢言！"

庄子曰："闻太子所欲用周者，欲绝王之喜好也。使臣上说大王而逆王意[8]，下不当太子，则身刑而死，周尚安所事金乎[9]？使臣上说大王，下当太子，赵国何求而不得也！"

太子曰："然。吾王所见，唯剑士也。"

庄子曰："诺。周善为剑。"

太子曰："然吾王所见剑士，皆蓬头突鬓[10]，垂冠[11]，曼胡之缨[12]，短后之衣，瞋目而语难[13]，王乃说之[14]。今夫子必儒服而见王，事必大逆。"

庄子曰："请治剑服。"治剑服三日，乃见太子。太子乃与见王，王脱白刃待之[15]。

庄子入殿门不趋[16]，见王不拜。王曰："子欲何以教寡人，使太子先？"

曰："臣闻大王喜剑，故以剑见王。"

王曰："子之剑何能禁制[17]？"

曰："臣之剑十步一人，千里不留行[18]。"

王大悦之，曰："天下无敌矣。"

庄子曰："夫为剑者，示之以虚，开之以利，后之以发，先之以至。愿得试之。"

王曰："夫子休，就舍待命[19]，令设戏，请夫子。"

王乃校剑士七日[20]，死伤者六十余人，得五六人，使奉剑于殿下，乃召庄子。王曰："今日试使士敦剑[21]。"

庄子曰："望之久矣[22]！"

王曰："夫子所御杖[23]，长短何如？"

曰："臣之所奉皆可。然臣有三剑，唯王所用。请先言而后试。"

王曰："愿闻三剑。"

曰："有天子剑，有诸侯剑，有庶人剑。"

王曰："天子之剑何如？"

曰："天子之剑，以燕谿石城为锋[24]，齐岱为锷[25]，晋魏为脊，周宋为镡[26]，韩魏为夹[27]。包以四夷，裹以四时。绕以渤海，带以常山。制以五行[28]，论以刑德[29]。开以阴阳[30]，持以春夏[31]，行以秋冬[32]。此剑，直之无前，举之无上，案之无下，运之无旁，上决浮云，下绝地纪。此剑一用，匡诸侯[33]，天下服矣。此天子之剑也。"

文王芒然自失，曰："诸侯之剑何如？"

曰："诸侯之剑，以知勇士为锋，以清廉士为锷，以贤良士为脊，以忠圣士为镡，以豪桀士为夹。此剑，直之亦无前，举之亦无上，案之亦无下，运之亦无旁。上法圆天以顺三光[34]，下法方地以顺四时，中和民意以安四乡[35]。此剑一用，如雷霆之震也，四封之内，无不宾服而听从君命者矣。此诸侯之剑也。”

王曰：“庶人之剑何如？”

曰：“庶人之剑，蓬头突鬓，垂冠，曼胡之缨，短后之衣，瞋目而语难，相击于前，上斩颈领，下决肝肺。此庶人之剑，无异于斗鸡，一旦命已绝矣，无所用于国事。今大王有天子之位而好庶人之剑，臣窃为大王薄之[36]。”

王乃牵而上殿[37]，宰人上食[38]，王三环之[39]。庄子曰：“大王安坐定气，剑事已毕奏矣！”

于是文王不出宫三月，剑士皆服毙其处也[40]。

〔注释〕

①赵文王：赵惠文王，名何，战国后期赵国第七代君主。 ②夹门而客：门客聚于宫门。 ③厌：满足。 ④谋：图谋。 ⑤悝(kuī)：赵惠文王的太子名悝。 ⑥当：应当。 ⑦币从者：奖赏随从。 ⑧逆：违背。 ⑨尚：还。安：疑问代词，什么，哪里。事：用。 ⑩突鬓：鬓毛凸出来。 ⑪垂冠：帽子低垂。 ⑫曼胡之缨：结冠的粗带子。缨，系在颏下的帽绳。 ⑬瞋(chēn)目：发怒时睁大眼睛。 ⑭说：同“悦”。 ⑮脱白刃：拔出白色的剑。 ⑯趋：快走。 ⑰禁制：遏制。 ⑱千里不留行：这里指剑术高超，千里无阻。 ⑲就舍：返回住宅。就，趋向。 ⑳校：对抗，较量。 ㉑敦剑：对剑。 ㉒望：期望，盼望。 ㉓御：用。杖：这里指剑。 ㉔燕谿：燕国中的地名。石城：北方的山名。锋：兵器锐利的部分，剑端。 ㉕岱：泰山。锷：刀剑的刃。 ㉖镡(xín)：剑鼻，剑柄末端的凸起部分。 ㉗夹：通“铗”，剑把。 ㉘五行：金、木、水、火、土。 ㉙刑德：刑罚与教化。 ㉚开：指开合变化。 ㉛持：持延。 ㉜行：运行。 ㉝匡：正。

㉞三光：日、月、星。 ㉟四乡：四方。 ㊱窃：谦辞，私自，私下。薄：轻视，看不起。 ㊲牵：拉，牵引向前。 ㊳宰人：掌管膳食之官。 ㊴环：围绕。㊵服毙：自杀。服，通“伏”。

〔译文〕

过去赵文王喜爱剑术，聚集在宫门前做门客的剑士有三千多人。夜以继日地在赵文王面前斗剑，死伤的每年有一百多人。（赵文王）对剑术的喜爱仍然不减少。就这样过了三年，国家衰败，诸侯们都在谋划着攻打赵国。

太子悝为此感到非常担忧，征求身旁的近侍说：“谁能说服大王让他停止让剑士比剑，我就赏赐他千两黄金。”身旁的近侍说：“庄子可以做到。”

于是太子就派人把千两黄金送给庄子。庄子没有接受，与使者一起前去见太子，说：“太子有何指教，为什么要赏赐我千两黄金？”

太子说：“我听说先生您非常圣明，谨此奉上千金来奖赏随从。先生您不接受，我还敢说什么呢！”

庄子说：“我听说太子之所以用我，是想让我断绝掉大王的喜好。如果我去说服大王向上违背了大王的心意，对下又不符合太子的心意，那么（我）就会身受刑罚而死亡，我哪里还用得着这千两黄金呢？如果我向上说服了大王，向下又符合了太子的心意，那么在赵国我要什么会得不到呢？”

太子说：“好。我父王所接见的，只有剑士。”

庄子说：“好的。我很善于用剑。”

太子说：“然而我的父王所接见的剑士，都头发蓬松，鬓毛凸出，帽子低垂，帽缨粗实，（穿着）后身短的上衣，怒目而视，说话困难，大王喜欢这样的人。如今先生您一定要穿着儒服去见大王，事情一定会发展得不顺利。”

庄子说：“那就做一套剑服。”三天后做好剑服，才去见太子。太子就和庄子一起去见大王，大王拔下白色的剑来接待他。

庄子进入大殿并不快步向前走，见到赵文王不叩拜。赵文王说：“你打算用什么来教导我，让太子先推荐你呢？”

（庄子）说：“我听说您喜欢剑术，所以我用剑来拜见您。”

赵文王说：“你的剑能怎样遏制和战胜对手呢？”

（庄子）说：“我的剑十步就能杀掉一个人，行走千里而无人能抵挡。”

赵文王听了十分开心，说：“你的剑天下无敌了。”

庄子说：“用剑之道，首先以变幻莫测示人，开剑展示锋利，后发制人，抢先击至。希望能让我尝试一下。”

赵文王说：“先生您先休息，回房舍等待，等我安排好比赛，再请您来。”

赵文王让剑士较量了七天，死伤者有六十多人，最后选出了五六人，命他们拿着剑在大殿下等待，于是召见了庄子。赵文王说：“今天让您尝试和剑士对剑。”

庄子说：“我等了很久了！”

赵文王说：“您所用的剑，长短怎么样？”

（庄子）说：“我用的剑都可以。然而我有三把剑，都可以任您选用。请允许我先解释一下再比试。”

赵文王说：“愿意听一下您的三把剑。”

（庄子）说：“有天子的剑，有诸侯的剑，有庶人的剑。”

赵文王说：“天子的剑怎么样？”

（庄子）说：“天子的剑，以燕谿石城为剑端，以齐国的泰山为剑刃，以晋国、魏国为剑背，以周地和宋国为剑鼻，以韩国、魏国为剑把。用中国边境的四境来包围，用四季来围裹。用渤海来围绕，用常山来做系带。用五行来制驭，用刑罚和教化来论断。遵循阴阳的变化而进退，遵循春秋的时令而持延，遵循秋冬的到来而运行。这把剑，向前伸一无阻挡，向上举没有可以在它上方的，向下按所向无敌，运行起来像旁边没有任何东西一样，向上可以斩断浮云，向下可以割裂地纪。这把剑一旦使用，便可以匡正诸侯，让天下人臣服。这就是天子的剑。"

文王心中迷茫，自感有所失，说："诸侯的剑怎么样？"

（庄子）说："诸侯的剑，让智慧勇猛的人做剑端，让清廉的人做剑刃，让贤良的人做剑背，让忠诚圣洁的人做剑鼻，让豪杰的人做剑把。这把剑，向前伸也是一无阻挡，向上举也没有在它上方（的东西），向下按也是所向无敌，运行起来也一样旁若无物。向上效法圆天以顺应日、月、星三光，向下效法方地以顺应春、夏、秋、冬四季，在中间则迎合百姓的心意来安抚四方。这把剑一旦使用，便像雷霆震撼一般，四境之内，没有不服从听从大王命令的人。这就是诸侯的剑。"

赵文王说："庶人的剑怎么样？"

（庄子）说："庶人的剑，都头发蓬松，鬓毛凸出，帽子低垂，帽缨粗实，穿着后身短的上衣，怒目而视，说话困难，相互在人前击杀，向上可以斩断人的脖颈，向下可以割裂人的肝肺。这就是庶人的剑，这和斗鸡没有什么分别，一旦死掉，就对国事没有什么用处。现在大王拥有天子的位置而喜爱庶人的剑，我私下里替大王轻视这种做法。"

于是赵文王就拉着庄子来到大殿之上，掌管膳食的人送上食物，大王绕着食物走了三圈。庄子说："大王安心坐下来平定气息,剑术的事我已经上奏完毕!”

于是赵文王三个月没有踏出宫门,他的剑士都在住处自杀了。

# 渔　父

〔**题解**〕

本篇以人物渔父为篇名。渔父在本篇中以一个得道者的形象出现,在渔父和孔子的交流中,渔父指出孔子“苦心劳形,以危其真”的错误思想,并指出孔子所具有的八种毛病和四种祸患,认为孔子只有恪守本性,回归自然之后,才能继续教育他。在文章末尾,孔子和颜渊的对话也说明孔子接受了渔父的观点。本篇展现出了道家学派和儒家学派在思想上的分歧,批判了儒家学派所秉持的人伦之道,宣扬了庄子崇尚自然的观点。

孔子游乎缁帷之林①,休坐乎杏坛之上②。弟子读书,孔子弦歌鼓琴③。奏曲未半,有渔父者,下船而来,须眉交白④,被发揄袂⑤,行原以上⑥,距陆而止⑦,左手据膝,右手持颐以听⑧。曲终而招子贡、子路,二人俱对。

客指孔子曰:“彼何为者也?”

子路对曰:“鲁之君子也。”

客问其族。子路对曰:“族孔氏⑨。”

客曰:"孔氏者何治也?"

子路未应,子贡对曰:"孔氏者,性服忠信[10],身行仁义,饰礼乐[11],选人伦[12]。上以忠于世主,下以化于齐民[13],将以利天下。此孔氏之所治也。"

又问曰:"有土之君与?"

子贡曰:"非也。"

"侯王之佐与?"

子贡曰:"非也。"

客乃笑而还行,言曰:"仁则仁矣,恐不免其身。苦心劳形,以危其真[14]。呜呼!远哉,其分于道也[15]。"

子贡还,报孔子。孔子推琴而起,曰:"其圣人与!"乃下求之,至于泽畔,方将杖拏而引其船[16],顾见孔子,还乡而立[17]。孔子反走[18],再拜而进。

客曰:"子将何求?"

孔子曰:"曩者先生有绪言而去[19],丘不肖[20],未知所谓,窃待于下风,幸闻咳唾之音[21],以卒相丘也[22]。"

客曰:"嘻!甚矣子之好学也!"

孔子再拜而起,曰:"丘少而修学,以至于今,六十九岁矣,无所得闻至教,敢不虚心。"

客曰:"同类相从,同声相应,固天之理也。吾请释吾之所有而经子之所以[23]。子之所以者,人事也。天子诸侯大夫庶人,此四者自正[24],治之美也,四者离位而乱莫大焉。官治其职,人忧其事,乃无所陵[25]。故田荒室露[26],衣食不足,征赋不属[27],妻妾不和,长少无序,庶人之忧也；能不胜任，官事不治，行不清白，群下荒怠[28]，功美不有[29]，爵禄不持，大夫之忧也；廷无忠臣，国家昏乱，工技不巧，贡职不美，春秋后伦[30]，不顺天子，诸侯之忧也；阴阳不和，寒暑不时，以伤庶物[31]，诸侯暴乱，擅相攘伐[32]，以残民人，礼乐不节，财用穷匮，人伦不饬[33]，百姓淫乱，天子之忧也[34]。今子既上无君侯有司之势[35]，而下无大臣职事之官，而擅饰礼乐[36]，选人伦，以化齐民，不亦泰多事乎[37]？”

“且人有八疵，事有四患，不可不察也。非其事而事之，谓之总[38]；莫之顾而进之，谓之佞；希意道言[39]，谓之谄；不择是非而言，谓之谀；好言人之恶，谓之谗；析交离亲[40]，谓之贼；称誉诈伪以败恶人[41]，谓之慝[42]；不择善否[43]，两容颊适[44]，偷拔其所欲，谓之险。此八疵者，外以乱人，内以伤身，君子不友，明君不臣。所谓四患者：好经大事[45]，变更易常，以挂功名[46]，谓之叨；专知擅事[47]，侵人自用，谓之贪；见过不更，闻谏愈甚，谓之很[48]；人同于己则可，不同于己，虽善不善，谓之矜[49]。此四患也。能去八疵，无行四患，而始可教已。”

孔子愀然而叹[50]，再拜而起曰：“丘再逐于鲁，削迹于卫，伐树于宋，围于陈、蔡。丘不知所失，而离此四谤者何也[51]？”

客凄然变容曰：“甚矣，子之难悟也！人有畏影恶迹而去之走者[52]，举足愈数而迹愈多[53]，走愈疾而影不离身，自以为尚迟，疾走不休，绝力而死。不知处阴以休影，处静以息迹，愚之甚矣！子审仁义之间，察同异之际[54]，观动静之变，适受与之度，理好恶之情，和喜怒之节，而几于不免矣[55]。谨修而身[56]，慎守其真，还以物与人，则无所累矣。今不修之身而求之人，不亦外乎！”

孔子愀然曰：“请问何谓真？”

客曰：“真者，精诚之至也。不精不诚，不能动人。故强哭者虽悲不哀，强怒者虽严不威，强亲者虽笑不和。真悲无声而哀，真怒未发而威，真亲未笑而和。真在内者，神动于外，是所以贵真也。其用于人理也，事亲则慈孝，事君则忠贞，饮酒则欢乐，处丧则悲哀。忠贞以功为主，饮酒以乐为主，处丧以哀为主，事亲以适为主[57]，功成之美，无一其迹矣。事亲以适，不论所以矣；饮酒以乐，不选其具矣[58]；处丧以哀，无问其礼矣[59]。礼者，世俗之所为也；真者，所以受于天也，自然不可易也。故圣人法天贵真，不拘于俗。愚者反此。不能法天而恤于人[60]，不知贵真，禄禄而受变于俗[61]，故不足。惜哉，子之蚤湛于人伪而晚闻大道也[62]。”

孔子又再拜而起曰：“今者丘得遇也，若天幸然[63]。先生不羞而比之服役[64]，而身教之。敢问舍所在，请因受业而卒学大道。”

客曰：“吾闻之，可与往者与之，至于妙道[65]；不可与往者，不知其道，慎勿与之，身乃无咎[66]。子勉之！吾去子矣，吾去子矣！”乃刺船而去[67]，延缘苇间[68]。

颜渊还车，子路授绥[69]，孔子不顾，待水波定，不闻拏音而后敢乘[70]。

子路旁车而问曰："由得为役久矣，未尝见夫子遇人如此其威也。万乘之主，千乘之君，见夫子未尝不分庭伉礼[71]，夫子犹有倨傲之容[72]。今渔父杖拏逆立，而夫子曲要磬折[73]，言拜而应，得无太甚乎？门人皆怪夫子矣，渔人何以得此乎？"

孔子伏轼而叹曰："甚矣，由之难化也！湛于礼仪有间矣[74]，而朴鄙之心至今未去。进，吾语汝：夫遇长不敬，失礼也；见贤不尊，不仁也。彼非至人，不能下人[75]，下人不精，不得其真，故长伤身。惜哉！不仁之于人也，祸莫大焉，而由独擅之。且道者，万物之所由也，庶物失之者死，得之者生，为事逆之则败，顺之则成。故道之所在，圣人尊之。今渔父之于道，可谓有矣，吾敢不敬乎！"

〔注释〕

①缁帷之林：林名。缁，黑色。帷，围在四周的幕布。　②杏坛：传说中孔子聚徒讲学的地方。　③鼓琴：弹琴。　④须眉交白：眉毛和胡须都白了。交，全，都。　⑤被：通"披"。揄：引，挥动。袂（mèi）：衣袖。⑥行原以上：指行走到水岸上。　⑦距：到。　⑧颐：腮，下巴。　⑨族：姓氏。　⑩性：人的本性。服：服从。　⑪饰：整顿，整治。　⑫人伦：封建社会中的道德规范。　⑬化：教化。齐民：平民。　⑭真：本性，本质。⑮分：分离。　⑯拏：通"桡"，船桨。　⑰还乡：反转方向。乡，通"向"。⑱反走：倒着走。　⑲曩（nǎng）：以往，从前。绪言：已发而未尽的言论。⑳不肖：谦辞。不才，不贤。　㉑咳唾：称美他人的言语。　㉒卒：终。相（xiàng）：帮助。　㉓经：分析。　㉔自正：端正自我。　㉕陵：侵犯，欺

辱。 ㉖露:显露,暴露。 ㉗征赋不属:征收的赋税收不到。 ㉘群下:下属。 ㉙功美:功劳和美誉。 ㉚春秋:春秋时朝觐天子。后伦:落在其他诸侯后面。 ㉛庶物:万物。 ㉜攘伐:侵夺交战。 ㉝饬:整顿,使整齐。 ㉞本句"天子"后原衍"有司"二字,联系上下文,据马叙伦《庄子义证》删去。㉟有司:主管某部门的官吏。 ㊱擅:自作主张,擅自。㊲泰:同"太"。 ㊳总:总揽。 ㊴希意:揣摩别人的心意。道言:说话迎合人意。 ㊵析交离亲:指离间亲友。 ㊶败:毁坏,败坏。 ㊷慝(tè):奸邪,邪恶。 ㊸择:区别。 ㊹容:兼容。颊适:和颜悦色。 ㊺好经大事:喜欢做大事。 ㊻以挂功名:以谋求功名。 ㊼专知:自以为是。擅事:擅自行动。 ㊽很:违背,不听从。 ㊾矜:骄傲。 ㊿愀(qiǎo)然:容色改变的样子。 (51)离:通"罹",遭遇。 (52)恶:厌恶。 (53)举足:提脚,跨步。数(shuò):多次,屡次。 (54)际:交界处,边缘处。 (55)几:几乎。 (56)而:你。 (57)适:舒适,适宜。 (58)具:器具。 (59)礼:礼仪。(60)恤:体恤,怜悯。 (61)禄禄:同"碌碌",平庸无能。 (62)蚤:通"早"。湛:通"耽",沉溺。 (63)天幸:天降的好运。 (64)比:比作,当作。役:门徒,弟子。 (65)妙道:玄妙的大道。 (66)咎:过失,罪过。 (67)刺船:撑船。(68)延:延缓,缓慢。缘:沿着,顺着。 (69)授绥:把登车时手挽的绳索交给孔子。 (70)拏音:划桨的声音。 (71)分庭伉礼:古代宾客和主人相见时,站在庭院的两边,相对行礼。"伉",现写作"抗"。 (72)倨傲:高傲自大,傲慢。 (73)曲要:弯腰。要,同"腰"。磬折:像磬一样弯曲,这里指鞠躬。(74)有间:有一段时间。 (75)下人:使人居于下位。

〔译文〕

孔子在一片叫作缁帷的树林中游玩,在杏坛上坐着休息。(孔子的)弟子读书,孔子弹琴唱歌。曲子还没有弹奏到一半,有一个渔夫,从船上下来,(他的)胡须和眉毛都已经花白,披散着头发挥动着衣袖,上了岸,行走到陆地上就停止了,左手按着膝盖,右手托着下巴听(曲子)。曲子结束了就把子贡和子路招呼过去,两人都(和渔夫)进行了对话。

渔夫指着孔子说:"那个人是做什么的?"

子路回答说:"(他)是鲁国的君子。"

渔夫问他的姓氏。子路回答说:"(他)姓孔。"

渔夫问:"姓孔的人是做什么的?"

子路没有回应,子贡回答说:"姓孔的人,思想上忠诚守信誉,行动上施行仁义,整顿礼乐制度,设定道德规范。向上对君子忠诚,向下教化平民,要以此给天下带来利益。这就是孔子所做的事。"

渔夫又问道:"(他)是有土地的君主吗?"

子贡说:"不是。"

(渔夫问:)"是辅佐诸侯的臣子吗?"

子贡说:"不是。"

渔夫于是笑着回去,边走边说:"说他仁义确实是仁义,恐怕不能使自身免除祸患。他内心痛苦身体劳累,这样会危害到自己的本性。唉!他离开道已经太远了!"

子贡回去之后,报告给了孔子。孔子推开琴站起来说:"他是一个圣人啊!"于是就走下杏坛去追渔夫,等到了河边,渔夫正拿着船桨撑船,回头看见孔子,便转过身,面对孔子站着。孔子向后退了几步,拜了两下才走上前。

渔夫说:"你要做什么呢?"

孔子说:"之前先生没有说完话就离开了,我不才,不知道先生所说的是什么意思,我甘拜下风,希望有幸能听到您的一席话,以对我产生一些帮助。"

渔夫说:"啊!你真是太好学了!"

孔子又拜了两下起身说:"我从小就开始研习学业,到了今天，六十九岁了，没有听过非常高明的见解，怎敢不虚心请教呢。”

渔夫说：“同类型的事物相互聚集，同样的声音相互应和，这本来就是上天运行的基本规律。请让我用我所知道的道理来分析您所从事的。您所从事的是关于人的事情。天子、诸侯、大夫、平民，这四类人如果能各自端正自己，这就是治道的完美境界，这四类人如果擅离职守就会产生很大的混乱。官吏做好本职工作，百姓各自考虑自己的事情，这样就不会相互侵扰。因此田畴荒芜房屋破陋，衣服和粮食不够用，赋税征收不上，妻妾关系不和睦，长幼之间没有秩序，这是平民的忧虑；能力不能够胜任，官吏的事务不能做好，行为不清白，属下放纵倦怠，功绩和美誉都没有，爵位和俸禄不能保全，这是大夫的忧虑；朝廷内没有忠臣，国家黑暗混乱，工艺技术不精巧，上贡的物品不精美，朝见天子时落在后面，不能顺和天子的心意，这是诸侯的忧虑；阴阳不相和，寒暑不合时令，以致伤害了万物，诸侯暴乱，随意地侵夺交战，以致残害了百姓，礼乐没有节制，财务用度穷尽匮乏，道德规范没有受到整顿，百姓荒淫放纵，这是天子的忧虑。如今你向上没有天子诸侯主管的势力，向下没有大臣掌管事务的官位，而擅自整顿礼乐制度，设定道德规范，以此来教化百姓，这样岂不是太多事了吗？”

“况且人有八种毛病，事有四种祸患，不可以不去明察。不是他的事情却要去做，这叫作总揽；没有人理会还要继续说话，这叫作奸佞；揣摩别人的心意而去说话，这叫作谄媚；不辨别是非而去奉承，这叫作阿谀；喜欢背后说人坏话，这叫作谗言；挑拨朋友离间亲人，这叫作贼害；夸赞巧诈虚伪来败坏他人，叫作奸邪；不辨别善恶，两者兼容且和颜悦色，偷偷拿到自己想要的东西，这叫作阴险。这八种毛病，对外能扰乱他人，对内能伤害自己，君子不会和他做朋友，开明的君主也不会让他做臣子。所说的四患指的是：喜欢做大事，随意地变更准则，以谋取功名，这叫作贪婪；自以为是，擅自行动，侵犯他人，刚愎自用，这叫作贪得无厌；发现错误却不更正，听到的谏言越多错得却越多，这叫作倔强执拗；别人和自己相同就认可，不相同的即使别人是好的也说别人不好，这叫作自视甚高。这就是四种祸患。如果能舍弃这八个毛病，不实行四种祸患，才可以开始教导。”

孔子难过地叹了一口气，拜了两下起身说：“我两次被驱逐出鲁国，在卫国被铲削足迹，禁止居留，在宋国被砍掉了树木，在陈国和蔡国之间被围困。我不知道自己做错了什么，为什么要遭受这四种毁谤？”

渔夫凄凉地变换脸色说道：“你真是太难领悟了！有人畏惧影子厌恶足迹而快跑着想要摆脱它们，却不知跨步越多足迹就会越多，走得越快影子就越不会离身，自己还以为跑得太慢，就快速奔跑而不休息，最后用尽力气而死亡。不知道站在阴影下会让影子消失，站着不动就会让足迹消失，真是太愚蠢了！你仔细审察仁义之间（的道理），考察同异的界限，观看动静的变化，调整取舍的分寸，整理好恶的情感，调和喜怒的节度，却几乎不能免于灾祸。你谨慎地修养自己的身心，你慎重地恪守自己的本性，使物和人回归自然，那么就不会受到拖累。如今你不修养自己的身心而去要求别人，这难道不是本末颠倒了吗？”

孔子变了脸色问道：“请问什么是本性呢？”

渔夫说：“本性，是真心诚意的至高点。不真心不真诚，就不能打动人。因此，勉强哭泣的人虽然看起来悲痛但却并不伤心，勉强生气的人虽然严厉但并不威严，勉强亲近的人虽然笑容满面但却不和蔼。真正的悲伤没有声音但却很难过，真正的生气没有发作但却很威严，真正的亲近没有笑容但却很和蔼。本性表现在内心，神情则体现于外表，这才是可贵的本性。将它用于人的道德规范，侍奉亲人就慈爱孝顺，侍奉君主就忠诚贞洁，喝酒就愉快，遇到悲伤的事就哀愁。忠诚贞洁以建立功绩为主，喝酒以欢乐为主，遇到伤心事以哀愁为主，侍奉亲人以适宜为主，功勋和成就的卓越，没有它特定的轨迹。侍奉父母以舒适，而不去讨论为什么；喝酒是为了开心，而不用去选择盛酒器；遇到悲伤的事就难过，而不去在意是否符合礼节。礼，是世俗之人所设立的；本性，是上天授予的，自然是不可以更改的。因此，圣人效法上天崇尚本性，不拘泥于世俗。愚蠢的人正好与此相反。不能效法上天而体恤百姓，不知道本性的可贵，平庸无能以至被世俗所改变，因此不知道满足。可惜啊，你过早地沉溺于人性的虚伪而很晚才听到大道。”

孔子又拜了两下起身说：“如今我能遇到您，就好像是天赐的福分一样。先生您不为我感到羞耻反而把我当作您的弟子一样，亲自来教导我。斗胆请问先生您的住处在哪里，我请求跟着您学习而最终学完大道。”

渔夫说：“我听说，可以和迷途知返的人交往，以此来学会玄妙的大道；不懂得迷途知返的人，不知道大道，要谨慎小心，不要与他们交往，这样自身就不会有罪过。你努力吧！我要离开你了！我要离开你了！”于是（渔夫）就撑船离开，沿着芦苇的边缘缓慢地走了。

颜渊调转车子，子路把登车时手挽的绳索交给（孔子），孔子没有看它，等到水中的波纹平定下来之后，听不到船桨的声音才登上马车。

子路靠着车子问孔子说:“我做您的弟子很久了,从来没见过您对人如此尊敬。大国的国君,小国的诸侯,见到您未尝不是平等相待,您好像还流露出一种傲慢的姿态。如今这渔夫拿着船桨站到对面,而您却要弯腰鞠躬,听了他的话一再行礼后再做回答,这岂不是太过分了?门下的弟子都觉得很奇怪,一个渔夫怎么值得您这样对待呢?”

孔子伏在车前的横木上叹息说:“你实在是太难教化了!你沉溺于礼仪有一段时间了,而你质朴鄙野的内心到现在都没有去除。你向前来,我告诉你:你遇到年长者不恭敬,这是失了礼数;你见到贤者不尊敬,这是不仁义。他如果不是思想境界最高超的人,就不能使人居于他之下,居于人之下却不能真心诚意,那么就不能保持自己的本性,因此会长久地伤害身体。可惜啊!对待别人不仁义,没有比这更大的祸患了,而你却偏偏擅长这样。况且大道,是万物产生的根源,万物失去它就会死去,得到它就会存活,做事情违背了大道就会失败,顺从了大道就会成功。因此大道的所在,圣人尊崇它。如今渔夫对于大道,可以说是领悟了,我怎么敢不敬重他呢?”

## 列御寇

### 〔题解〕

本篇以人名为篇名。列御寇即为列子,是道家学派的重要代表人物。本篇由十二部分组成,其中多为寓言故事,各部分内容之间连贯性并不明显,但共同阐述了道家以自然为本、天性为尊、清虚自守的思想主张。例如:在“庄子将死”一段中,通过庄子反对厚葬的理念，表达了他对自然的一种向往，渴望回归自然，清晰地表达了庄子超脱世俗、旷达乐观的鲜明道家思想。并且在这则寓言中，通过对“以不平平，其平也不平；以不徵徵，其徵也不徵”的阐述展示出道家自然均衡的理念；在“宋人有曹商者”这一则寓言中，通过庄子对曹商的讥讽表现出庄子淡泊明志的处世之道，与整篇文章所要表达的观点相呼应。

## 一

列御寇之齐[①]，中道而反，遇伯昏瞀人[②]。伯昏瞀人曰：“奚方而反[③]？”

曰：“吾惊焉。”

曰：“恶乎惊？”

曰：“吾尝食于十浆[④]，而五浆先馈。”

伯昏瞀人曰：“若是，则汝何为惊已？”

曰：“夫内诚不解[⑤]，形谍成光[⑥]，以外镇人心[⑦]，使人轻乎贵老[⑧]，而𩐋其所患[⑨]。夫浆人特为食羹之货，无多余之赢[⑩]，其为利也薄，其为权也轻，而犹若是，而况于万乘之主乎！身劳于国而知尽于事，彼将任我以事，而效我以功[⑪]，吾是以惊。”

伯昏瞀人曰：“善哉观乎。汝处己[⑫]，人将保女矣[⑬]！”

无几何而往[⑭]，则户外之屦满矣[⑮]。伯昏瞀人北面而立，敦杖蹙之乎颐[⑯]，立有间[⑰]，不言而出。

宾者以告列子，列子提屦，跣而走[⑱]，暨乎门[⑲]，曰：

"先生既来,曾不发药乎[20]?"

曰:"已矣,吾固告汝曰人将保汝,果保汝矣。非汝能使人保汝,而汝不能使人无保汝也,而焉用之感豫出异也[21]! 必且有感,摇而本才[22],又无谓也。与汝游者,又莫汝告也,彼所小言[23],尽人毒也[24]。莫觉莫悟,何相孰也[25]! 巧者劳而知者忧,无能者无所求,饱食而敖游,泛若不系之舟[26],虚而敖游者也。"

〔注释〕

①列御寇:人名,列子。郑国人,道家代表人物。 ②伯昏瞀(mào)人:人名。 ③奚:疑问代词,为什么。方:方始,方才。 ④浆:古代一种微酸的饮料,这里借指卖浆的店铺。 ⑤内诚:内心真诚。解:解脱。⑥形:形体。谍:通"渫",渲泄。 ⑦镇:震慑。 ⑧贵:显贵,指权贵。老:指老年人。 ⑨齑(jī):招致。 ⑩赢:赢利,利润。 ⑪效:考察。⑫处:停留。已:语气助词,用法同"矣"。 ⑬保:归附。 ⑭无几何:没过多久。⑮屦(jù):鞋子。 ⑯敦:竖,竖立。蹙:迫。颐:面颊。 ⑰有间:片刻,有一会儿。 ⑱跣(xiǎn):光着脚,不穿鞋袜。 ⑲暨:到,至。⑳发药:放置药石,指善言劝人以当药石。 ㉑豫:喜悦,欢快。 ㉒本才:本性。 ㉓小言:不合大道的言论。 ㉔人毒:毒害于人。 ㉕孰:古"熟"字,成熟。 ㉖泛:飘浮。

〔译文〕

列御寇到齐国去,走到一半回来了,路上遇到了伯昏瞀人。伯昏瞀人问道:"你怎么刚走就回来了呢?"

(列御寇)说:"我感到十分惊讶。"

(伯昏瞀人)说:"哪里让你惊讶呢?"

(列御寇)说:“我曾在十家铺子里饮浆,有五家先送给我。”

伯昏瞀人说:“如果是这样的话,那你为什么惊讶呢?”

(列御寇)说:“他们内心真诚而没有摆脱世俗,身体所做的动作就能表现出他们的神采,用这些外在的东西来震慑人心,使人轻视权贵和老年人,这就会招来祸患。卖浆的人只是为了卖一些羹汤,没有多余的盈利,他们挣的利润很少,他们的权势也很轻微,还像这样对待我,更何况是拥有万辆兵车的君主呢?(君主)身体操劳于国事,智慧都用在政事上面,他托付重任给我并考察我的功绩,我因此感到惊讶。”

伯昏瞀人说:“你观察得很好啊。你就待在这里吧,将有人会归附于你!”

没过多久,(伯昏瞀人)又来到列子住处,看到他的门外堆满了鞋子。伯昏瞀人面朝北站着,竖立手杖杵着自己的脸颊,站了一会儿,没有说话就离开了。

接待的人告诉了列子,列子提着鞋子,光着脚跑出来,到了门口,说:“先生您既然来了,为什么不教导我几句呢?”

(伯昏瞀人)说:“罢了,我本来就告诉你人们将会来依附你,果真都来依附你了。不是你能使人依附于你,而是你不能使人不依附于你,你何必因为这件事情感到愉快而显示出你的独特呢?你一定是有什么感触才会动摇到你的本性,这又是毫无意义的事。和你一起游玩的人又不能告诉你,他们所说的都是一些不合于大道的言论,全部都是毒害人的。没有人觉醒也没有人领悟,怎么能互相变成熟呢?灵巧的人操劳,聪明的人忧虑,什么都不会的人没有什么追求,吃饱了就游乐,像是没有被系住的船只在水上漂浮一样,内心空虚而四处游乐。”

## 二

郑人缓也,呻吟裘氏之地[①]。祇三年而缓为儒[②],河润九里[③],泽及三族[④],使其弟墨[⑤]。儒墨相与辩,其父助翟[⑥]。十年而缓自杀。其父梦之曰:“使而子为墨者予也。阖胡尝视其良[⑦],既为秋柏之实矣[⑧]!”

夫造物者之报人也[⑨],不报其人而报其人之天[⑩]。彼故使彼[⑪]。夫人以己为有以异于人,以贱其亲,齐人之井饮者相捽也[⑫]。故曰:今之世皆缓也。自是,有德者以不知也,而况有道者乎!古者谓之遁天之刑[⑬]。

圣人安其所安[⑭],不安其所不安[⑮];众人安其所不安,不安其所安。

庄子曰:“知道易,勿言难。知而不言,所以之天[⑯]也;知而言之,所以之人也;古之至人,天而不人。”

〔注释〕

①缓:人名。呻吟:诵读,吟咏。裘氏:地名。 ②为儒:成为儒生。祇:通“只”。 ③润:滋润。九里:喻地方广远。九,喻数之大、数之多。 ④泽:恩泽。三族:谓父族、母族、妻族。 ⑤墨:指学习墨家的学说。 ⑥翟(dí):墨子之名。 ⑦阖:通“盍”,何不。良:(làng):同“埌”,坟墓。 ⑧秋柏:柏树。 ⑨报:给予。 ⑩天:天性。 ⑪彼:第一个指缓的弟弟,第二个指成为墨家学者。 ⑫相捽(zuó):互相殴打。捽,揪,抓。 ⑬遁天之刑:违背自然规律所受到的处罚。 ⑭安其所安:安于自然。 ⑮不安其所不安:不安于人为的摆布。 ⑯之天:合于自然。之,向,往。

〔译文〕

郑国有一个叫缓的人在裘地诵读，只用了三年便成了儒生，（他所施行的恩惠）像河水一样滋润着广远的地方，恩泽遍及父、母、妻三族，又让他的弟弟成为墨家学者。儒家和墨家相互争辩的时候，他们的父亲站在了墨家的一边。十年后缓（因辩论失败）自杀了。他的父亲梦见他说："是我让你的儿子成为墨家人，你为什么不来看看我的坟墓？上面种的柏树都已经结出了果实。"

那造物者所给予人的，不是赋予他人为的事情，而是赋予他人的天性。是缓的弟弟的天性使他成为墨家学者。缓却认为自己和他人不同，以此来侮辱自己的亲人，就像齐国挖井饮水的人相互殴打一样。因此说：现在的世人都像缓一样了。自己认为是这样，然而有德行的人却不知道，更何况是有道的人呢！古时候的人称这是违背自然规律而受到的刑罚。

圣人安于自然，而不安于人为的摆布；普通的人安于人为的摆布，却不安于自然。

庄子说："知道道容易，不去谈论道却很难。知道而不去谈论，这就是符合于自然；知道而去谈论，这就是符合于人为。古代的超凡脱俗的人，追求自然而不追求人为。"

## 三

朱泙漫学屠龙于支离益[①]，单千金之家[②]，三年技成而无所用其巧。

圣人以必不必[③]，故无兵[④]；众人以不必必之，故多兵;顺于兵[5],故行有求[6]。兵,恃之则亡[7]。

小夫之知,不离苞苴竿牍[8],敝精神乎蹇浅[9],而欲兼济道物[10],太一形虚[11]。若是者,迷惑于宇宙,形累不知太初[12]。彼至人者,归精神乎无始,而甘冥乎无何有之乡[13]。水流乎无形,发泄乎太清[14]。悲哉乎!汝为知在毫毛[15],而不知大宁[16]!

〔注释〕

①朱泙(pēng)漫:人名。支离益:人名。屠龙:屠龙的技术,后指高超的技艺或高超而无用的技艺。 ②单:通“殚”,竭尽。 ③必:指必然发生的事。 ④兵:纷争。 ⑤顺:顺从。 ⑥行:行为,举动。求:追求,贪求。 ⑦恃:依靠,依赖。 ⑧苞苴:用茅苇叶编织成的包裹鱼肉之类食品的用具,这里指礼物。竿牍:简牍,这里指书信。 ⑨敝:消耗。蹇浅:鄙陋,浅薄。 ⑩兼济:使天下民众、万物皆受益。道物:疏导万物。道,通“导”。 ⑪太一:指宇宙万物的本原。形虚:一切形器归于虚无。 ⑫太初:指未有天地的混沌境界。 ⑬甘冥:甜睡。冥,通“瞑”,眠。无何有之乡:原指什么都没有的地方,后指虚无的境界。 ⑭太清:空虚清静的境域。 ⑮毫毛:指极其细微的事。 ⑯大宁:无为而极安宁的境界。

〔译文〕

朱泙漫向支离益学习屠龙的技术,用尽了千金的家产,过了三年技术学成却没有地方可以使用这种技巧。

圣人把必然发生的事当作不必然的,因此不会产生纷争;普通人把不必然发生的事当作必然的,因此会产生很多纷争;屈从于这纷争,所以一举一动就会有所贪求。纷争,如果依靠它最后就会灭亡。

普通人的智慧，离不开礼物和书信，他们在一些浅薄的事情上面消耗精力，而想要使天下民众、万物皆受益，疏导万物，以此来把一切形器归于虚无。像他们这样的人，被宇宙所迷惑，身体受累并且也不知万物的本原。至于那些超凡脱俗的人，把自己的精神回归到最原始的万物产生之前的状态，在虚无的境界里甜睡，像水流一样不见形体，流淌在空虚清静的境域。太可惜了！你的智慧都体现在一些极其细微的事情上面，而不知道无为安宁的境界！

## 四

宋人有曹商者①，为宋王使秦②。其往也，得车数乘。王说之③，益车百乘④。反于宋，见庄子曰："夫处穷闾阨巷⑤，困窘织屦⑥，槁项黄馘者⑦，商之所短也；一悟万乘之主而从车百乘者⑧，商之所长也。"

庄子曰："秦王有病召医，破痈溃痤者得车一乘⑨，舐痔者得车五乘，所治愈下⑩，得车愈多。子岂治其痔邪？何得车之多也？子行矣！"

〔注释〕

①曹商：人名，姓曹，名商。 ②宋王：宋君偃。 ③说：通"悦"，喜欢。 ④益：增加。 ⑤穷闾：穷人所居的里巷。阨巷：狭窄的巷子。阨，通"隘"，狭窄，狭小。 ⑥困窘：贫困窘迫。屦：鞋子。 ⑦槁项黄馘：面黄肌瘦。馘（xù），脸。 ⑧一：一旦，一经。悟：明白，醒悟。 ⑨痈（yōng）：毒疮。痤（cuó）：疖子。 ⑩下：卑下。

〔译文〕

宋国有一个叫曹商的人，替宋王出使秦国。他去的时候，得到了几辆车。秦王很喜欢他，又给他增加了几百辆车。（曹商）回到宋国，见到庄子说："我身处于穷困狭小的巷子，穷困窘迫地以织鞋为生，面黄肌瘦，这是我不如别人的地方；一旦君主醒悟过来，那么跟随我的车子就达到了百辆，这是我胜过别人的地方。"

庄子说："秦王生病了召唤医生，能够破除他的毒疮溃散他的疖子的人赏一辆车子，能够舔舐他的痔疮的赏赐五辆车子，治疗方法越卑下，得到的车子越多。你难道为秦王治疗过痔疮吗？为什么得到了这么多车子？你走吧！"

## 五

鲁哀公问乎颜阖曰①："吾以仲尼为贞干②，国其有瘳乎③？"

曰："殆哉圾乎④！仲尼方且饰羽而画⑤，从事华辞，以支为旨⑥，忍性以视民⑦，而不知不信，受乎心，宰乎神⑧，夫何足以上民！彼宜女与⑨？予颐与⑩？误而可矣。今使民离实学伪，非所以视民也⑪，为后世虑，不若休之⑫。难治也。"

〔注释〕

①鲁哀公：鲁国国君。颜阖：鲁国的贤人。 ②贞干：指支柱，骨干。③瘳（chōu）：病愈。 ④殆：危险。圾：通"岌"，危殆。 ⑤饰羽而画：指

孔子刻意追求文采。 ⑥支：通“枝”，枝叶。旨：要旨。 ⑦忍性：克制性情。视：通“示”，夸示。 ⑧宰：主宰。 ⑨彼：指仲尼。女：通“汝”，指鲁哀公。 ⑩颐：休养，保养。 ⑪视民：教导民众。 ⑫休：停止。

〔译文〕

鲁哀公问颜阖说：“我把仲尼当作治国的骨干，国家的病能治愈吗？”

（颜阖）说：“这样就危险了！仲尼擅长雕饰文采，喜欢讲一些华而不实的语言，把枝叶当作要旨，克制性情夸示于百姓，而不知道自己不真诚，受自己内心的指使，以精神为主宰，怎么能够居于百姓之上呢？他适合于您吗？还是能够保养百姓呢？这一定是错误的。如今让百姓脱离真情学习伪诈，这不是用来教导百姓的方法。为后世考虑一下，不如放弃。（仲尼）很难治理好国家。”

## 六

施于人而不忘①，非天布也②。商贾不齿③，虽以事齿之，神者弗齿④。

〔注释〕

①施于人：向百姓施予恩惠。 ②天布：上天的布施。 ③不齿：不愿提及。 ④神：思想。

〔译文〕

对别人施行恩惠却不忘索要回报，这不是上天的布施。商人都不愿意提及他们，虽然在一些事情上要提及他们，但是内心却是看不起他们的。

## 七

为外刑者[①]，金与木也；为内刑者，动与过也[②]。宵人之离外刑者[③]，金木讯之；离内刑者，阴阳食之[④]。夫免乎外内之刑者，唯真人能之。

〔注释〕

①外刑：体外的刑罚。 ②动：动摇。过：过失。 ③宵：通“小”。离：通“罹”，遭受。 ④食：通“蚀”，侵蚀，腐蚀。

〔译文〕

施行体外刑罚的，是金属和木质的工具；施行体内刑罚的，是内心的动摇和行为的过失。小人遭受的体外刑罚，是用金属和木头制作的工具来审讯他们；遭受的体内刑罚，是用阴阳之气来侵蚀他们。那些能免受于内外刑罚的，只有真人才能做到。

## 八

孔子曰：“凡人心险于山川，难于知天[①]。天犹有春秋冬夏旦暮之期，人者厚貌深情[②]。故有貌愿而益[③]，有长若不肖[④]，有顺懁而达[⑤]，有坚而缦[⑥]，有缓而钎[⑦]。故其就义若渴者[⑧]，其去义若热[⑨]。故君子远使之而观其忠，近使之而观其敬，烦使之而观其能，卒然问焉而观其知，急与之期而观其信，委之以财而观其仁，告之以危而观其节[⑩]，醉之以酒而观其则[⑪]，杂之以处而观其色[⑫]。

九徵至[13]，不肖人得矣。”

〔注释〕

①天：自然界。②厚貌深情：外表忠厚而内心深藏难测。③愿：质朴；恭谨。益：通“溢”，骄溢自满。④长：长者。不肖：不成材，不正派。⑤慣（xuān）：性急，急躁。达：通达。⑥坚：坚强。缦：绵弱。⑦缓：迟缓。釬（hàn）：通“悍”，强悍。⑧就义：追求正义。渴：渴望。⑨去义：抛弃正义。若热：如逃避热火一样快。⑩节：节操。⑪则：仪则。⑫杂：混杂。色：态度。⑬徵：检验。

〔译文〕

孔子说：“人的内心比山川还要凶险，比了解自然界还要困难。自然界还有春夏秋冬早晚的周期，而人的外表忠厚内心却深藏难测。因此有的人外表质朴而内心骄溢自满，外表长得像长者（内心）却不正派，（外表）恭顺而（内心）急躁但却很通达，（外表）坚强而（内心）绵弱，（表面）舒缓而（内心）却很强悍。因此追求义的时候如饥似渴，抛弃义的时候像躲避热火。因此君子派他到远处做事以观察他的忠心，派他在身边做事以观察他是否恭敬，让他处理麻烦的工作以观察他是否有能力，突然问他话来观察他的智商，把时间紧迫的任务交给他以观察他是否守信，把财物交给他保管以观察他是否清廉，把面临的危险告诉他以观察他是否有节操，用酒把他灌醉以观察他的仪态，用男女共处来观察他的态度。将这九种方法一一验证，不正派的人就可以看出来了。”

## 九

正考父一命而伛[1]，再命而偻[2]，三命而俯[3]，循墙而走[4]，孰敢不轨[5]！如而夫者，一命而吕钜[6]，再命而于车上儛[7]，三命而名诸父[8]，孰协唐许[9]！

贼莫大乎德有心而心有睫[10]，及其有睫也而内视[11]，内视而败矣。凶德有五[12]，中德为首[13]。何谓中德？中德也者，有以自好也而吡其所不为者也[14]。

穷有八极[15]，达有三必[16]，形有六府[17]。美、髯、长、大、壮、丽、勇、敢，八者俱过人也，因以是穷。缘循[18]，偃佒[19]，困畏不若人，三者俱通达。智慧外通[20]，勇动多怨，仁义多责。达生之情者傀[21]，达于知者肖，达大命者随[22]，达小命者遭[23]。

〔注释〕

①正考父：中国春秋时期宋国大夫，孔子的七世祖。一命：指正考父第一次任命为士。命：任命，委任。伛（yǔ）：驼背。 ②再命：指任命为大夫。偻（lóu）：脊背弯曲。 ③三命：指任命为卿。俯：俯首，指身子近地。④循墙而走：沿着墙根走，指不敢走正路。 ⑤不轨：越出常轨，不合法度。 ⑥吕钜：脊骨强大，指不能曲背弯腰，引申为高傲自大。吕，通“膂”，脊骨。钜，通“巨”，强大。 ⑦于车上儛：在车上手舞足蹈，指得意忘形。儛，通“舞”。 ⑧名：呼，叫。诸父：指伯父和叔父。 ⑨协：同。唐：唐尧。许：许由。 ⑩贼：害处。睫：睫毛，指眼。 ⑪内视：主观意识。 ⑫凶德有五：指耳、眼、鼻、舌、心。 ⑬中德：指心。 ⑭吡（pǐ）：诋毁，斥责。 ⑮八极：指下文的“美、髯、长、大、壮、丽、勇、敢”。 ⑯三必：指下文的“缘循、偃佒、困畏”。 ⑰形有六府：集聚六种危害的地方。指下文的“智慧、外通、勇动、多怨、仁义、多责”。形，通“刑”，刑罚，指危害。府，聚集处。⑱缘循：指缘物而顺其自然。 ⑲偃佒：俯仰，随从人意。 ⑳外通：通于外物。 ㉑傀（guī）：广大。 ㉒随：顺其自然。 ㉓遭：遭遇。

〔译文〕

正考父第一次任命为士时驼着背走路，第二次被任命为大夫时脊背弯曲着走路，第三次被任命为卿时俯着身子走路，沿着墙根走路，正考父尚且如此，谁还敢不守法度！如果是普通人，第一次任命就会高傲自大，第二次任命会手舞足蹈，第三次任命就要人称呼叔伯了，谁还能像唐尧和许由一样呢？

最大的害处莫过于有心去为德而心有眼（心开如眼，以自心主观意识观照万物），一旦心有眼就会形成主观认知和思虑，于是事情就败坏了。凶德有五种，其中中德最严重。什么是中德呢？中德是指自以为是而去诋毁那些自己不赞同的事。

穷困由八端所致，通达由三者达成，危害有六个聚集处。貌美、须长、身长、形大、体壮、艳丽、勇猛、果敢，这八项都超过其他人（就会自矜自傲），因此造成了贫穷。缘物而顺其自然、随从人意、怯懦谦虚，具备这三者就可以遇事通达。智慧外露，勇猛妄动就会多招抱怨，倡导仁义就会多招责难。通达生命实情的就心胸开阔，通达智慧的人就心胸狭小，通达天命的人就顺其自然，通达人命的人就随遇而安。

## 十

人有见宋王者，锡车十乘[①]，以其十乘骄稚庄子[②]。

庄子曰："河上有家贫恃纬萧而食者[③]，其子没于渊[④]，得千金之珠。其父谓其子曰：'取石来锻之[⑤]！夫千金之珠，必在九重之渊而骊龙颔下[⑥]，子能得珠者，必遭其睡也。使骊龙而寤，子尚奚微之有哉[⑦]！'今宋国之深[8]，非直九重之渊也[9]；宋王之猛，非直骊龙也；子能得车者，必遭其睡也。使宋王而寤，子为齑粉夫[10]！”

〔注释〕

①锡：通“赐”，赠予。 ②骄稚：骄矜炫耀。 ③纬：编织。萧：芦苇。 ④没：潜入水中。 ⑤锻：砸。 ⑥骊龙：黑龙。颔：下巴。 ⑦尚：犹，还。奚：什么。 ⑧深：指危机深重。 ⑨非直：不但，不止。 ⑩齑（jī）粉：粉碎。

〔译文〕

有一个人去拜见宋王，（宋王）赐给他十辆车，他用这十辆车去向庄子炫耀。

庄子说：“河上有一个贫困人家依靠编织芦苇来谋生，他的儿子潜入水中得到了一个千金的珠子。他的父亲对儿子说：‘拿石头砸碎它！这个千金的珠子，一定是放在九重深渊下黑龙的下巴下面，你能得到这个珠子，一定是赶上黑龙睡觉了。如果黑龙醒了，你一定会尸骨无存！’如今宋国的危机深重，不止九重深渊那么深；宋王的凶猛，也不止黑龙那样；你能得到车子，一定是遇上宋王睡着了。如果宋王醒过来，你一定会粉身碎骨！”

## 十一

或聘于庄子[1]。庄子应其使曰：“子见夫牺牛乎[2]？衣以文绣，食以刍叔[3]，及其牵而入于大庙，虽欲为孤犊[4]，其可得乎！”

〔注释〕

①或:有人。 ②牺牛:古代祭祀用的纯色牛。 ③食:喂养。刍:草。叔:大豆。 ④孤犊:无人看管的小牛犊。

〔译文〕

有人来聘请庄子。庄子答复他的使者说:"你见过那祭祀的纯色牛吗?穿着绣有花纹的衣服,吃着草料和大豆,等到牵着它进到太庙里面去,即使想做一个无人看管的小牛犊,还能做得到吗?"

## 十二

庄子将死,弟子欲厚葬之。庄子曰:"吾以天地为棺椁,以日月为连璧①,星辰为珠玑②,万物为赍送③。吾葬具岂不备邪?何以加此!"

弟子曰:"吾恐乌鸢之食夫子也④。"

庄子曰:"在上为乌鸢食,在下为蝼蚁食,夺彼与此,何其偏也⑤!"

以不平平⑥,其平也不平;以不徵徵⑦,其徵也不徵。明者唯为之使⑧,神者徵之。夫明之不胜神也久矣,而愚者恃其所见入于人⑨,其功外也⑩,不亦悲乎!

〔注释〕

①连璧:并列的美玉。 ②珠玑:珠宝,珠玉。 ③赍(jī)送:指送葬品。 ④乌:乌鸦。鸢:老鹰。 ⑤偏:不公正,偏袒。 ⑥平:公平。

⑦徵:证明,征验。 ⑧明:聪明。 ⑨所见:偏见。入于人:沉溺于人事。⑩功:功利。

〔译文〕

庄子快要死了,(他的)弟子们想要厚葬他。庄子说:“我把天和地作为我的棺椁,把太阳和月亮当作连璧,把星星当作珠宝,把世间万物当作送葬品。我的葬品难道还不够完备吗?为什么还要再加上这些东西!”

弟子说:“我担心乌鸦和老鹰会啄食您的尸体。”

庄子说:“(尸体)在地面上会被乌鸦和老鹰吃掉,在地下会被蝼蚁吃掉,把乌鸦和老鹰的(食物)夺走而给了蝼蚁,这是多么的偏心啊!”

用不公平的方式想要得到公平,这样的公平还是不公平的;用没有得到验证的东西去验证,这种验证也不能当作是验证。自认为聪明的人只会被别人驱使,超凡脱俗的人才可以验证。自认为聪明的人早就比不上超凡脱俗的人,而愚蠢的人还凭借着他的偏见沉溺于人世,他们的功利只在于追求外部事物,岂不是太可悲了!

# 天　下

〔题解〕

本篇以篇首二字命名,全篇共分为八个部分,是介绍先秦诸子百家历史渊源、发展历程的一篇纯议论性文章,也是论述中国学术的最早的一篇文章。本文首先总论中国学术的根源,指出中国古代道术的完美以及发展到作者所处时代时，道术的毁坏，并对此感到惋惜，认为“百家往而不反，必不合矣”。接着再分述各学派的主张，评价它们的主要内容，并加以总结。首先阐述、批判墨子、宋钘、尹文、彭蒙、田骈、慎到的主张，然后再谈论关尹和老聃，认为他们是“古之博大真人哉”，最后谈论到庄周学派，认为庄周学派是对“古之道术”重要的继承和发展，对其进行了认可。后代许多学者把本篇看作是庄子后学的作品。

## 一

天下之治方术者多矣[①]，皆以其有为不可加矣[②]。古之所谓道术者[③]，果恶乎在？曰：“无乎不在。”曰：“神何由降？明何由出[④]？”“圣有所生，王有所成，皆原于一[⑤]。”

不离于宗[⑥]，谓之天人；不离于精[⑦]，谓之神人；不离于真，谓之至人。以天为宗，以德为本，以道为门[⑧]，兆于变化[⑨]，谓之圣人；以仁为恩，以义为理，以礼为行，以乐为和[⑩]，薰然慈仁[⑪]，谓之君子；以法为分[⑫]，以名为表[⑬]，以参为验[⑭]，以稽为决[⑮]，其数一二三四是也[⑯]，百官以此相齿[⑰]；以事为常[⑱]，以衣食为主，蕃息畜藏[⑲]，老弱孤寡为意，皆有以养，民之理也。

古之人其备乎！配神明，醇天地[⑳]，育万物，和天下，泽及百姓，明于本数[㉑]，系于末度[㉒]，六通四辟[㉓]，小大精粗，其运无乎不在。其明而在数度者[㉔]，旧法世传之史尚多有之；其在于《诗》《书》《礼》《乐》者，邹鲁之士、搢绅先生多能明之[25]。《诗》以道志,《书》以道事,《礼》以道行,《乐》以道和,《易》以道阴阳,《春秋》以道名分。其数散于天下而设于中国者,百家之学时或称而道之。

天下大乱,贤圣不明,道德不一。天下多得一察焉以自好[26]。譬如耳目鼻口,皆有所明,不能相通;犹百家众技也,皆有所长,时有所用。虽然,不该不遍[27],一曲之士也[28]。判天地之美[29],析万物之理[30],察古人之全[31],寡能备于天地之美,称神明之容[32]。是故内圣外王之道,暗而不明,郁而不发,天下之人各为其所欲焉以自为方[33]。悲夫,百家往而不反,必不合矣!后世之学者,不幸不见天地之纯,古人之大体,道术将为天下裂。

〔注释〕

①方术:学术,特定的一种学说或技艺。 ②其有:即所学得的学问。③道术:学术,学说。 ④神:灵妙。明:智慧。 ⑤一:指的是道。⑥宗:根本。 ⑦精:纯一,精诚。 ⑧门:门径。 ⑨兆:征兆。 ⑩和:调和。 ⑪薰然:温和貌,和顺貌。 ⑫分(fèn):分际,合适的界限。⑬名:名号。表:标志。 ⑭参:比较。 ⑮稽:考核,查考。 ⑯数:等级。 ⑰齿:序列。 ⑱常:恒常,常务。 ⑲蕃息:滋生,繁衍。畜藏:积蓄储藏。畜,通“蓄”。 ⑳醇天地:以天地为标准。醇,通“准”。 ㉑本数:根本之道。 ㉒末度:指具体的措施。相对于本数而言。 ㉓六通:上下四方通畅无阻。四辟:春夏秋冬四时通畅。 ㉔数度:即制度。㉕搢绅:旧时官宦的装束,插笏于绅带间。 ㉖一察:指的是察其一端,而不知道全体。 ㉗该:通“赅”,完备。遍:普遍。 ㉘一曲之士:孤陋寡闻的人。 ㉙判:分割,割裂。 ㉚析:离析。 ㉛察:离散。 ㉜容:容状。

㉝方:方术。

〔译文〕

全天下研究方术的人很多,(他们)都认为自己所学的到达了顶峰,没有什么可复加了。古时候所说的道术到底在哪里呢?回答说:“无所不在。”问道:“灵妙是从哪里降生的?智慧是从哪里产生的?”回答道:“神圣有它的由来,王业有它的成因,(它们)都来源于道。”

不背离于根本,称为天人;不背离于精纯,称为神人;不背离于本真,称为至人。以自然为主宰,以德行为根本,以大道为门径,能预示变化征兆的,叫作圣人;用仁慈来实行恩惠,用仁义来建立条理,用礼仪来规范行为,用音乐来调和百姓,温和仁慈,叫作君子;用法律来分界,用名号作为标志,用比较作为验证,用考核来决定,他们的等级分为一二三四等,百官的序列以此相排列;职事为常务,以衣食为主旨,繁衍储藏,用心去对待老弱孤独,让他们受到抚养,这就是治理人民的道理。

古时候的圣人实在是很完备啊!他们配合神明,以天地为准则,养育万物,调和天下,恩泽施于百姓,通晓根本之道,掌握具体措施,上下四方畅达,春夏秋冬四时通畅,(世间万物无论)大小精粗,其作用都无所不在。那些明显表现于制度的,很多都还保存在传世的史书中,那些保存在《诗》《书》《礼》《乐》的,邹鲁地方的学者和官宦们大多都能知晓,《诗》是用来表达志向的,《书》是用来传递政事的,《礼》是用来规范行为的,《乐》是用来调和百姓的,《易》是用来阐述阴阳变化的,《春秋》是用来讲述名分的。这些制度都散布于全天下而在整个中原地区施行,百家之学时常引用并讲述它们。

战国时期天下大乱，贤者和圣人不再显现于世，道德规范存在分歧。天下的学者多执一端而自以为是。就像耳目鼻喉一样各有自己的功能，不能相互通用；就像百家的众多技巧一样，都有各自的长处，都随着时代而发挥自己的作用。即使是这样，但还是不完备不普遍，都是孤陋寡闻的人。分割天地的完美，离析万物的道理，离散古人的道德，很少能具备天地之间的完美，相称于神明的容状。因此，内圣外王的道理，幽暗而不光明，抑郁而不挥发，天下的人各自为自己的喜好，而各自坚持自己的方术。可悲啊！百家的方术各行其道而不再回来，必定不会再融合了！后代的学者，不幸的是再也见不到天地之间的纯美，不能看到古人的全貌，道术将要被天下给割裂开来。

## 二

不侈于后世[①]，不靡于万物[②]，不晖于数度[③]，以绳墨自矫[④]，而备世之急。古之道术有在于是者，墨翟、禽滑釐闻其风而说之[⑤]。为之大过，已之大循[⑥]。作为《非乐》，命之曰《节用》；生不歌，死无服。墨子泛爱兼利而非斗，其道不怒；又好学而博，不异[⑦]，不与先王同，毁古之礼乐。

黄帝有《咸池》，尧有《大章》，舜有《大韶》，禹有《大夏》，汤有《大濩》，文王有《辟雍》之乐，武王、周公作《武》。古之丧礼，贵贱有仪[⑧]，上下有等，天子棺椁七重[⑨]，诸侯五重，大夫三重，士再重。今墨子独生不歌[⑩]，死不服，桐棺三寸而无椁，以为法式[⑪]。以此教人，恐不爱人；以此自行，固不爱己。未败墨子道[⑫]，虽然，歌而非歌，哭而非哭，乐而非乐，是果类乎？其生也勤，其死也薄[13]，其道大觳[14]；使人忧，使人悲，其行难为也，恐其不可以为圣人之道，反天下之心，天下不堪。墨子虽独能任，奈天下何！离于天下，其去王也远矣。

墨子称道曰："昔者禹之湮洪水[15]，决江河而通四夷九州也[16]，名山三百，支川三千，小者无数。禹亲自操橐耜而九杂天下之川[17]；腓无胈[18]，胫无毛[19]，沐甚雨[20]，栉疾风[21]，置万国。禹大圣也，而形劳天下也如此。"使后世之墨者，多以裘褐为衣[22]，以跂跅为服[23]，日夜不休，以自苦为极[24]，曰："不能如此，非禹之道也，不足为墨。"

相里勤之弟子[25]，五侯之徒[26]，南方之墨者若获、已齿、邓陵子之属，俱诵《墨经》，而倍谲不同[27]，相谓别墨[28]；以坚白同异之辩相訾[29]，以觭偶不仵之辞相应[30]；以巨子为圣人[31]，皆愿为之尸[32]，冀得为其后世[33]，至今不决。

墨翟、禽滑釐之意则是[34]，其行则非也。将使后世之墨者，必自苦以腓无胈、胫无毛，相进而已矣。乱之上也，治之下也。虽然，墨子真天下之好也[35]，将求之不得也，虽枯槁不舍也[36]。才士也夫！

〔注释〕

①侈：奢侈。 ②靡：浪费。 ③晖：光大，炫耀。 ④绳墨：比喻规矩、准则。矫：策励，勉励。 ⑤墨翟：墨子，墨家学派的创始人。禽滑釐(gǔlí)：墨子的弟子。风：风气。说：通"悦"。 ⑥大循：一作"大顺"，意为太甚。 ⑦不异：不标异于众人，指的是尚同的主张。 ⑧有仪：有度。

⑨椁:古代套于棺外的大棺。重:层。 ⑩独:唯独。 ⑪法式:效法的榜样。 ⑫败:毁坏。 ⑬薄:指薄葬。 ⑭大觳(què):太刻苦。大,通"太"。 ⑮湮:填塞,堵塞。 ⑯决:疏通。四夷:四方边远的少数民族地区。九州:冀、兖、青、徐、扬、荆、豫、梁、雍。 ⑰橐(tuó):盛土的器具。耜(sì):掘土的工具。九杂:汇合。九,通"鸠",聚。杂,汇集。 ⑱腓(féi):腿肚子。胈(bá):白肉。 ⑲胫:小腿。 ⑳沐:淋雨。甚雨:暴雨。 ㉑栉(zhì):梳理头发。 ㉒裘褐:粗糙的衣服。裘,兽皮。褐,粗布。 ㉓跂(jī):通"屐",木鞋。蹻(jué):草鞋。㉔极:底线,准则。 ㉕相里勤:墨子后学,为南方墨派的首领。 ㉖五侯:墨家弟子,姓五名侯。 ㉗倍:通"背",背离。谲(jué):矛盾,相反。㉘别墨:墨家中非正统派别的称呼。 ㉙坚白、同异:指当时常辩论的主题。訾(zǐ):诋毁,诽谤。 ㉚觭:通"奇",单数。不仵(wǔ):不合。 ㉛巨子:后期墨家团体的首领。 ㉜尸:主。 ㉝冀:希望。 ㉞意则是:心意是好的。 ㉟天下之好(hào):喜爱天下。 ㊱枯槁:面容憔悴。

〔译文〕

不以奢侈的观念来教育后世,不浪费万物,不炫耀制度,用规矩来勉励自己,以应付可能出现的危急情况。古代的道术有关于这一方面的,墨翟、禽滑釐听到这种风气就很开心。实行的太过分,节制的也太过分。提倡《非乐》,主张《节用》;活着的时候不唱歌,死了之后不穿丧服。墨子主张博爱,让一切人都得到利益而反对战争,他的学说主张对人不愤怒;他好学并且知识渊博,不随意标新立异,也不求与先王相同,主张毁掉古代的礼乐制度。

黄帝时有《咸池》之乐,尧时有《大章》之乐,舜时有《大韶》之乐,禹时有《大夏》之乐,汤时有《大濩》之乐,文王时有《辟雍》之乐,武王、周公时有《武》乐。古代的葬礼,贵贱有不同的制度,上下有不同的等级,天子的棺椁七层,诸侯五层,大夫三层,士二层。如今唯独墨子主张活着的时候不唱歌,死了之后不穿丧服,用桐木做的棺材只有三寸厚并且没有外椁,作为效法的榜样。用这种做法来教人,恐怕不是爱人的表现;自己实行这种主张,也不是爱护自己的表现。即使是这样,也没有毁坏墨子的主张,然而唱歌的时候却反对唱歌,哭泣的时候却反对哭泣,奏乐的时候却反对奏乐,这样真的合乎人情吗?他活着的时候勤劳,死了之后薄葬,他的学说太苛刻了;使人忧愁,使人悲伤,他的主张难以实行,恐怕这种主张不能够成为圣人之道,(它)违反天下人的心愿,天下人不堪忍受。虽然墨子一个人能够实行,然而他又能把天下人怎么样呢!(他)背离了天下人,他离王道也就很远了。

墨子称道说:"过去大禹堵塞洪水,疏通江河,贯通四夷九州,大川三百,支流三千,小河无数。禹亲自拿着盛土的器具和掘土的工具,而汇合全天下的河流;辛苦得腿肚子上没有了肉,小腿上也没有了汗毛,受到暴雨淋身,狂风梳理头发,安定了万国。禹是个大圣人,他为了天下使自己的身体劳累到如此地步。"使后代的墨者,多用粗布做衣服,穿着木屐草鞋,日夜不停息,以自己吃苦为准则,说:"如果不这样做,就不是禹之道,不足以称为墨家学者。"

相里勤的弟子,伍侯的徒弟,南方的墨者若获、已齿、邓陵子等人,都诵读《墨经》,然而却相互背离矛盾而不相同,相互指责对方不是正统的墨家学者;以坚白同异的辩论来相互诋毁,用奇偶不合的言论来相互回应;把巨子当作圣人,都愿意把他奉为祖师,希望成为他的继承人,到现在都没有决断。

墨翟、禽滑釐的心意是好的,但他们的所作所为却是不对的。这会使后代的墨家学者必须要让自己受苦，以使得腿上没有肉，小腿上没有汗毛，以此相互竞争罢了。这样做扰乱天下有余，而治理天下不足。即使是这样，墨子也是真心喜爱天下，这种人实在是难以求得，即使累得憔悴不堪也不肯放弃自己的主张，真是一位有才之士啊！

## 三

不累于俗，不饰于物，不苟于人①，不忮于众②，愿天下之安宁以活民命，人我之养毕足而止③，以此白心④。古之道术有在于是者，宋钘、尹文闻其风而悦之⑤。作为华山之冠以自表⑥，接万物以别宥为始⑦。语心之容⑧，命之曰心之行⑨，以聏合欢⑩，以调海内，请欲置之以为主。见侮不辱，救民之斗，禁攻寝兵，救世之战。以此周行天下，上说下教，虽天下不取，强聒而不舍者也⑪，故曰上下见厌而强见也。

虽然，其为人太多，其自为太少，曰："请欲固置五升之饭足矣⑫。"先生恐不得饱，弟子虽饥，不忘天下。日夜不休，曰："我必得活哉！"图傲乎救世之士哉⑬！曰："君子不为苛察⑭，不以身假物。"以为无益于天下者，明之不如已也⑮，以禁攻寝兵为外，以情欲寡浅为内，其小大精粗，其行适至是而止。

〔注释〕

①苟：苟求。　②忮(zhì)：违逆。　③养：奉养。毕：全，都。　④白心：表明心愿。　⑤宋钘(jiān)：人名，即宋荣子。尹文：人名，齐国人。

⑥华山之冠：像华山那样上下均平的帽子。即指心地均平像华山之冠的上下均平一样。 ⑦别宥（yòu）：去除偏见。 ⑧容：包容，容受。 ⑨命：命名。 ⑩胹（ér）：调和。 ⑪强聒（guō）：唠叨不休。 ⑫固：通“姑”，姑且。 ⑬图傲：高大。 ⑭苛察：苛刻要求，事事计较。 ⑮已：止。

〔译文〕

不被世俗牵累，不用外物掩饰，不苛求别人，不违逆民众的意志，希望天下安稳宁静以保全百姓的性命，别人和自己的奉养全都满足就可以了，以此来表明心愿。古时候的道术有这一方面的内容，宋钘、尹文听到这种治学风气就很开心。制作一顶像华山一样上下均平的帽子来表明平等的主张，迎接万物以没有偏见为开端。称道内心的包容，把它命名为内心的行为，用柔和的态度迎合别人的欢心，用来调和天下，希望将上述的主张作为指导思想。受欺侮不以为是耻辱，调解百姓之间的争斗，禁止相互攻打，停止用兵，以解救世间的战乱。以此来周游天下，向上劝诫君主，向下教导臣民，即使天下的人不听取，也要说个不停而不放弃，所以说上下都显现出厌烦却硬要表现。

尽管是这样，他们为别人做得太多，为自己做得太少。（他们）说：“我们只要求有五升的米饭就足够了。”先生可能都没有吃饱，弟子们虽然饥饿，也没有忘记天下人。（他们）夜以继日不知道休息，说：“我们一定要活下去呀！”多么高大的救世的人啊！（他们）说：“君子不以苛刻要求，事事计较，不使自身被外物所驱使。”（他们）认为对天下没有益处的，阐明它还不如停止不做。（他们）把禁止相互攻打停止用兵作为对外的活动，以清心寡欲作为内在的修养，无论小大精粗，他们所做的事都是到此为止罢了。

## 四

公而不党[①]，易而无私[②]，决然无主[③]，趣物而不两[④]，不顾于虑[⑤]，不谋于知[⑥]，于物无择，与之俱往。古之道术有在于是者，彭蒙、田骈、慎到闻其风而悦之[⑦]。齐万物以为首[⑧]，曰："天能覆之而不能载之，地能载之而不能覆之，大道能包之而不能辩之。知万物皆有所可，有所不可，故曰选则不遍[⑨]，教则不至，道则无遗者矣。"

是故慎到弃知去己而缘不得已[⑩]，泠汰于物[⑪]，以为道理，曰："知不知，将薄知而后邻伤之者也[⑫]，謑髁无任，而笑天下之尚贤也[⑬]；纵脱无行，而非天下之大圣。椎拍輐断[⑭]，与物宛转[⑮]，舍是与非，苟可以免。不师知虑[⑯]，不知前后，魏然而已矣[⑰]。推而后行，曳而后往，若飘风之还，若落羽之旋，若磨石之隧[⑱]，全而无非[⑲]，动静无过，未尝有罪[⑳]。是何故？夫无知之物，无建己之患[㉑]，无用知之累，动静不离于理，是以终身无誉。故曰至于若无知之物而已，无用贤圣，夫块不失道[㉒]。"豪桀相与笑之曰："慎到之道，非生人之行而至死人之理，适得怪焉[㉓]。"

田骈亦然，学于彭蒙，得不教焉[㉔]。彭蒙之师曰[㉕]："古之道人，至于莫之是、莫之非而已矣[㉖]。其风窢然[㉗]，恶可而言？"常反人，不见观，而不免于魭断[㉘]。其所谓道非道，而所言之韪不免于非[㉙]。彭蒙、田骈、慎到不知道。虽然,概乎皆尝有闻者也[30]。

〔注释〕

①公:公正。党:阿党,意为徇私枉法。 ②易:平易,平允。 ③决然:去私意而无所偏。无主:指没有自我偏见。 ④趣物而不两:随物而趋,没有二意。 ⑤不顾于虑:不起思虑。 ⑥不谋于知:不求智谋。 ⑦彭蒙、田骈、慎到:人名。 ⑧齐:齐同。首:首要。 ⑨遍:普遍。 ⑩缘:因循,顺着。 ⑪泠(líng)汰:听从,放任。 ⑫薄:通"迫"。邻伤:损伤。 ⑬謑髁(xíkē):不端正,喻圆转懈惰。无任:无能力。尚贤:推选贤能。 ⑭椎拍輐(wàn)断:指能适应事物,没有棱角。 ⑮宛转:随顺变化。 ⑯师:依赖,凭借。 ⑰魏:通"巍",高大雄伟,独立不动。 ⑱隧:旋转,回旋。 ⑲非:责备,责怪。 ⑳尝:曾经。 ㉑无建己之患:指没有建立自己的忧患。 ㉒块:土块。 ㉓适得:理当,应当。 ㉔不教:不言之教。 ㉕彭蒙之师:指彭蒙自己。 ㉖莫之是、莫之非:无所谓是非。 ㉗窢(xù)然:迅速的样子。 ㉘魭断:同上文"輐断"。 ㉙韪(wěi):是,对。 ㉚概:大概,概略。

〔译文〕

公正而不徇私枉法,平易而没有私欲,去除私欲而没有自我的偏见,随着事物而变化且没有二意,不起思虑,不求智谋,对于事物没有选择,参与事物的变化活动。古代的道术包含这一方面的内容,彭蒙、田骈、慎到听到有这种风气都很开心。把齐同万物作为首要,说:"上天能覆盖万物而不能承载万物,大地能承载万物而不能覆盖万物,大道能包容万物而不能分辨万物。知道万物都有一些好的方面,也有一些不好的方面,因此说选择了就不能完备,教化就不能备至,遵循大道就没有什么遗漏了。"

所以慎到抛弃智慧去除主见，而去顺着一些不得已的事情，听从于事物，而把它当作道理，说："强求知道所不知道的，就会被知所迫而后伤害到自己。随物顺情无所专任而讥笑天下的尚贤；放纵解脱不拘形迹而去责备天下的至圣之人。无棱无角，顺从事物婉曲而发生相应变化，舍弃是与非，或可以免去拖累。不依靠智慧来谋虑，不知道什么是前后，只知道独立不动罢了。推动而往前走，拖动着而向后退，像飘荡的风的往返，像掉落的羽毛的旋转，像磨石的旋转，完美且没有非难，动静都合于自然的道理，因此都没有什么过错。这是什么原因呢？没有智慧的东西，也就没有建立自己的祸患，没有使用智慧的拖累，运动和静止离不开自然规律，因此终身没有毁誉。所以说达到像没有智虑的东西罢了，不需要圣贤，那土块也不会违背自然规律。"豪杰们都讥笑他说："慎到的学说，不是活着的人能做到的，而是死人的道理，理应受到责怪。"

田骈也是这样，向彭蒙学习，学到了不言之教。彭蒙说："古代懂得大道的人，达到了无所谓是非的境地罢了。他的大道像风吹过一样迅速，还有什么可说的呢？"经常违反人的意愿，不被人所敬重，却仍然不免于没有棱角。他们所说的道并不是真正的大道，而(他们)所认为的是正确的东西也不免于是错误的。彭蒙、田骈、慎到不知道大道。即使是这样，他们也都曾经听说过一些大道。

## 五

以本为精[①]，以物为粗[②]，以有积为不足[③]，澹然独与神明居[④]。古之道术有在于是者，关尹、老聃闻其风而悦之，建之以常无有⑤，主之以太一⑥，以濡弱谦下为表⑦，以空虚不毁万物为实。

关尹曰："在己无居⑧，形物自著⑨。其动若水，其静若镜，其应若响。芴乎若亡⑩，寂乎若清。同焉者和，得焉者失⑪。未尝先人而常随人。"

老聃曰："知其雄，守其雌，为天下谿⑫；知其白，守其辱，为天下谷。"人皆取先，己独取后，曰受天下之垢；人皆取实，己独取虚，无藏也故有余，岿然而有余。其行身也，徐而不费，无为也而笑巧。人皆求福，己独曲全⑬，曰苟免于咎。以深为根⑭，以约为纪⑮，曰："坚则毁矣，锐则挫矣。"常宽容于物，不削于人⑯。可谓至极。

关尹、老聃乎！古之博大真人哉！

〔注释〕

①本：意为"道"。 ②物：具体的事物。 ③有积：有所积蓄。 ④澹(dàn)然：恬淡貌。 ⑤常无有：即常无，常有。 ⑥太一：指绝对唯一的道。 ⑦濡弱：懦弱，柔弱。 ⑧在己无居：指自己不存在私欲。 ⑨著：明显；显著。 ⑩芴乎：恍恍惚惚。芴，通"忽"。亡：通"无"。 ⑪得：有所得。 ⑫谿：沟壑。 ⑬曲全：委曲求全。 ⑭深：指深藏。 ⑮约：指俭约。 ⑯削：侵削。

〔译文〕

把道看作是精粹，把具体的事物视作粗杂，把有所积蓄看作不足，恬淡地独自和神明共处。古代的道术有关于这一方面的内容，关尹和老聃听到这种风气都很开心。他们的学说建立在常有常无的基础上，把唯一的道视为核心，以柔弱谦下为外表，以空虚而不毁坏万物为实质。

关尹说："自己不存在私欲，有形的物体自会显著。它们动的时候像流水一般，静止的时候像明镜一样，它们反应像回声一样。恍惚间就像没有一样，寂静得像清静虚无一般。与万物混同就和谐，有得就会有失。从来不争在人先，而是经常随在人后。"

老聃说："知道雄性的强悍，坚守雌性的柔弱，成为天下的沟壑；认识明亮却坚守黑暗，成为天下的山谷。"别人都想争先，而只有自己想居后，叫作承受天下人的羞辱；别人都追求实际，只有自己想要追求空虚，因此就算没有储藏也会有多余，多得像高山一样。他立身行事，从容不迫，无所作为却嘲笑别人的技巧。别人都追求福佑，只有自己委曲求全，叫作只求免于罪责。以深藏为根本，以节俭为纲纪，说："坚硬的就容易毁坏，锐利的就容易受挫折。"用宽容的态度对待事物，不损害别人的利益，可以说是达到了最高的境界。

关尹、老聃啊！真是古代学问渊博宽广的得道之人啊！

## 六

芴漠无形[①]，变化无常，死与生与，天地并与，神明往与！芒乎何之[②]，忽乎何适[③]，万物毕罗[④]，莫足以归[⑤]。古之道术有在于是者，庄周闻其风而悦之。以谬悠之说[⑥]，荒唐之言，无端崖之辞[⑦]，时恣纵而不傥[⑧]，不以觭见之也[⑨]。以天下为沉浊，不可与庄语[⑩]，以卮言为曼衍[⑪]，以重言为真[⑫]，以寓言为广[⑬]。独与天地精神往来而不敖倪于万物[⑭]。不谴是非[⑮]，以与世俗处。

其书虽瑰玮[16]，而连犿无伤也[17]。其辞虽参差，而諔诡可观[18]。彼其充实，不可以已。上与造物者游，而下与外死生、无终始者为友。其于本也，弘大而辟，深闳而肆[19]；其于宗也，可谓稠适而上遂矣[20]。虽然，其应于化而解于物也，其理不竭，其来不蜕[21]，芒乎昧乎[22]，未之尽者。

〔注释〕

①芴漠：寂寞，寂静。 ②芒：通“茫”。 ③适：往，归向。 ④罗：包罗。 ⑤归：归宿。 ⑥谬悠：虚空悠远，引申为荒诞无稽。 ⑦端崖：边际。 ⑧恣纵：放任。傥：指偏傥，片面。 ⑨觭（jī）：引申为偏倚。 ⑩庄语：严正的议论；正经话。 ⑪卮言：无心之言。曼衍：散漫流衍，不拘常规。 ⑫重言：为人所重之言。 ⑬寓言：寄托寓意的言论。 ⑭敖倪：傲视，轻视。 ⑮不谴是非：不拘泥于是非。 ⑯瑰玮：奇特。 ⑰连犿（fān）：婉转，随和。 ⑱諔（chù）诡：奇异。 ⑲深闳（hóng）：深远宏大。肆：不受拘束，恣肆。 ⑳稠适：稠，通“调”，合适，适当。上遂：上达。 ㉑蜕：指脱离于大道。 ㉒芒：茫。昧：暗昧。

〔译文〕

寂寞虚静而没有形迹，随着事物变化而没有常规，死亡啊存活啊，都与天地共存，与神明一起变化来往！茫茫然不知道从哪里来，恍恍惚惚又不知道将去向何处，万物都包罗进来，不知哪里是归宿。古代的道术有关于这一方面的内容，庄周听到这种风气就很开心。用荒诞无稽的说教，没有边际的言辞，时常放任发挥而不片面，不持偏倚的见地。（庄周）认为全天下是沉迷污浊的，不能用正经的语言来交流，于是用无心的话来推衍，使用人所重视的言论让人以为是真实的，运用寄托寓意的言论来推广道理，独自和天地精神往来而不傲视万物。不拘泥于对错，以此来和世俗相处。他的书虽然奇特但却婉转连绵不损伤为文的道理。书中的言辞虽然参差不齐但却奇妙可观。他的内心充实而无止境，向上可以与天地一同遨游，向下可以和把生死置之事外不知道终始的人做朋友。他对于道的根本的阐释，既宏大而又透彻，深广而又恣肆；他对于道的宗旨的阐释，可以说是适当并且上达天意。即使是这样，他的关于应对万物变化，使人解脱于事物束缚的学说，其中的道理是讲不完的，并且不脱离于大道，在茫昧和恍惚之中，不能穷尽。

## 七

惠施多方①，其书五车②，其道舛驳③，其言也不中④。历物之意⑤，曰："至大无外，谓之大一；至小无内，谓之小一。无厚⑥，不可积也⑦，其大千里。天与地卑⑧，山与泽平。日方中方睨⑨，物方生方死。大同而与小同异，此之谓小同异；万物毕同毕异⑩，此之谓大同异。南方无穷而有穷⑪，今日适越而昔来⑫。连环可解也⑬。我知天之中央，燕之北、越之南是也⑭。泛爱万物，天地一体也。"

〔注释〕

①方：方术。　②五车：形容书的数量多。　③舛(chuǎn)驳：庞杂不纯。　④不中(zhòng)：不当。一说指不合于道。　⑤历物：分析事物的道理。　⑥无厚：没有厚度。　⑦积：累积。　⑧卑：低。　⑨睨(nì)：偏

斜。 ⑩毕：完全。 ⑪无穷：没有穷尽。 ⑫适：到。昔：昨天。 ⑬连环：古时“连环”本不可解。 ⑭燕：燕国。

〔译文〕

惠施懂得很多方术，他著的书有五车之多，他讲的道理错综杂乱，他的言辞也多有不当。（他）分析事物的道理，说：“大到极点而没有外围的，叫作大一；小到极点而没有内核的，叫作小一。没有厚度，那就不能累积，但却可以扩展到千里。天和地一样低，山和泽一样平。太阳刚到正中的时候就偏斜，万物一出生就死亡。大同与小同的差异，叫作‘小同异’；万物完全相同也完全不同，叫作‘大同异’。南方既没有穷尽又有穷尽，今天到越国去而昨天就已经来到。连环是可以解开的。我知道天下的中央，也就是在燕国的北方在越国的南方。广泛地爱世间的万物，天地是一个整体。”

## 八

惠施以此为大，观于天下而晓辩者①，天下之辩者相与乐之。卵有毛；鸡三足；郢有天下；犬可以为羊；马有卵；丁子有尾②；火不热；山出口；轮不蹍地③；目不见；指不至④，至不绝⑤；龟长于蛇；矩不方⑥，规不可以圆⑦；凿不围枘⑧；飞鸟之景未尝动也；镞矢之疾⑨，而有不行、不止之时；狗非犬；黄马骊牛三⑩；白狗黑⑪；孤驹未尝有母；一尺之捶⑫，日取其半，万世不竭。辩者以此与惠施相应，终身无穷。

桓团、公孙龙辩者之徒，饰人之心⑬，易人之意，能胜人之口，不能服人之心，辩者之囿也[14]。惠施日以其知与人之辩，特与天下之辩者为怪，此其柢也[15]。

然惠施之口谈，自以为最贤，曰："天地其壮乎！"施存雄而无术[16]。南方有倚人焉，曰黄缭[17]，问天地所以不坠不陷，风雨雷霆之故。惠施不辞而应[18]，不虑而对，遍为万物说。说而不休，多而无已，犹以为寡，益之以怪[19]。以反人为实而欲以胜人为名，是以与众不适也。弱于德，强于物，其途隩矣[20]。由天地之道观惠施之能，其犹一蚊一虻之劳者也，其于物也何庸[21]！夫充一尚可[22]，曰愈贵道[23]，几矣！惠施不能以此自宁，散于万物而不厌，卒以善辩为名。惜乎！惠施之才，骀荡而不得[24]，逐万物而不反，是穷响以声[25]，形与影竞走也。悲夫！

〔注释〕

①观：显示。晓：晓喻。 ②丁子：蛤蟆。 ③蹍：踩，压。 ④指：所指事物的概念。 ⑤不绝：没有穷尽。 ⑥矩：画方的工具。 ⑦规：画圆的工具。 ⑧凿：榫眼。枘（ruì）：榫头。 ⑨镞（zú）矢：箭头。 ⑩黄马骊牛三：黄马与骊牛为二，加上"黄马骊牛"这一概念为三。 ⑪白狗黑：白毛为白狗，眼珠黑为黑狗，所以白狗也是黑狗。 ⑫捶：木杖。 ⑬饰：掩饰，遮蔽。 ⑭囿：局限。 ⑮柢：大略，大概。 ⑯雄：指压倒他人的雄心。 ⑰倚人：指怪僻而不合于世俗的人。黄缭：人名。 ⑱不辞：不推辞，不谦虚。 ⑲益：更加。 ⑳途：道路。隩（yù）：弯曲，狭隘。 ㉑庸：即"用"。㉒充一：充当一家之言。 ㉓贵道：尊崇大道。 ㉔骀（dài）荡：放荡。 ㉕穷响以声：用声音遏止回响。

〔译文〕

惠施把这些当作最大的道理，显示于全天下而晓喻于辩者，天下的辩者也都很乐意和他争辩。蛋中有毛；鸡有三只脚；楚国的郢城包含了全天下；大狗可以是羊；马有蛋；蛤蟆有尾巴；火是不热的；山是有口的；车轮碾不着地；眼睛看不见东西；所指事物的概念不能达到它的实质，即使能达到也不能穷尽；乌龟比蛇长；用矩画出的东西不方，用圆规画出的东西不圆；榫眼不能围住榫头；飞鸟的影子从来没有移动过；箭头疾飞却有不前进、不停止的时候；狗不是犬；黄马骊牛是三个；白狗是黑的；孤马从来没有过母亲；一尺长的木棍，一天截去一半，万世也截取不完。辩者们用这些论题和惠施进行辩论，一辈子都没有穷尽。

桓团、公孙龙都是辩者一类的人，掩饰人的内心，改变人的想法，能够胜过别人的口舌，却不能使别人从内心里面信服，这是辩论者的局限。惠施每天运用自己的智慧与人辩论，专门和天下的辩者一起制造奇怪的论说，这就是他们大概的情况。

然而惠施的口辩，自以为最厉害，（他）说："天地是多么伟大啊！"但是惠施有雄心却没有道术。南方有一个怪癖而不合于世俗的人叫黄缭，问天地为什么不坠落不塌陷，为什么风雨雷霆会产生。惠施不推辞地回应，不考虑一下就回答，谈及了万物来加以解说，说个不停，话多得停不住嘴，并且还认为自己说得少，又说了一些奇怪的言论。把违反人之常情的事当作真实，想通过辩赢别人而获取名声，这是他与众人不合的原因。轻视道德修养，强调对外物的追求，他走的道路是弯曲狭窄的。从上天的自然规律来看惠施的才能，他就像一只蚊子一只牛虻一样徒劳。(这)对于万物有什么用处呢!(他的言论)充当一家之言还算可以,如果说这是更加尊崇道术,那就危险了!惠施不能够自安于道,分散心思去追求万物也不厌烦,最终只能以善辩成名。可惜啊!惠施的才能,放荡而无所得,追逐万物而不知道回头,这是用声音遏止回响,用形体和影子竞走。可悲呀!

# 后　记

《庄子》是一部有魔力的著作，其哲学思想与文学语言令人着迷，耐人寻味，要比当今世界所谓的科幻大片、烧脑神剧更加精彩过瘾。庖丁解牛、濠梁观鱼、邯郸学步、庄周梦蝶……一个个鲜活形象与生动故事的背后，蕴含着包罗万象又细致入微的生命体验和艺术质感，看似任意放纵、荒诞无稽的文字，却是对天地大美、自然无我的精准诠释。庄子的智慧是自由洒脱的，游于万物、参透万事，赋予平凡生命以高贵的气息，给予平淡生活以神奇的色彩。

解读《庄子》，不仅需要有广阔的视角、多维的感知，也需要专业精深的语言架构体系。在本书译注过程中，唯恐自身理解的偏颇与知识的欠缺，影响到原著思想的准确表达，诸多力不从心之处，幸得几位专业人士的提点与鼓励。在此要郑重感谢中华书局陈虎老师、黑龙江大学刘冬颖教授所给予的宝贵指导和建议；感谢李思远、仲艳青、李琪琪、李静、宋敏等几位好友在文献整理与文稿校对等方面给予的慷慨帮助，他们的参与对于本书稿的按时、顺利完成至关重要。在原著版本方面，本书主要参考了中华书局出版的《中华经典藏书·庄子》（孙通海译注）《国民阅读经典·庄子浅注》（曹础基著），其中有些文字的繁简转换可能略有不同。本书各篇目的题解、注释及译文，参考借鉴了许多版本，在此恕不一一列出说明。

对于阅读本书的广大朋友们，我还有一点粗浅建议想要表达，那就是请勿将《庄子》看作是道理说教的书，尤其要避免陷入“儒道争辩”的困扰之中。诚如“轮扁斫轮”故事所阐明的，读“圣人之言”贵在去感知圣人们鲜活的生命体验，失去这种体验的“圣人之言”便成了无用的“糟粕”，若是今人再用这些无用的糟粕去巧立名目、彼此争辩，就越发显得愚拙了。所谓经典是“常读常新”，多是指经典著作可以引领我们回归纯净的心灵和生命的本真，这种叫人“新鲜”的神奇功效，才是经典著作的价值所在。再者，中华文明源远流长、博大精深，按上下五千年的历史节点推算，先秦诸子所处的时代，只是承上启下的中转期，他们所建构起来的思想学说，也多是对中华古老文化局部、阶段性的传承发展，追本溯源的道路上，离不开返璞归真的心态。故此，阅读经典著作、继承传统文化，切不可以偏概全、断章取义，这在“国学热”的当下，尤要注意。

两千多年过去了，庄子，依然是个充满生命力的存在。他是那只“扶摇直上九万里”的鲲鹏，也是那个在泥水里摇曳尾巴的乌龟；是那只在酣梦中翩翩飞舞的蝴蝶，也是那位在赵文王面前“十步杀一人，千里不留行”的剑客。闻一多曾说：“中国人的文化上永远留着庄子的烙印。”对于文化审美日趋多元的当代社会而言，这个“烙印”的深刻性与清晰度显然是需要加强的，在树立文化自信、构建和谐社会、倡导人类命运共同体的历史进程中，庄子留下的烙印，更是一道不能缺席的风景。

由于本人才疏学浅，对于本书中可能存在的不足与谬误之处，还请各位读者批评指正！

何　洋

2019 年秋于哈尔滨